シリーズ 古代史をひらく

前方後円墳

シリーズ 古代史をひらく

前方後円墳

巨大古墳はなぜ造られたか

吉村武彦
吉川真司
川尻秋生
［編］

岩波書店

刊行にあたって

歴史を知ること、古代史を知ることの「面白さ」を伝えたい。本シリーズは、私たち編集委員のそうした思いからスタートしました。

幸い日本の古代史に関心を持つ人は多く、各地の遺跡や博物館は訪問者で賑わい、古代史をテーマとする書籍や情報も巷にあふれています。いっぽうで最新の研究の進展はめざましく、より精緻なものとなっているために、その成果を専門家以外の方と共有することが難しくなっていることも事実です。

しかし、新しくわかってきた歴史の実像を知ることの興奮や喜びは、他の何にも替えがたいものです。私たち研究者が日々味わっているこの「面白さ」を、「やさしく、深く、面白い」歴史叙述によってさまざまに「ひらく」ことを通じて、読者の皆さんにお伝えしたいと考えました。

本シリーズは「前方後円墳」「古代の都」「古代寺院」「渡来系移住民」「文字とことば」「国風文化」と、数ある古代史の論点のなかでも特に「モノから語る」ことに適したテーマ＝問題群ごとに各冊を編成しました。これらは、考古学・文学・日本語学・美術史学・建築史学など、隣接分野との緊密な連携なしに語れない問題群です。各分野で活躍中の執筆陣の参加を得て、多様な方向からできるかぎり具体的に、当時の社会や民衆のありように迫ることをめざしました。同時に、海外の信頼できる研究者に執筆を依頼して、国際的な観点からの新しい視角を紹介していきます。

さらにもう一つの特徴として、単なる研究成果の羅列にならないように、執筆者相互が原稿を読みあい、その問題群の面白さ、現段階での争点や未解決の論点、そして今後の研究の方向性などを話しあう「座談会」を各冊ごとに収録します。

全編をつうじて、従来の「古代史」の枠内に閉じこもるのでなく、そのテーマが日本史全体のなかでどういう意味を持つのか、つねに意識するように心がけました。「学際」「国際」「通史」という三方向の視点を併せ持つことで、これまでにない古代史のシリーズを創り上げ、未来に向けて「古代史をひらく」ことをめざします。

二〇一九年四月

編集委員
吉村武彦・吉川真司・川尻秋生

目次

＊　引用文・引用挿図の出典や本文記述の典拠などを示す際には、［吉村、二〇一九］のように略記し、その文献名・出版社・出版年などは各章末の文献一覧に示した。

〈前方後円墳〉への招待

吉村武彦

全国各地に、「前方後円墳」を含む古墳はあり、多くの人が一度は目にしたことがあるだろう。しかし、ひとくちに前方後円墳といっても規模は様々で、大阪府堺市にある大山《だいせん》古墳(1)（大仙陵《だいせんりょう》古墳とも。仁徳《にんとく》陵）などは、手前に周濠《しゅうごう》があり、林のような景観である。近くで見ているだけでは、前方後円墳とは思い至らないであろう。本書で述べるように、古墳には種々の形があるが、その中でも前方後円墳には巨大なものが多い。本書は古代の一時期、なぜこれほど大きな前方後円墳が次々に造られたのか、その理由を解こうとする試みである。

最初に、本書で取りあげる前方後円墳の名称といわれについて、説明することから始めたい。次いで誰もが関心をもつであろう、どのような規模でどのように造られたのか、その被葬者はいったい誰なのか、という問題について説きおこしてみたい。

(1) 大山古墳（写真提供＝堺市）

あわせて古代の人々が、古墳づくりや林立する埴輪《はにわ》などについて、どのような考え方をもっていたのか、古代の史書である『日本書紀《にほんしょき》(2)』に書かれた内容から考えてみたい。古墳が造られてから、相当の時間が経っているので、『書紀』がそれらの起源やプロセスを正しく伝えているとはかぎらない。しかし、その記述を通じて古代人の思いの一端には触れることができるだろう。

(2) 七二〇年(養老四)、舎人《とねり》親王らによって完成した最初の六国史。全三〇巻で、神代から持統《じとう》天皇までを記す。

1 前方後円墳とは?

前方後円墳の名称

古来、古墳はどのように呼ばれてきたのであろうか。近隣に暮らす人々からは、丸山・桝山《ますやま》・二子塚《ふたごづか》・大塚など種々の名称で呼ばれてきた。墳丘の形によって、円墳は丸山、方墳は桝山、前方後円墳は二子塚と呼ばれることが多いという。

しかし、奈良県橿原《かしはら》市にある見瀬《みせ》(五条野《ごじょうの》)丸山《まるやま》古墳のように、巨大な前方後円墳も、その一部の形の特徴から丸山古墳と呼ばれる例もある。一方で、二子塚古墳・二子山古墳や瓢簞山《ひょうたんやま》古墳、そして「お銚子《ちょうし》」を横にしたような形の銚子塚古墳・銚子山古墳などは、前方後円墳全体の形の特徴からきた呼び方である。また、多数の古墳が集まる群集墳は、千塚《せんづか》(たとえば和歌山市の岩橋《いわせ》千塚)などと呼ばれることが多い[白石、二〇一二]。

学術用語としての「前方後円墳」は、江戸時代の儒家である蒲生君平《がもうくんぺい》が(3)『山陵《さんりょう》志《し》』のなかで、垂仁《すいにん》から敏達《びだつ》天皇までの墳墓の形態を、

必ず宮車《きゅうしゃ》に象《かたど》る。而して前方後円となさしめ、壇をつくりて三成《みかさね》とし、かつ環《めぐ》らすに溝を以てす。

図1　中国古代の車[孫，1991]

と記したことに由来する。周濠のある三壇(段)築成の前方後円墳の特徴について、古墳を横から見た形を「宮車」(天子らの乗る車、**図1**)と捉え、方形部分を「前方」、円形部分を「後円」と名づけたのである。

ただし、古墳時代に車があったという証左は、まだ見つかっていない。当時の人々が、古墳を宮車に見立てることができたとは思えない。幸いにも蒲生が意識した宮車の名称は、用語として取り入れられることがなかった。しかし蒲生が述べた「前方後円」という修飾語から、「前方後円墳」という語が用いられるようになった。

(3) 一七六八―一八一三年。君平は字《あざな》で、本名は秀実《ひでざね》。下野国宇都宮に生まれ、儒者の鈴木石橋《せっきょう》に師事した。一八〇八年に、歴代天皇陵を調査した『山陵志』が出版される。国立国会図書館デジタルコレクションで閲覧できる。

こうして定着した前方後円墳という名称であるが、方形部と円形部の「どちらが前で後か」という前後関係まで考えて定義されたものではない。「前方部」と「後円部」とは、あくまで便宜的な言い方でしかない。

先ほど前方後円墳(4)が銚子塚古墳と呼ばれることを紹介したが、東洋史学者・神話学者の三《み》品彰英《しなあきひで》(一九〇二―一九七一年)は「お銚子」ではなく「壺」を横にして地中に半ば埋めた形を想定した。つまり三品は、前方後円墳の墳形のアイデアが壺の形からヒントを得たものと考え、壺が死者の御《み》霊《たま》をまつることと不可分の関係にあるという、壺起源説を唱えた[三品、一九七三]。この壺起源説は、その後も一部の研究者に継承されている。はたして、この壺説は成立するだろうか。

本書の「前方後円墳とは何か」の章で和田晴吾が述べているように、円形の周溝墓から前方後円形の墳墓が造られたという(二四頁)。そして、前方後円形墳の周溝墓から、定型的な企画をもつ前方後円墳が構築される成立過程からみれば、壺の形をもとにして前方後円墳が造られたことにはならない。したがって、壺起源説は成り立たないというべきであろう[白石、二〇一六]。

前方後円墳の築造

日本列島における最大の前方後円墳は、先にふれた大山古墳である。五世紀中頃

(4) 箸墓《はしはか》古墳の立体図[大阪府立近つ飛鳥博物館、二〇一四]

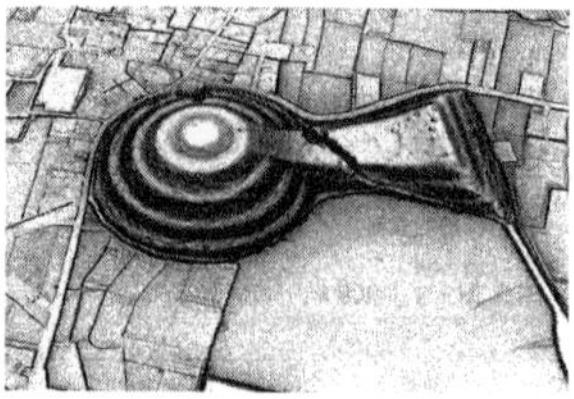

(5) 最近の計測による数値であるが(本書七六頁)、公定数値は四八六メートル。

(6) スキは踏み込んで土を掘り起こす農工具。

の築造といわれる。墳丘長五二五メートル以上[5]で、二重ないし三重の周濠がある。後円部の高さは三五メートル、前方部の高さは三三メートルの偉容を誇る。巨大な建造物であることはいうまでもない。

ちなみに巨大な前方後円墳のベストテンをあげると**表1**のようになる。吉備《きび》の造《ぞう》山《ざん》古墳と作山《さくざん》古墳（いずれも「つくりやま」古墳とも）を除くと、河内《かわち》・和泉《いずみ》・大和《やまと》国の近畿中央部に位置している（**図2**。柳本古墳群はオオヤマト古墳群の一部）。

こうした前方後円墳の築造には、どの程度の期間と人間の労働力が必要なのだろうか。かつて一九八五年（昭和六〇）に大林組プロジェクトチームが、大山古墳の建設について試算した研究成果が残されている。計算の前提として、墳丘長を四七五メートルとし、また墳丘の総容量を一四〇万立方メートル（一〇トン積トラック二五万台相当）と想定している。また、土取り場や葺石《ふきいし》採取場所などの位置も、あくまで一つの仮定であったが、ここでは大まかな目安ということで取りあげてみたい。プロジェクトチームは、①建設用工具は鉄製および木製のスキ・モッコ・コロ[6]、②労働者数はピーク時で一日約二〇〇〇人とし、牛馬は使用しない、③作業時間は一日八時間、一月に二五日間の労働、④建設事務所は陵の敷地内、労務宿舎は土取り場内に設置、を施工条件として計算している。ただし、埴輪[7]の製作については、不確定要素が多いとして除外されている。

土を持ち上げて、移動するのに適している。木製のスキや、木製の柄にU字形の鉄の刃先をつけたスキがある。モッコは「持ち籠」のことで、縄を網状に編み、四隅に紐などをつけて吊った中に土・石を入れて運ぶ道具。コロは重量物を移動させる時、動かしやすくするために下に入れる棒。

(7) 埴輪は古墳に立てられた装飾用の土器。円筒埴輪と、人物・動物・家などを形どった形象埴輪がある。殉死の禁止に伴ってできたものとされるが、円筒埴輪が早く出現するので、『書紀』の伝承（後述）とは必ずしもあわない。ただし、奈良時代には殉死に代わるものとする説が存在していたようである。

表1　前方後円墳ベストテン

	古墳名	墳丘長(m)	所在地	備考
1	大山古墳(仁徳陵)	525	大阪府堺市	百舌鳥古墳群
2	誉田御廟山古墳(応神陵)	425	大阪府羽曳野市	古市古墳群
3	石津丘古墳(履中陵)	360	大阪府堺市	百舌鳥古墳群
4	造山古墳	350-60	岡山県岡山市	
5	河内大塚山古墳	335	大阪府羽曳野市・松原市	古市古墳群
6	見瀬(五条野)丸山古墳	310	奈良県橿原市	
7	ニサンザイ古墳	約 300	大阪府堺市	百舌鳥古墳群
7	渋谷向山古墳(景行陵)	300	奈良県天理市	柳本古墳群
9	仲津山古墳(仲津姫陵)	290	大阪府藤井寺市	古市古墳群
10	作山古墳	282	岡山県総社市	

*墳丘長は[近藤編, 1991-92]による. ニサンザイ古墳・作山古墳の値は近年の調査.
*石津丘古墳はミサンザイ古墳ともいう.

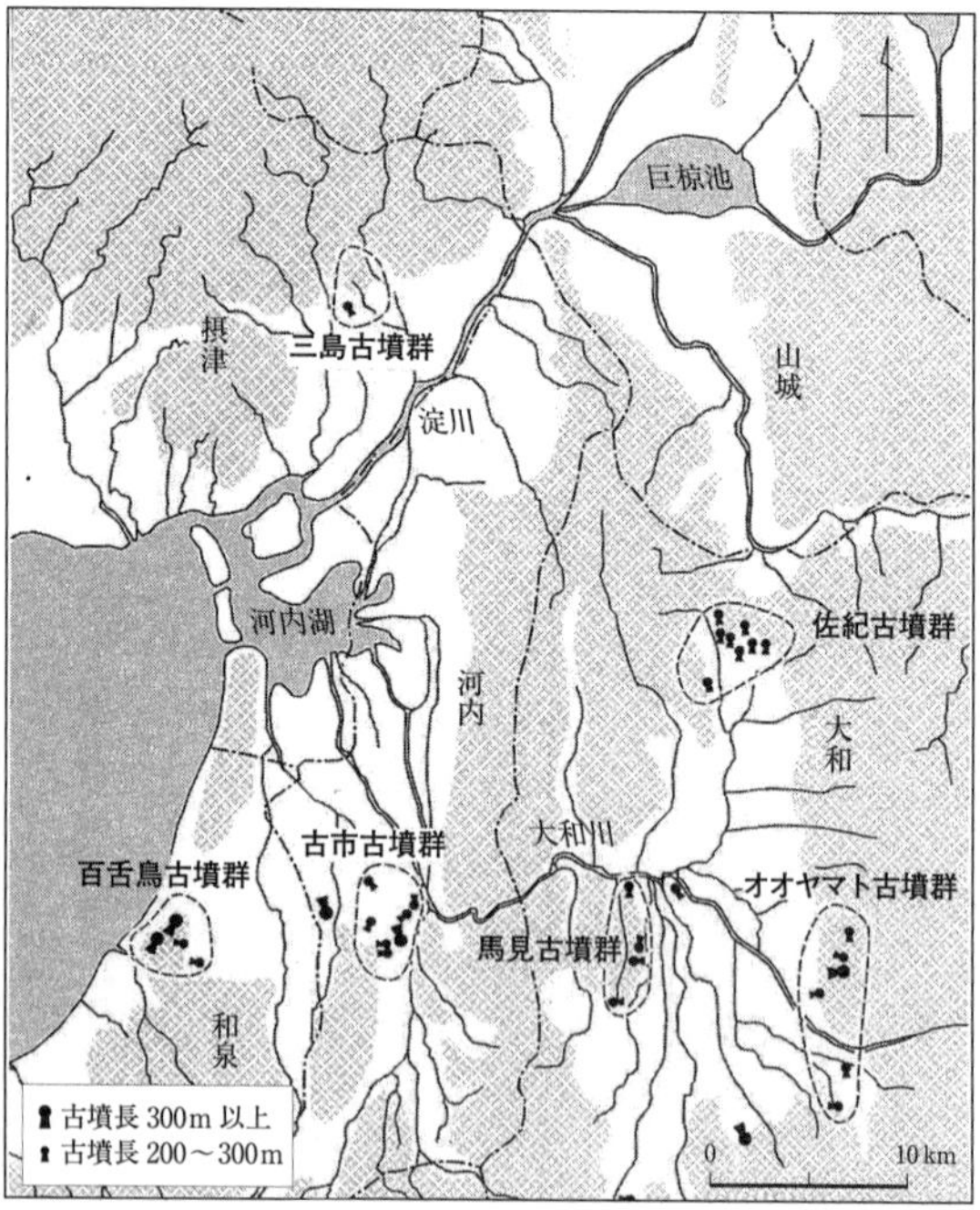

図2　近畿中央部の大型古墳[白石, 2013]

表2　大山古墳の古代工法による工程表[大林組，2002]

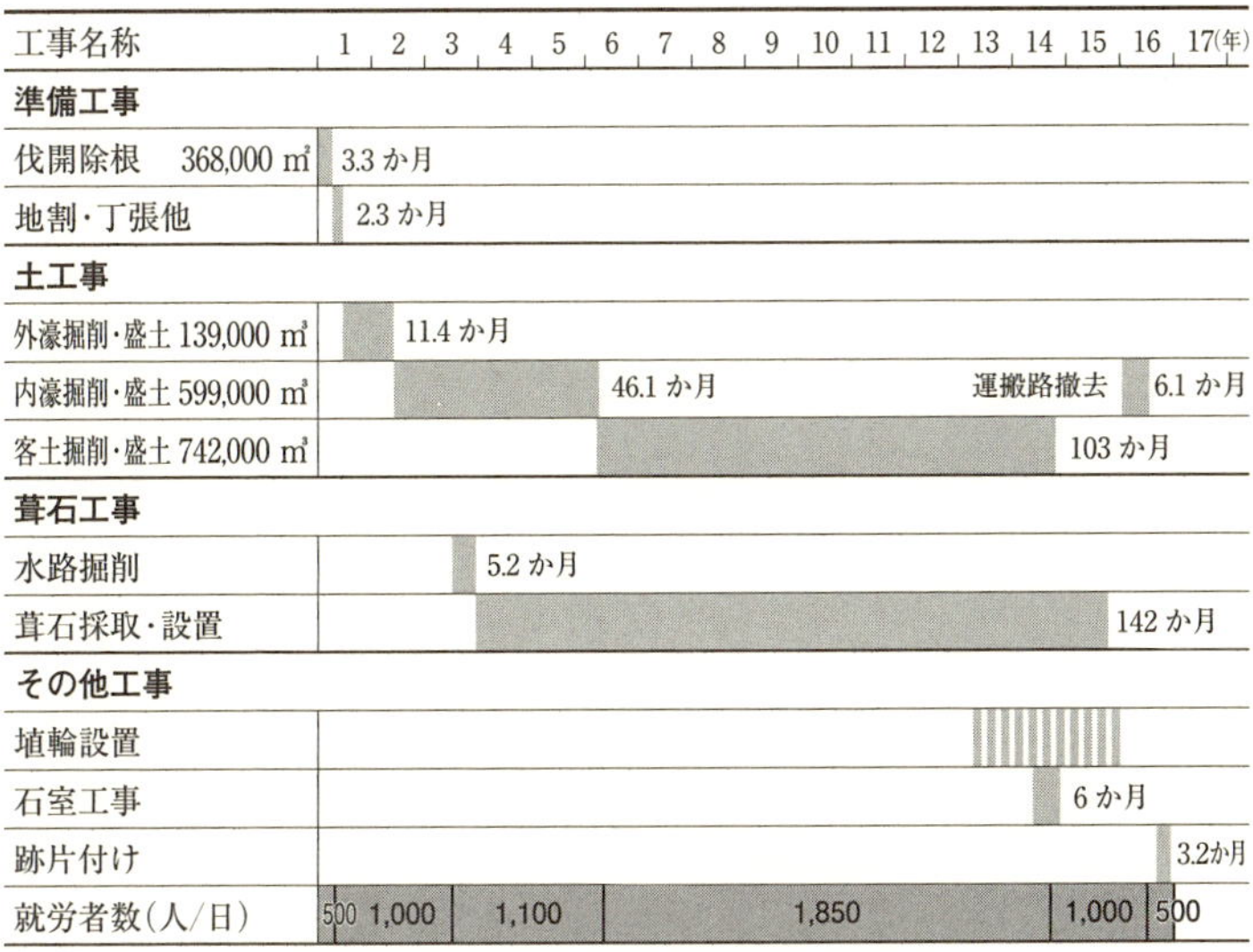

表3　大山古墳の工事費見積り[大林組，2002]

名称	数量	金額(100万円) 古代工法	現代工法
用地伐開除根	368,000 m^2	397	22
基本測量	368,000 m^2	283	19
外濠掘削	139,000 m^3	2,768	65
内濠掘削	599,000 m^3	10,782	522
排水工事	—	3,654	15
客　土	742,000 m^3	45,437	556
葺　石	5,365,000 個	1,897	248
埴　輪	15,000 個	69	46
石　室	1 式	40	3
跡片付け	—	1,904	45
宿舎等仮設費	1 式	517	55
現場経費	—	1,536	156
一般管理費	—	10,393	262
計		79,677	2,014

(表2，3とも，内容に鑑み，一部原表を訂正した)

その結果は、「大山古墳の古代工法による工程表」(**表2**)にみられるように、工期は一五年八カ月(現代工法では二年六カ月)、作業員数は延べ六八〇万七〇〇〇人(同、二万九〇〇〇人)である。総工費(**表3**)は七九七億円(同、二〇億円)かかるという〔大林組、一九八五〕。この調査から三〇年以上経過した今日では、現代工法はさらに進化しているだろうが、何といっても古代の建設日数と金額の数字に驚かされる。一つの参考値として参照の価値がある。

天皇陵古墳とその墳形

さて、巨大な前方後円墳は、王陵《おうりょう》(王・天皇の墓)である可能性が高いことはいうまでもない。ヤマト王権の成立以来、定型的な企画で設置されてきた前方後円墳は、天皇(8)の王墓として継続的に採用されてきた。これは確かな事実である。

しかし、巨大な前方後円墳がすべて王陵とはかぎらない。天皇陵古墳(9)かどうかの判断の基準となる史料に「帝紀」がある。「帝紀」は、あとの章の「歴史学から見た古墳時代」で述べるように、「旧辞」とともに『古事記《こじき》』『日本書紀』編纂の素材である。「帝紀」には、各天皇の王墓の名称と所在地が記されている。「帝紀」の記述がすべて正しいとはかぎらないが、大まかな傾向を知ることはできる。そして、現地の古墳との比較・研究によって、被葬者の比定が可能な場合もある。

(8) 天皇の称号は、六八九年の浄御《きよみ》原《はら》令で制度化されている。天武《てんむ》朝には「天皇」の語が見えるが(木簡)、天智《てんじ》朝でも使用された可能性がある(野中寺《やちゅうじ》弥勒《みろく》菩薩《ぼさつ》像台座銘の「中宮天皇」)。なお、「大王」は尊称である。

(9) 宮内庁が、陵墓および陵墓参考地として指定している古墳は原則的に調査はできない。古墳や周濠の修復の際に、宮内庁が調査しており、その結果は『書陵部紀要』に掲載されている。

ところが、宮内庁が指定した被葬者の天皇名などは必ずしも正確ではない。しかも、考古学の著しい発展にもかかわらず、新しい研究成果によって天皇陵の指定が変更されることも近年にはない。そのため、指定された古墳とは異なる真の天皇陵が、発掘されることが起きる。

その例の一つとして、ほぼまちがいなく指摘できるのは、継体《けいたい》天皇陵の場合である。継体陵は、『古事記』では「三《み》島之藍陵《しまのあいのみささぎ》」、『日本書紀』では「藍野陵」という。『延喜《えんぎ》式《しき》』(九六七年施行)の諸陵式では「三島藍野陵〈磐余玉穂《いわれのたまほ》宮 御宇《あめのしたしらしめす》 継体天皇。在摂津《せっつ》国 島上《しまのかみ》郡(略)〉」と記す。宮内庁は、大阪府茨木《いばらき》市の太田《おおだ》茶臼山《ちゃうすやま》古墳を継体陵として指定している。この地域で最大の前方後円墳であり、墳丘長は二二六メートルを数える。

ところが、この太田茶臼山古墳から出土している埴輪や須恵器《すえき》(10)をみると、古墳の築造は五世紀半ばから後半の時期だという。『書紀』によれば、継体の没年は、五三一年(『古事記』では五二七年)であり、時期がまったくあわない。

この古墳から約一・五キロメートル東に、高槻《たかつき》市所在の今城塚《いましろづか》古墳(11)がある。この地域では太田茶臼山古墳につぐ規模の前方後円墳であり、墳丘長は一八六メートル。六世紀前半の築造という。真の継体陵はこちらの方であろう。この古墳には、埴輪の祭祀を行なった跡が残されており、解明が待たれている。

(10) 古墳時代中期に、渡来系技術者がもたらした窯《よう》業による土器。小・中型製品はろくろを使用し、あな窯《がま》のなかで高温の還元炎で焼き上げた。壺・高杯・皿など多くの製品がある。

(11) 今城塚古墳の名称は、戦国時代に城が築かれたことから来ている。古代では『延喜式』どおり島上郡に位置する。ところが、太田茶臼山古墳は島下《しまのしも》郡に所在し、築造時期だけではなく、所在郡も異なっている。

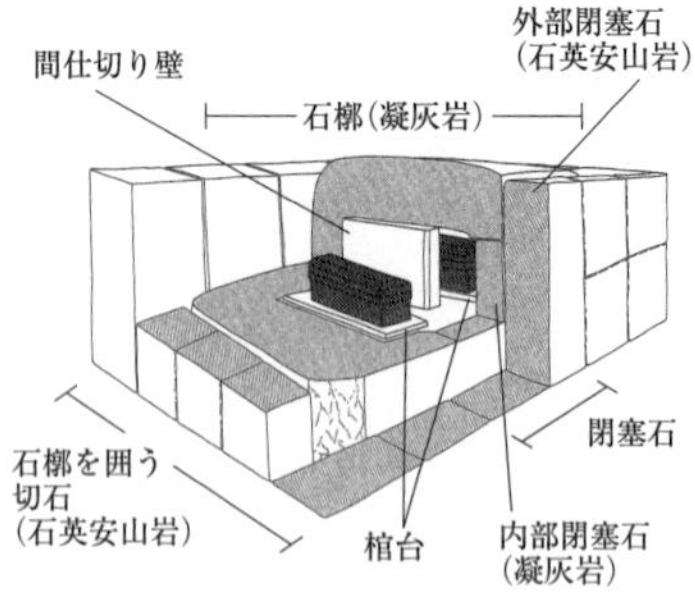

図3 牽牛子塚古墳埋葬施設図[明日香村教育委員会, 2013]

なお、前方後円墳の墳形が終了した七世紀以降の例になるが、宮内庁指定と異なると思われる天皇陵古墳に斉明《さいめい》陵がある。結論的にいえば、真の斉明陵は奈良県高市《たかいち》郡明日香《あすか》村の牽牛子塚《けんごしづか》古墳[12](**図3**)の可能性が高い。七世紀後半に築かれた古墳で、王墓でまちがいなかろう。また、隣接する越塚御門《こしつかごもん》古墳は、牽牛子塚古墳の後に築造されており、その時期は七世紀後半という[明日香村教育委員会、二〇一三]。報告書では被葬者を特定していないが、孫の大田《おおた》皇女であろう。

このように、むしろ宮内庁指定の誤りから、結果的にいくつかの天皇陵が発掘されることになった。なお発掘調査は、別の視点からみれば遺跡の破壊であり、発掘すればいいというものではない。天皇陵古墳の調査には慎重さが求められる。今日では、考古学の新しい研究成果に基づく、天皇陵古墳の正しい検証が必要だろう。

これまでの研究によれば、前方後円墳は敏達天皇陵[13]で終わりを告げる。次の用明《ようめい》天皇の春日向山《かすがむかいやま》古墳は方墳である。崇峻《すしゅん》天皇は暗殺され、その日に埋葬されているが、王陵は明らかではなく、その墓は赤坂天王山《あかさかてんのうやま》古墳[14](方墳)ともいう。推古《すいこ》天皇

(12) 墳丘は対辺長約二二メートル、高さ約四・五メートル以上の八角墳。埋葬施設としては、一個の凝灰岩を刳り貫いた横口式石槨《せっかく》で、間仕切りをつけた東西二室の石室をもつ。娘の間人《はしひと》皇女との合葬墓である小市岡上《おちのおかのうえ》陵であろう(『書紀』天智六年条)。

(13) 敏達天皇陵は、大阪府太子《たいし》町の磯長谷《しながだに》に所在する磯長陵(太子西山古墳。奥城古墳とも)。『書紀』に「訳語田《おさだ》天皇〔敏達〕を磯長陵に葬《はぶ》りまつる。これその妣《いろは》皇后の葬られたまひし陵なり」(崇峻四年四月条)とあり、敏達は石姫《いしひめ》の陵に合葬された。改葬と思われるが、この古墳への比定に反対する説もある。

は、初葬（植山《うえやま》古墳）・改葬（山田《やまだ》高塚《たかつか》古墳）とも方墳である。そして、舒明《じょめい》天皇を埋葬した段《だん》ノ塚《づか》古墳は八角墳となる。その後は、円墳の可能性が高い孝徳の上《うえ》ノ山《やま》古墳（異見もある）を除き、斉明の牽牛子塚古墳、天智《てんじ》の御廟野《ごびょうの》古墳、天武・持統陵の野《の》口王墓《ぐちおうぼ》古墳はすべて八角墳⑮となっている。ただし、八角墳の墳形をもつ古墳のすべてが、天皇陵とはかぎらない。

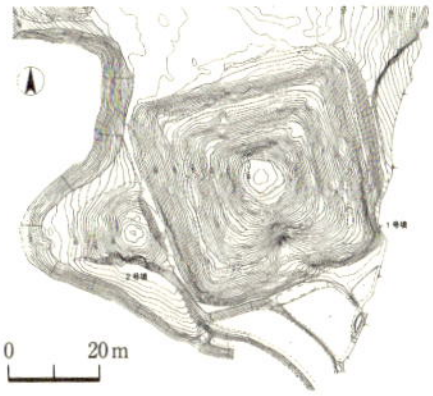

(14) 赤坂天王山古墳［桜井市纒向学研究センター、二〇一八］

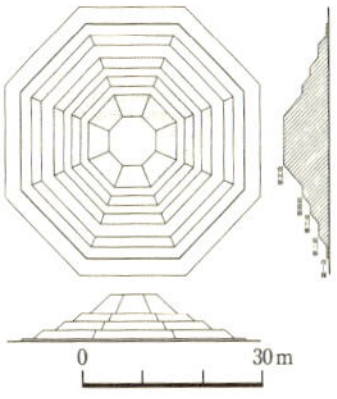

(15) 野口王墓の図解［明日香村教育委員会、二〇一三］

古墳と被葬者

天皇陵古墳に関しては、その時代ごとの天皇名がはっきりしているので、古墳の被葬者を特定できる可能性がある。ところが、一般の古墳については、被葬者を特定することは不可能に近い。次に、この被葬者の問題について取りあげてみよう。

結論的にいえば、古墳の被葬者については墓誌ないし墓碑がないかぎり、最終的な決め手に欠けることになる。古墳がいつごろ築造されたのかという年代については、古墳の形や埋葬施設（石室・石棺等）と周濠、そして埴輪や副葬品などに対する考古学研究によって、時系列の前後関係を示すことができる。しかし、被葬者となると、人物の伝承や古墳の年代観などだけで決めることはできない。やはり墓誌など具体的な官位・姓名の書かれているものが必要となる。

ところが日本では、この墓誌がきわめて少ない。現存するものは、わずか一六例を数えるに過ぎない。長方形の銅板（細板と広板がある）、直方体の物（石・塼《せん》）、そして蔵骨器に記された墓誌である。隋・唐の墓誌は石製が多いのに比し、日本の墓誌は金属製が多く、金工によって製作されている。六世紀代の日本列島では、中国とは異なって、古墳に墓誌を副葬するという葬送儀礼が成立していなかったと考えていいだろう〔小笠原、二〇一二〕。

ちなみに令制では喪葬《そうそう》令立碑条に「凡《およ》そ墓には、皆碑立てよ。具官《ぐかん》〔すべての官人が帯びる官職名〕姓名の墓と記せ」と規定されている。造墓が可能な三位《さんみ》以上・氏上《うじのかみ》らが対象であり、大宝令からこの規定が存在した。ところが、ほとんど効果がなかったようだ。古代貴族は、墓碑の建立には関心が薄かった〔柴田、二〇〇九〕。

2 『日本書紀』に描かれた古墳・埴輪づくり

王陵の築造

次に、古墳づくりが古代の史書にどのように描かれているのか、『日本書紀』を通じて考えてみたい。最初に、箸墓《はしはか》の伝承を取りあげる。

〔倭迹迹姫命《やまとととひめのみこと》〕則ち箸《はし》に陰《ほと》を撞《つ》きて薨《かむさ》りましぬ。すなはち大市《おおち》に葬《はぶ》りまつる。故《かれ》、時の人、其の墓を号《なづ》けて、箸墓と謂《い》ふ。是の墓は、日《ひる》は人作り、夜は神作る。

故、大坂山〔二上山《にじょうざん》のこと〕の石を運びて造る。則ち山より墓に至るまでに、人民相踵《あいつ》ぎて、手逓伝《たごし》にして〔手から手へ渡して〕運ぶ。

（崇神一〇年九月条）

箸の話は、箸墓の名称に付会した話で、墓づくりが主題である。この箸墓は「箸陵《はしのはか》」ともいうが（天武元年七月条）、奈良県桜井市にある箸墓古墳(16)のことである。墳丘長二七三メートルの前方後円墳。『書紀』の時代、すでに人間だけの力で築造するのは難しいと思われていたのであろうか。昼は人力であるが、夜は神が作ると記されている。

二上山はサヌカイト（火山岩である安山岩《あんざんがん》の一種）が多く、鋭利なガラス質の石なので「手から手へ渡す」石としては適当ではないともいわれる。しかし、これはあくまで伝承の話であるが、古墳の葺石《ふきいし》が手渡しされるのは、『播磨《はりま》国風土記』揖保《いぼ》郡条にも「出雲国の人、来《き》到たりて、人衆《もろひと》を連ね立てて運び伝へ、川の礫《こいし》を上げて、墓の山を作りき」とみえており、実際にも墓づくりの石運びは、手渡しで行なわれていたようである。

さて、推古天皇の場合は、「天皇、群臣に遺詔して曰はく、「比年《としごろ》、五穀登《みの》らず。百姓大きに飢《う》う。それ朕《わ》が為に陵を興《た》てて厚く葬《はぶ》ること勿《まな》〔「するな」の意〕。便《ただ》に竹《たけ》田《だ》皇子の陵に葬るべし」とのたまふ」（推古三六年九月条）と遺言を述べたと書かれている。そして実際に没後、竹田皇子の陵に合葬される。当初の合葬墓は、奈良県橿

(16) 日本における最古級の前方後円墳。三世紀後半の築造という。

原市の植山古墳⑰であろう。東室が竹田皇子、西室が推古天皇であろう。しかし、後に改葬され、その陵は大阪府太子町《たいし》にある山田高塚古墳とされている。

推古三六年九月条によれば、推古は生前には墓づくりをせず、竹田皇子の墓に合葬されることを決めていたようである。つまり生存中には墓を造らず、没後に石室づくりが始まったと思われる。ただし、これは「合葬」だったからで、通常の古墳づくりではない。特に大山古墳のように長期の築造期間が必要な場合、生前からの墓づくりを想定する必要もあるだろう（生前に造る墓を「寿陵《じゅりょう》」という）。

埴輪の起源と伝承

多くの古墳では、墳丘上に埴輪が置かれていた。この埴輪の起源に関する伝承が、『書紀』に記述されている。伝承によれば、埴輪の起源とその製作は、殉死の禁止と結びつけられている。

倭彦命《やまとひこのみこと》を身狭《むさ》の桃花鳥坂《つきさか》に葬《はぶ》りまつる。是に、近習者を集《つど》へて、悉《ことごとく》に生《い》けながらにして陵の域《めぐり》に埋《うず》みて立つ。日を数《へ》て死なずして、昼に夜に泣《いさ》ち吟《のどよ》ふ。遂に死《まか》りて爛《く》ち臭《くさ》りぬ。犬・烏聚《あつま》り噉《は》む。天皇、此の泣ち吟ふ声を聞《きこ》しめして、心に悲傷《いたきわざ》なりと有《おもほ》す。群卿に詔して曰はく、「それ生《いけるとき》に愛《めぐ》みし所を以て、亡《しぬる》者《ひと》に殉《したが》はしむるは、是甚《はなは》だ傷《いたきわざ》なり。それ古《いにしえ》の風《のり》と雖も、良からずは何ぞ従は

（17）植山古墳〔橿原市教育委員会、二〇〇二〕

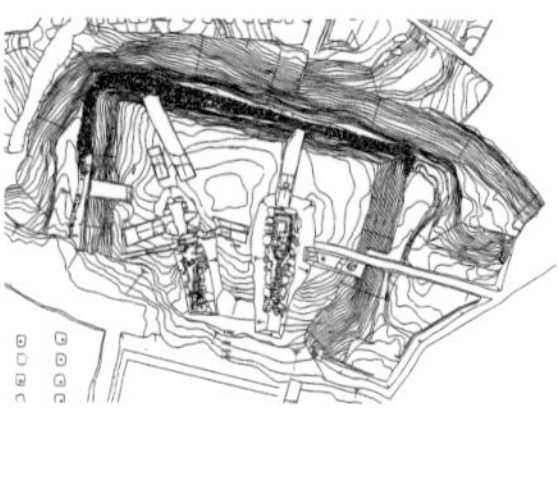

＊（大意）倭彦命を葬る際、近習者を陵の界《さかい》に埋めた。すぐには死なず、昼夜泣きうめいた。遺体が腐り、犬・鳥が食い散らした。天皇が、泣き声を聞いて心痛め、群卿に「殉死させるのは、痛ましいので止めよ」と命じた。

（18）伝承上の人物。ここでは、埴輪の起源を説明する話として、土師《はじ》氏の始祖伝承として記され

む。今より以後《のち》、議《はか》りて殉《しぬるにしたが》はしむることを止めよ」とのたまふ。*
（垂仁《すいにん》二八年一一月条）

つまり古くは、近くに仕えていた者を生きたまま埋めていた。しかし、死ぬまでに日数がかかり、泣きうめくので、天皇が殉死を止めさせたという話になっている。そして、皇后日葉酢媛《ひばすひめ》の死に際し、天皇が群卿に「死《しにひと》に従ふ道、前に可《よ》からずといふことを知れり。今此の行《たび》の葬《もがり》に、いかにせむ」と述べたところ、野見宿祢《のみのすくね》⑱が一つの提案をした。

「それ君王《きみ》の陵墓に、生人《いきたるひと》を埋み立つるは、是不良《これさがな》し。豈後葉《あにのちのよ》に伝ふること得む。願はくは今便事《たよりなること》を議《はか》りて奏《もう》さむ」とまうす。すなはち使者を遣して、出雲国の土部壱佰人《はじべのひとももひと》を喚《め》し上げて、自ら土部等《たち》を領《つか》ひて、埴《はにつち》を取りて人・馬及び種種の物の形を造作《つく》りて、天皇に献《たてまつ》りて曰《もう》さく、「今より以後、是の土物《はに》（埴輪）を以て生人に更易《か》へて、陵墓に樹《た》てて、後葉の法則《のり》とせむ」とまうす。*
（同三二年七月条）

その結果、天皇はたいそう喜んだという。ここには皇后の葬儀に際し、出雲から呼んだ土部（土師部《はじべ》）に埴輪を造らせ、生きた人間の代わりにするよう提案したことが記されている。つまり殉死から埴輪へと儀礼が変更されたことになる。その製作をになったのが土部であった。これは土師氏⑲の祖先伝承であり、土師氏が埴輪の製

ている。『書紀』には相撲の創始者としても描かれている（垂仁七年七月条）。野見宿祢を祭神とする、野見（野身）神社が存在している。

*（**大意**）大王の墓に生きた人を埋めるのは良くないので、いい案を考えると申しでた。そして出雲国から土部を呼び寄せ、人・馬などの埴輪を造って献上し、今後は埴輪を墓に立てる定めとするよう提案した。

⑲ 土師部を管轄する、「連《むらじ》」のカバネをもつ伴造《とものみやつこ》系の氏族。野見宿祢を始祖として、土師器や埴輪の製作、そして古墳築造など大王の葬送儀礼に関係している。律令制下では天皇の葬儀に関与することが多かった。

作や葬送儀礼を担当する由来を示すものである。

白鳥伝承

それでは古墳に埋葬された人の遺体や霊魂（幽魂）については、当時の人々はどのように考えていたのだろうか。『書紀』には、埋葬された遺体が移動するような話が書かれている。しかしながら、遺体が勝手に移動するようなことはありえず、身体に憑いていた霊魂が移動することを意味するのであろう。ヤマトタケル(20)の埋葬後の伝承を通じて、古代人の精神世界の一端をのぞいてみたい。

すなはち群卿《まえつきみたち》に詔し百寮《つかさつかさ》に命《みことおお》せて、よりて伊勢国の能褒野《のぼの》陵に葬《はぶ》りまつる。時に日本武尊《やまとたけるのみこと》、白鳥《しらとり》と化《な》りたまひて、陵より出《い》で、倭国《やまと》を指《さ》して飛びたまふ。群臣等、因りて、其の棺櫬《ひつぎ》を開きて視《み》たてまつれば、明衣《みそ》のみ空しく留りて、屍骨《みかばね》は無し。是に、使者を遣して白鳥を追ひ尋《もと》めぬ。則ち倭《やまと》の琴弾原《ことひきのはら》に停《とどま》れり。よりて其の処に陵を造る。白鳥、また飛びて河内《かわち》に至りて、旧市邑《ふるいちのむら》に留る。また其の処に陵を作る。故《かれ》、時の人、是の三の陵を号《なづ》けて、白鳥陵と曰《い》ふ。然《しこう》して遂に高く翔《と》びて天《あめ》に上りぬ。徒《ただ》に衣冠を葬《おさ》めまつる。因りて功名《みな》を録《つた》へむとして、すなはち武部《たけるべ》を定む。*

（景行《けいこう》四〇年是歳条）

ここには、軍事的な部民である武部(21)の起源譚も含まれている。しかし、話の主旨

(20) ヤマトタケルは伝承上の人物。『書紀』では「日本武尊」、『古事記』では「倭建命」と表記する。『古事記』においては、西は九州のクマソタケル、出雲のイヅモタケル、そして東の蝦夷に対する征討活動を行なう。『常陸国風土記』にも名前が見える。

***（大意）** 伊勢国の能褒野に葬られたヤマトタケルは、白鳥となって大和国に飛んでいった。棺を開くと、衣服しか残っていなかった。白鳥を追い求めると、大和の琴弾原に留まったので、陵を造った。白鳥はまた飛んで、河内国の旧市邑に留まったので、また陵を造った。この三陵が白鳥陵である。ついに白鳥は天に上ったので、衣冠だけを葬った。

は、ヤマトタケルの霊魂が白鳥となり、伊勢から大和《やまと》（倭）を経て河内へ移る白鳥陵(22)の伝承である。棺には屍骨がなく、衣服しか残っていなかった。この場合、屍骨と霊魂が白鳥に変わったことを示唆している。白鳥として故郷に戻るのであるが、最後には天に上る話となっている。

このように『書紀』を通じて、古墳をめぐる古代人の行動や思考の一端を再現することができると思われる。

本書の構成

本書は、ここまで述べてきたようなさまざまな切り口に注目しながら、前方後円墳について考えていく。

まず和田晴吾「前方後円墳とは何か」によって、前方後円墳の出現から消滅まで、古墳時代の基本的な流れを確認する。専門家が改めて「古墳とは何か」という問いに向き合い、様々な具体的考察によって見出した、当時の「他界観」とはどういうものなのか。

古墳には様々な規模・形のものがあるが、それはなぜだろうか。下垣仁志「古墳と政治秩序」は、「格差」をはらむ古墳の築造によって、政治秩序が構築・強化されていく過程をあぶりだす。〈差異化の装置〉としての古墳はいかに機能したのか。

ヤマトタケルの功名を伝えるため、武部を定めた。

(21) 武部（建部とも）は、『書紀』にヤマトタケルの功名を録すために設置されたと記されているが、同時にヤマトタケルの子イナヨリワケ（稲依別）が犬上君《いぬかみのきみ》と武部君の始祖だとも記す（景行五一年条）。軍事的な目的で設置された部で、武部君氏が武部を管轄した。『出雲国風土記』出雲郡健部郷条にも起源譚を載せる。

(22) 伊勢の能褒野陵は三重県亀山市の能褒野古墳、大和の琴弾原の陵は奈良県御所市の白鳥陵古墳。そして河内の旧市邑の陵は、大阪府羽曳野市所在の前の山古墳か津堂《つどう》城山《しろやま》古墳が、それぞれ候補地である。

「一つの古墳には複数の人間が埋葬されている」という基本的な事実からの分析も興味深い。

古墳時代は、日本列島において王権が成立した時期であった。松木武彦「国の形成と戦い」は、王権と国家が成立するプロセスに「戦い」がどのような意味をもったのかを、前方後円墳の展開と古墳群の再編、象徴財の所在から読み解こうとする。四世紀後葉以降の男系による氏族的結合の編成が画期となり、古墳時代社会は完成期を迎える。しかも在地権力を前提とした地域の系列化が、ヤマト王権の軍事編成・武器所有の特色を示顕させたと説く。

古墳時代は、『古事記』『日本書紀』や金石文、そして中国正史の『魏志』『宋書』等の文献史料から見るとどういう時代なのか。吉村「歴史学から見た古墳時代」は、ヤマト王権が成立し展開する時期でもあった古墳時代の諸画期を、主に『記・紀』の材料となった「帝紀」から解き明かすことを試みる。

本シリーズでは各冊に海外からの研究者が参加しているが、本書ではとくに古墳時代の倭国と関係が深かった加耶《かや》(加羅《から》諸国)と百済《くだら》について、二人の韓国の研究者に自説を述べてもらった。前方後円墳は日本列島で出現したものであるが、じつは朝鮮半島にも見られ、日本語での紹介はまだ少ないながら、韓国の研究者の間でも関心が高いのである。まず日本の考古学を韓国に広く紹介した研究者として知られる申敬澈《シンギョンチョル》には、「加耶の情勢変動と倭」を、そして日本で学んだ経験をもち日本考古学をよく知る禹在柄《ウジエビョン》には、百済地域を中心に「前方後円墳が語る古代の日韓関係」を執筆してもらった。どちらのテーマも日韓の考古研究者の間で意見が分かれている点があるが、日本考古学にも精通した研究者の学説として受け止めてもらいたい。

最後に、「前方後円墳」に関していま注目の話題は何か、執筆者と編集委員の五名による座談会を行なった。最初にテーマの全貌をつかみたい読者には、ここから読み始めることをお勧めしたい。基本的な知識や各執筆者の考え方の一端が、言葉のやりとりのなかから伝わればと思う。また各論において、ことに重要なトピックについてはコラムをもうけたので、参照されたい。

なお本書では、古墳名その他用語はなるべく統一するように心がけたが、各人の学問的手法や事象の解釈には相違があり、最終的にはそれぞれの考え方を尊重した。多様な見解が存在することは、歴史的事実に対するアプローチの難しさと同時に、豊かさ、面白さを示すものでもある。読者にはその点をご理解いただければと思う。

引用・参考文献

明日香村教育委員会、二〇一三年『牽牛子塚古墳発掘調査報告書』

大林組プロジェクトチーム、一九八五年「現代技術と古代技術の比較による「仁徳天皇陵の建設」」『季刊大林』20
大林組プロジェクトチーム、二〇〇二年『よみがえる古代 大建設時代』東京書籍
小笠原好彦、二〇一二年「日本古代の墓誌」『日本古代学』4
近藤義郎編、一九九一—九二年『前方後円墳集成 中国四国編／近畿編』山川出版社
柴田博子、二〇〇九年「令制における墓碑と墓標に関する規定について」『宮崎産業経営大学教職課程年報』2
白石太一郎、二〇一一年「古墳の名称」『古墳と古墳時代の文化』塙書房
白石太一郎、二〇一六年「祭祀・儀礼からみた古墳」『古墳とは何か』大阪府立近つ飛鳥博物館
三品彰英、一九七三年「前方後円墳」『古代祭政と穀霊信仰』(『三品彰英論文集』5)、平凡社

挿図引用文献

大阪府立近つ飛鳥博物館、二〇一四年『大阪府立近つ飛鳥博物館図録64 箸墓以降』
橿原市教育委員会、二〇〇二年『橿原市埋蔵文化財発掘調査概報』
桜井市纒向学研究センター、二〇一八年『赤坂天王山古墳群の研究』公益財団法人桜井市文化財協会
白石太一郎、二〇一三年『古墳からみた倭国の形成と展開』敬文舎
孫　機、一九九一年『漢代物質文化資料図説』文物出版社

前方後円墳とは何か

和田晴吾

はじめに

日本列島の長い歴史のなかで、九州から東北南部にかけての水稲農耕《すいとうのうこう》社会において、人びとが憑かれたように墓づくりに熱中した時代があった（巻末分布図参照）。

今では「古墳時代」と呼んでいるこの時代は、およそ三世紀中葉から六世紀後葉（ないしは七世紀初頭）まで約三五〇年間続いた（以下、時期区分については巻末編年図参照）。その間に造られた古墳の数は前方後円墳約四七〇〇基（帆立貝形墳《ほたてがいがたふん》(1)約五〇〇基を含む）、前方後方墳約五〇〇基。これに円墳と方墳を加えると、総数は一〇万基をはるかに超える。規模は一〇メートル前後のものが大半を占めるが、大きなものでは大阪府大山《だいせん》古墳（仁徳天皇陵古墳、前方後円墳(2)、五二五メートル余り［徳田、二〇一七］）のように五〇〇メートルを超えるものまで存在する。

当時の人びとはなぜ、そんなに多くの、そんなに巨大な古墳を、何年にもわたって造りつづけたのだろう。ここでは私なりにこの疑問に答えるために、前方後円墳を念頭に、「古墳とは何か」をできるだけ具体的に考えてみた。

（1）前方後円墳の前方部が短い、平面形が帆立貝に似たもの。前方部長が後円部直径の四分の一以上で二分の一未満のものを指し、四分の一未満のものを造出付《つくりだしつき》円墳とする場合が多い。帆立貝式古墳とも呼ぶ。

（2）以下の古墳で特に墳形の記載がない場合は前方後円墳である。

1　前方後円墳の出現――古墳時代のはじまり

古墳以前――弥生墳丘墓

かつて古墳は突然出現したと考えられていた。前方後円墳の起源にまつわる様々な説は、そんな時代に、最古の形もわからないなかで生まれたものが多かった。しかし、一九五五（昭和三〇）年頃以降の急激な開発にともなう発掘調査によって、弥生時代にも墳丘《ふんきゅう》(3)をもつ墓（墳丘墓）が数多く存在したことがわかってきた。方形や円形の、周溝墓《しゅうこうぼ》(4)や台状墓《だいじょうぼ》(5)と呼ばれるもので、「弥生墳丘墓」と総称している。

近畿地方を中心とした地域ではおもに方形の墳丘墓が造られた（中央部は方形周溝墓が中心）。弥生前期〜中期中葉（前六、五世紀—前二世紀頃、弥生墳丘墓の第一段階）では墳丘規模の差は少なかったが、中期後葉〜後期前半（前一世紀—後一世紀頃、第二段階）になると、他よりはひときわ大きなもの（墳長二〇メートル以上）が出現しはじめた。言いかえれば、農耕を営む均質的な集団（共同体）のなかに特定の有力者（首長）が出現してきたのである。そして、それとともに、墳丘墓の階層差や地域差が目立ちはじめ、後期後半〜終末期（二世紀—三世紀前葉、第三段階）には、その傾向が一層顕著になっていった［和田、二〇一八］。

(3) おもに土で造った墓の高まり。石の場合は積石塚《つみいしづか》と言う場合がある。

(4) まわりに溝を掘って区画したもので、墳丘は土を盛っている場合が多い。

(5) まわりを削って区画したもので、墳丘は地山を削りだしている場合が多い。

首長の墓として、台状墓が発達していた日本海側の、山陰では四隅突出型《よすみとっしゅつがた》方形台状墓[6]（四隅突出墓）が、近畿北部では方形台状墓が、北陸では各要素が複合するかたちで、四隅突出型方形・方形・円形の台状墓や周溝墓が造られた。一方、周溝墓が発達していた太平洋側の、近畿中央部から近江・東海にかけての地域では方形周溝墓の系譜を引く前方後方形の周溝墓（一部は台状墓）が、近畿中央部では弥生後期に新しく伝わった円形周溝墓の系譜を引く前方後円形の周溝墓（一部は台状墓）が造られ、ともに東西に広がっていった。少数ではあるが、瀬戸内中央部では円丘の左右に突出部がつく双方中円形の台状墓（**図1**）も造られた。

言いかえれば、西日本の各地域に出現してきた首長たちは、地域ごとに政治的なまとまりを形成しはじめ、それに応じて、他地域とは異なる自らの墳丘墓様式を作りだし、共有するようになっていったのである[7]。

そのなかで、特定の地域を越えて広がったのが前方後方形と前方後円形の墳丘墓であった。

図2の右側は、方形周溝墓から前方後方形周溝墓への型式的変化の概念図であるが、前方後円形のものも（**図2**の左側）、二〇一六年の奈良県橿原《かしはら》市瀬田《せた》遺跡（弥生後期末、**図3**）の発見により［山本、二〇一七］、近畿中央部でも型式的変化の空白部（**図4**と比較）が埋まり、両者ともに周溝墓の溝を渡る通路としての陸橋《りっきょう》部が、埋葬にと

(6) 方形台状墓の四隅が突出した墳丘墓。山陰の例には貼石《はりいし》があるが、北陸の例には貼石がない。左図［渡辺、一九九五］。

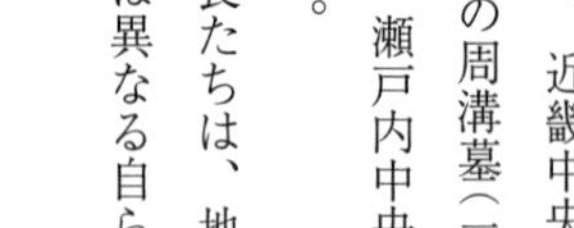

(7) 九州でも少数の墳丘墓が見つかっているが、弥生中期に甕棺《かめかん》が発達するなど別の経緯をたどったと推定される。ただ、弥生後期には方形周溝墓が広がった。

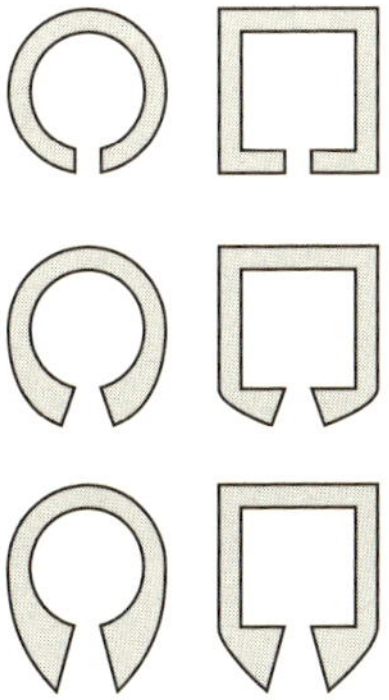

図2　弥生墳丘墓の変遷概念図

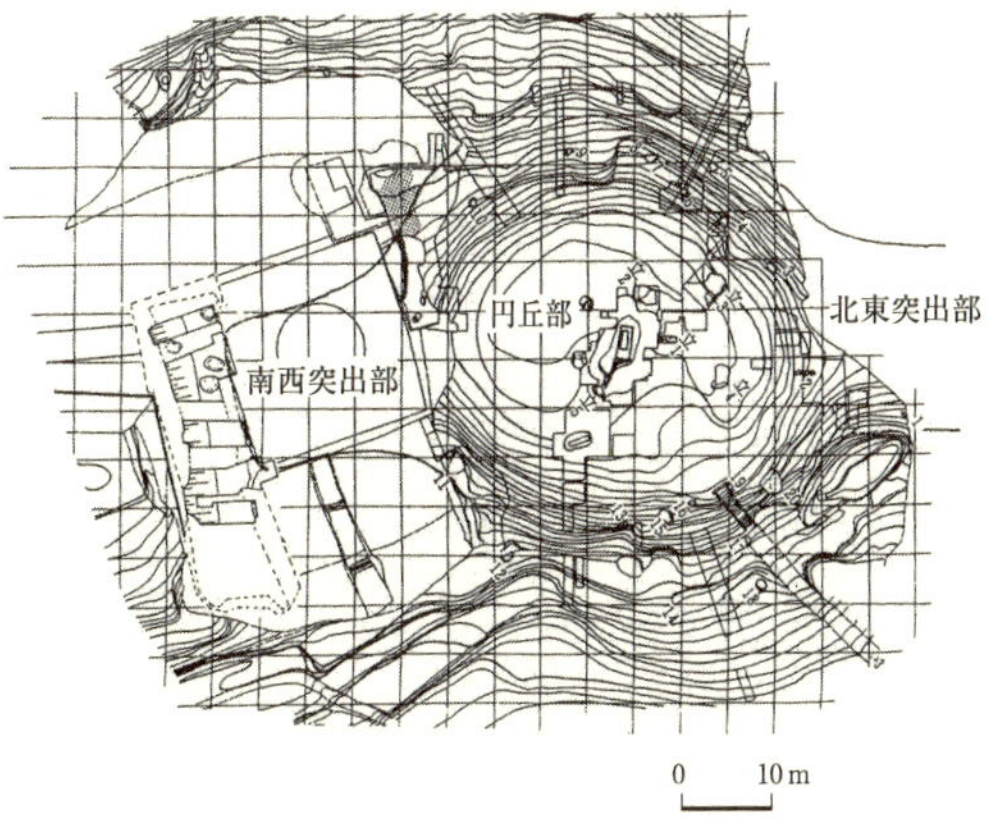

図1　岡山県倉敷市楯築墳丘墓[近藤編，1992]

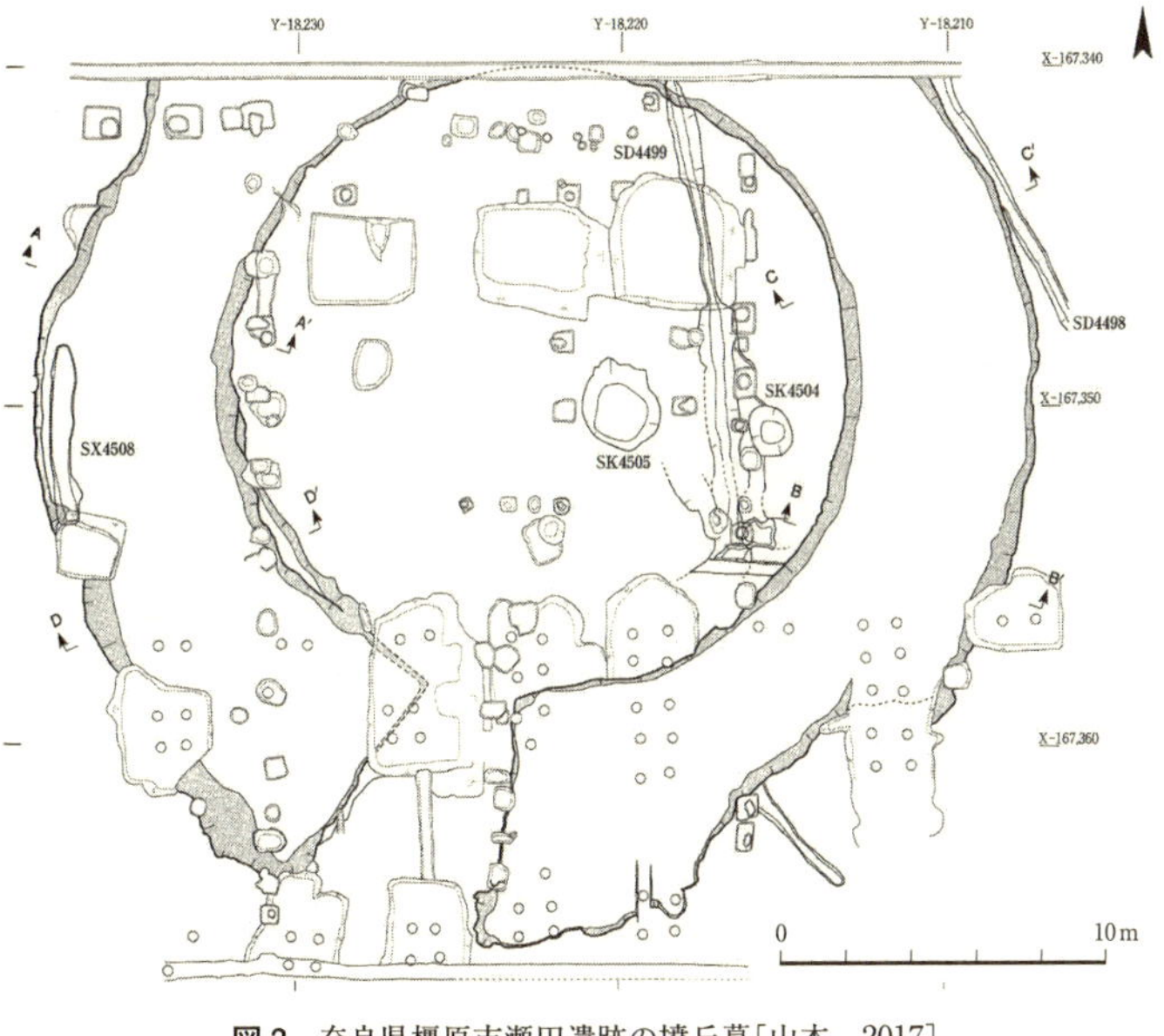

図3　奈良県橿原市瀬田遺跡の墳丘墓[山本，2017]

もなう儀礼の場として長大化し、前方部となった〔都出、一九七九〕ことが再確認できた。前方後円墳の形の起源は壺ではなかったのである。

さらに言えば、前方後円形も前方後方形も、ともに列島における弥生墳丘墓の展開の結果として生みだされた日本独特の形だったのである。

前方後円墳の創出と古墳秩序の形成

以上のような前史を踏まえ、誕生したのが奈良県桜井市箸墓古墳《はしはか》（**図4**）である。この古墳には、前方後円形の墳丘、周濠《しゅうごう》、葺石《ふきいし》、埴輪《はにわ》の祖型となった特殊な墳墓儀礼用土器（壺や、それを載せる器台《きだい》）など、弥生時代の各地の墳丘墓に備わっていた諸要素が採用されていることから、それらを統合し止揚するかたちで新たな「古墳」様式が創出されたと考えられている。そして、その様式は、変化しながらも、古墳時代の終わりまで継承されていった。

また、この古墳は墳丘が二八〇メートル余りと巨大であることも大きな特徴で（弥生墳丘墓は大きくても四〇—一〇〇メートル余り）、各時期最大の古墳を当時の最高権力者、すなわち大王《だいおう》の古墳と位置づけると、箸墓古墳以降、約三五〇年間にわたり、一時的な衰退期（五〇〇年前後の古墳時代中期と後期の過渡期）を除けば、大王墳は一貫して二〇〇メートル以上の前方後円墳であることが定式化した。

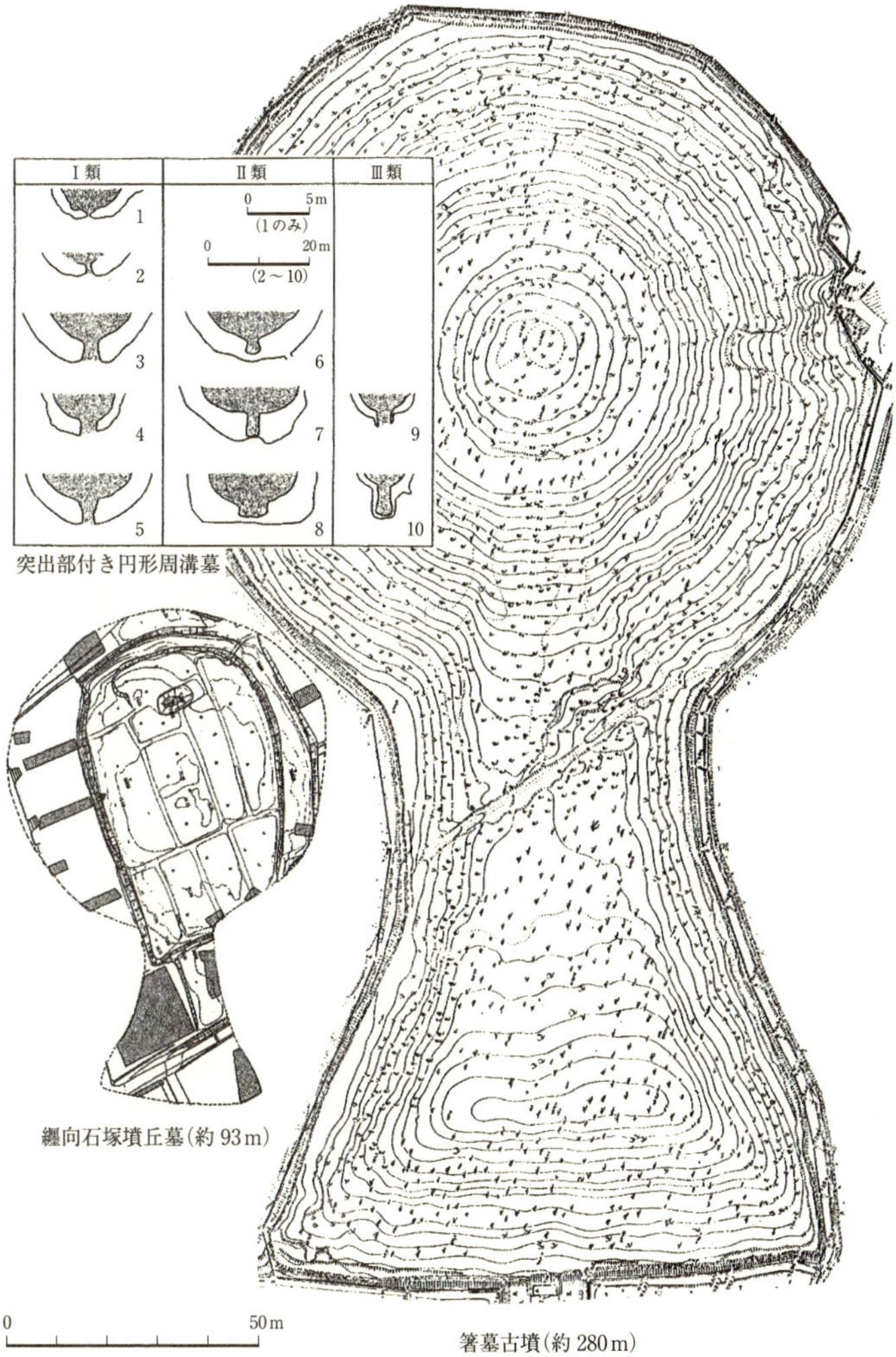

図4 突出部付き円形周溝墓・奈良県桜井市纒向石塚墳丘墓・同箸墓古墳[岸本, 2001／寺沢, 1989／末永, 1975]

その後、各地で首長墳としての古墳が数多く築かれたが、大王墳はその規範となった。そして、各地の前方後円墳、前方後方墳、円墳、方墳(古墳の基本四形式)は、基本的に共通の様式のもとに、墳丘の形と規模をおもな基準とする、格差の大きい序列的で階層的な秩序を形成しつつ築かれることになった。この古墳の秩序を成りたたせていた政治勢力が、考古学で言うヤマト王権であり、墳丘の形と規模は王権内における被葬者の政治的身分を表していたと考えられる。

したがって、箸墓古墳は大王の出現と、大王を頂点とした政治体制(首長連合体制)であるヤマト王権の出現を端的に示すものにほかならず、ここに前方後円墳の時代[近藤、一九八三]である古墳時代が始まったと言うことができる。古墳も墳丘墓の一種であるが、弥生墳丘墓と呼びわけているのはそのためである。

ただ、弥生前期以来、おもに方形周溝墓など方形原理の墓を造りつづけてきた近畿中央部において、なぜ円形や前方後円形など円形原理の墓が優位な位置を占めるようになったのかは、いまだ十分明らかではない。なぜなら、円形周溝墓は、弥生前期に瀬戸内中央部で方形周溝墓とともに造りはじめられながら、方形周溝墓とは別の展開過程を示し、兵庫県播磨《はりま》灘《なだ》北岸から大阪湾北岸・東岸へと東に広がり、奈良盆地では弥生後期後半になってようやく造りはじめられた[岸本、二〇〇二]、近畿中央部ではなじみの薄い新しい墳形だったからである。

ちなみに、前方後円形周溝墓が優位で方形周溝墓群が劣位となる組合せは、弥生終末期には出現し、古墳時代前・中期を通じて続いた（前方後円墳と方形周溝墓の組合せ）。

列島の社会が接触を持った中国王朝の皇帝陵が、秦《しん》（前二二一―前二〇六年）や前漢（前二〇二―後八年）では方形であったのが、後漢（二五―二二〇年）から南北朝の終わり（隋《ずい》による統一、五八九年）まで、まさに列島で前方後円墳が造られていた期間だけは、円形であったことも無関係ではなさそうである。隋（五八一―六一八年）・唐（六一八―九〇七年）にふたたび皇帝陵が方墳に転じたのに応じたかのように、飛鳥時代には日本の大王墳にも方墳が出現した［鐘方、二〇〇四］。

2　前方後円墳の築造――古墳時代前・中期

前方後円墳を構成する要素

では、前方後円墳の具体的な構造と築造手順を検討するために、古墳時代中期前葉頃の大型古墳を取りあげよう。なぜなら、この時期には、箸墓古墳以来の古墳の様式が一定の完成期を迎え、定型化してきたからである（**図5**）。

まず、前方後円形の墳丘は三段重ねの階段状（三段築成《ちくせい》）で、後円部と前方部が接する「くびれ部」近くには方形の造出《つくりだし》がついている。墳丘の表面は斜面を中心に葺石が施され、横から見ると石の山のように見える。頂上部は平坦で、後円部平坦面の中央に墓坑《ぼこう》（墓穴）が掘られ、その中に中心となる埋葬施設が納められている。墓坑を埋めもどした後には方形壇が築かれ、その上に複数の家形埴輪が配置される。そして、それを囲むように方形に円筒埴輪列が並べられ、その内外に武器（靫《ゆき》、大刀など）・武具（盾《たて》、甲冑《かっちゅう》など）形埴輪や蓋《きぬがさ》形埴輪などが配されている（**図6**）。さらに各平坦面には円筒埴輪や朝顔形埴輪、時には木の埴輪[8]などからなる埴輪列が廻らされている。そして、この墳丘全体を一―三重の盾形周濠が囲み、中堤《なかづつみ》や外堤《そとづつみ》にも円筒埴輪列などが並べられる（各埴輪の担う意味は後述。コラム「埴輪について」参照）。

こうした古墳を構成する諸要素は、一つの古墳様式（組合せ）として全国に広がっていった。ただ、被葬者の王権内での地位が低いほど、言いかえれば王権との距離が遠くなるほど欠落する要素は多くなった。一方、墳丘の内部に築かれた棺を含む埋葬施設には地域色が強く表れた。

古墳の築造手順

つぎに、古墳時代前・中期の前方後円墳の築造手順を検討すると、基本は左記の通りである。

（8）古墳の表面に立てられた木製品。鳥形や笠形をつけた柱や、「石見《いわみ》型」と呼ばれる飾り板や、各種の棒状品などがある。布製の旗や吹流しや幕などもあった可能性が高い。

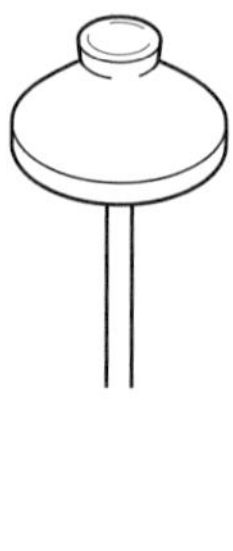

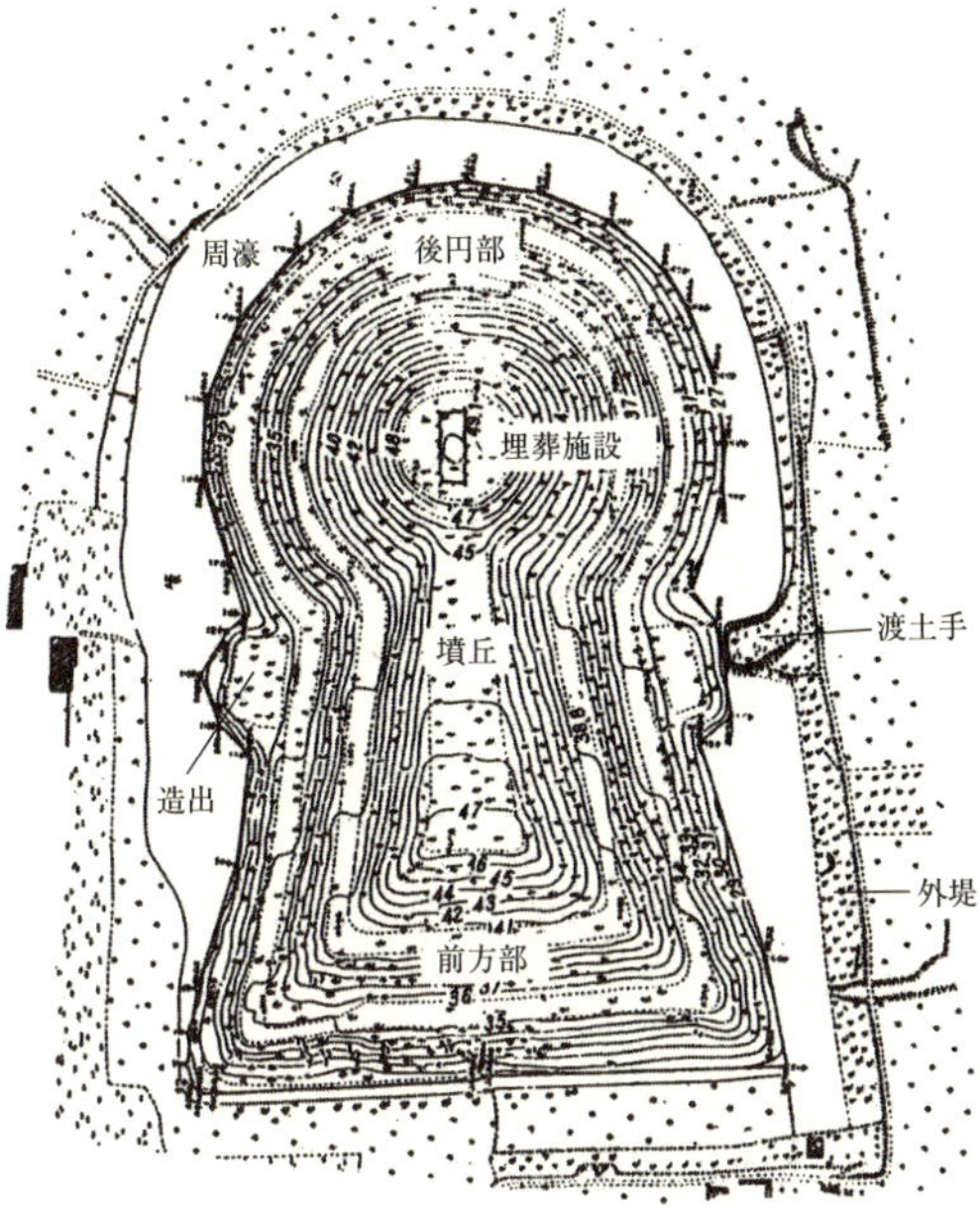

図5 前方後円墳の部分名称(大阪府羽曳野市墓山古墳,
渡土手は後世)[末永, 1975 に加筆]

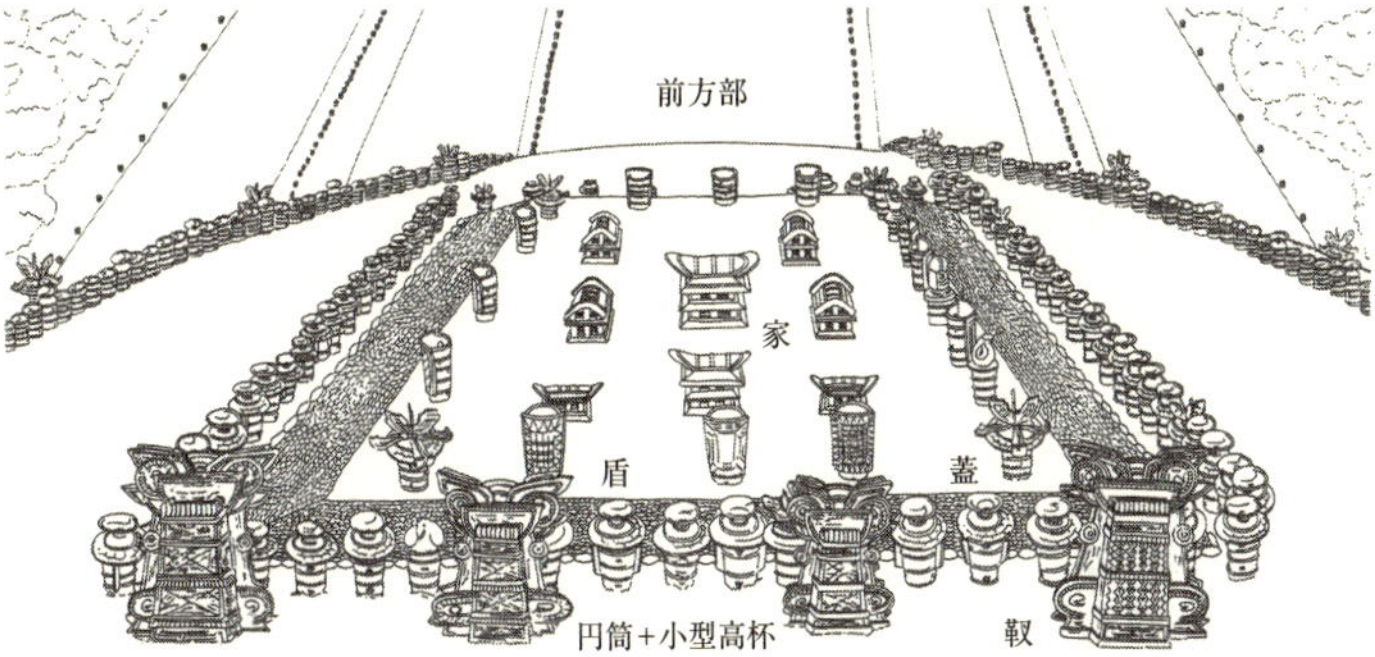

図6 三重県伊賀市石山古墳の埴輪配列復元図(方形埴輪列は前方部側にも続くが, 中央3分の1ほどにはなく, 開いている)[高橋, 1999]

墓域の選定――整地――墳丘の築造┬墓坑の掘削
　　　　　　　　　　　　　　　├埋葬施設の構築――墳丘表面の整備
　　　　　　　　　　　　　　　└埋納（棺の設置と遺体・副葬品の納棺）

詳細は省くが、おもな注目点を以下に掲げる。

①墳丘の築造と周濠の掘削

この時期の古墳は墳丘を先に造り、後からその頂上に墓坑を掘って埋葬施設を営んだ点に大きな特徴がある。中国の皇帝陵は生前から造りはじめられた寿陵《じゅりょう》（生前墓）として知られているが、日本の大型古墳もまた寿陵として営まれ、墳丘のみならず、葺石や埴輪列もある程度は整えられていた可能性が高い。

また、墳丘を築く過程で周濠も掘られたが、墳丘内部の作業を円滑に行うため、何本かの渡土手《わたりどて》（陸橋）が掘りのこされていて、作業の終了とともに、時には一部を残して、取り除かれたものと思われる。水を湛える周濠も日本の古墳の大きな特徴であるが(9)、意図的に導水した痕跡はほとんどなく、湛水している場合は天水や湧水によったものと思われる。今日見るような、満々と水を湛える周濠は、近世に農業用水用の溜池として改修された例がほとんどである。

②墓坑の掘削と埋葬施設の構築

先述の通り、古墳の頂上が平坦面をなすのも日本の古墳独特の形態で、中心とな

(9) 朝鮮半島では日本の古墳の影響を受けた例が少しあるが、中国では浙江省紹興市にある印山越王墓（春秋後期～戦国初期、方形）［浙江省ほか編、二〇〇二］など若干例が知られているのみである。

る埋葬施設はその中央に大きな墓坑を掘って営まれた。墳丘を造ってから埋葬施設を営むという手順が、広い平坦面を必要としたのである。

前・中期に多い竪穴式石槨《たてあなしきせっかく》に割竹形木棺《わりたけがたもっかん》を納めた埋葬施設の場合、本格的な墓坑は二段掘りで、下段の内部に石槨が築かれた。その手順（**図7**）は、前半は粘土《ねんど》棺《かん》床《しょう》（棺を置く粘土製の床）の作製―棺身の設置―石槨下部の構築まで（**図7**a～c）、**図7**cの段階で遺体の納棺《のうかん》―棺内外への副葬品の配置（**図7**d）―棺蓋の設置（蓋の上に盾など副葬品が置かれる場合もある）と納棺儀礼が行われ、その後に石槨上部の構築―天井石の架設（**図7**e）―粘土での被《ひ》覆《ふく》―墓坑の埋めもどしと続いた。石槨の構築、

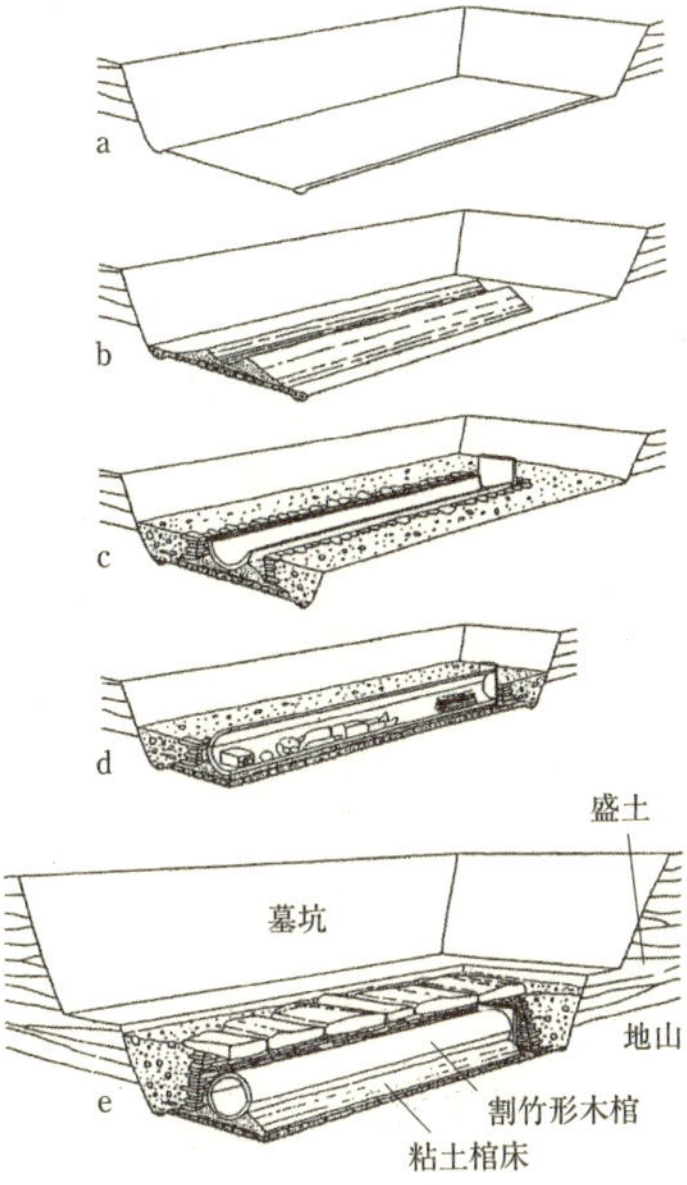

図7　竪穴式石槨の構築手順［和田, 2014］

棺の安置、納棺などが一連の不可分な作業として一体的に行われた点に特色がある。

このような手順を踏むことになった大きな理由は、棺の使い方が、今日のように遺体を入れて「持ちはこぶ棺」ではなく、墓坑のなかに「据えつける棺」であって、別に運んできた遺体を現地で棺に入れるという用法だったからにほかならない。重さ数トンもある長持形石棺《ながもちがたせっかん》や舟形石棺《ふながたせっかん》が棺として機能しえたのも、こうした棺の使い方だったからである。

③密封《みっぷう》と辟邪《へきじゃ》

埋葬施設は入念に造られ、遺体は隙間なく閉じられた棺と槨《かく》の中に密封された。その上、石槨の内面にはおもに赤色顔料のベンガラ（酸化第二鉄）が塗られ、棺内の遺体周辺には朱《しゅ》（硫化水銀）が撒かれた。石槨の棺床や側壁の控え積みや被覆粘土の内部には、時には鉄製の利器《りき》（鉄鏃《てつぞく》など刃のついた道具）などが埋めこまれた。また、鏡が多量に副葬された場合は、棺の外側に、光を反射する鏡面を内向き、ないしは外向きに揃えて並べられた。いずれも邪悪なものが寄りつかないように、寄りついて遺体が暴れださないようにするための手だてだったと思われる。

私はこのような密封型の棺を「閉ざされた棺」と呼ぶが、それはこの時期に普及した竪穴式石槨や粘土槨[10]といった、棺を保護する施設である「槨」に適合した棺だったのである（後に説明）。

（10）粘土棺床と被覆粘土とで、棺を上下から包みこむようにした施設。

墳丘表面の整備

①葺石・埴輪・食物形土製品

さて、埋葬が終わり墓坑が埋めもどされた後、墳丘の表面では、先述のような位置関係（**図6**）で、葺石や埴輪などが最終的に整備され、そこに一つの世界が表現された。

また、前期には家形埴輪を取りまく方形埴輪列の外側から、使用後に片づけられた土師器《はじき》群（壺、高杯《たかつき》など）が出土することがあるが、それは古墳完成後に家形埴輪の前に生の飲食物を供えた痕跡で、中期には、小型土器群と海の幸・山の幸をかたどった食物形土製品（魚・アケビなど）へと代わった（**図8**、注20参照）。

②古墳の出入口と造出

では、古墳の出入口はどこにあったのだろう。

それを端的に示すのが奈良県河合町ナガレ山古墳（約一〇三メートル、周濠なし、中期前葉）の事例で、前方部から見て右側のくびれ部近くに、前方部側面へと出入りするための通路を示す二本の円筒埴輪列（幅約二メートル）が設置されていた（**図9**）。しかも、後円部側の埴輪列には円筒埴輪一本分の隙間があり、その先のくびれ部裾の平坦面からは、斧形の石製模造品など、儀式に用いた遺物が見つかったのである。

図 8　小型土器と食物形土製品（兵庫県加古川市行者塚古墳，左下の鳥は別の性格のものか）［菱田ほか，1997］

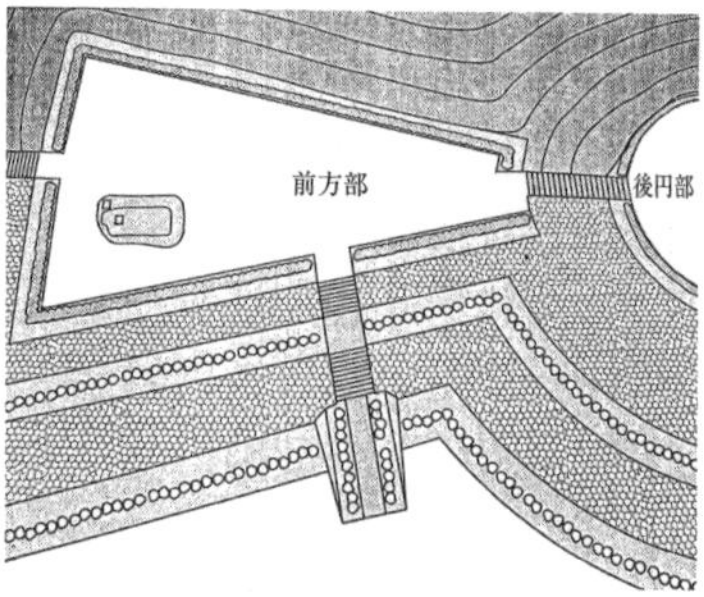

図 9　奈良県河合町ナガレ山古墳の出入口（解説板より，○は円筒埴輪，前方部に粘土槨，階段等は後世）

通路の先の前方部中段埴輪列が道幅分だけ開いていたのも注目される［吉村、一九九三］。

また、兵庫県朝来《あさご》市池田古墳（約一三五メートル、周濠あり、中期前葉）では、ナガレ山古墳の通路を示す埴輪列の位置に周濠の渡土手があり、くびれ部には方形の造出があった。この古墳では墳丘の反対側にも同様の施設があり、左側（南側）造出では家形埴輪、船形埴輪、囲《かこい》形埴輪(11)などが、右側造出では家形埴輪、小型土器、食物形土製品などが出土した［山田編、二〇一五］。

古墳の出入口は、弥生終末期の陸橋から発展した前方部の先端ではなく、くびれ

(11)　塀で四角く囲んだ施設を表現した埴輪。一角が内側に鉤の手状に屈曲し、そこに出入口がつく。中には導水施設や井戸をまねた土製品が置かれ、時には家形埴輪がこれを覆っている。

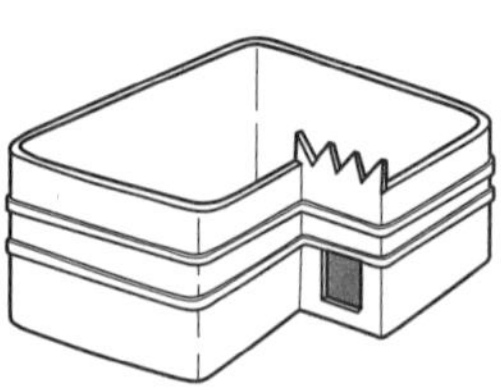

部近くの側面へと移ったのである。そして、その近くにあった儀式の場が造出として固定化し、墳丘の一部として取りこまれたものと考えられる。出入口は、古墳の内外を結ぶ接点であり、古墳内部の動線の起点でもある。果たして、動線はここから前方部平坦面へと上がり、さらには後円部前面の斜道を登って頂上の平坦面へと続いていたのである。(12)

③儀礼終了後

こうして古墳の儀礼が終了すると、古墳からは人の気配がいっさいなくなる。皇帝陵に接して陵園が設けられ、祭祀建物などが建てられ、日々、飲食物が供献された古代中国などとは大きな違いであるが、これも日本の古墳の特徴である。

古墳はたいへんな努力をして造った結果の記念物であったことから、当面は、亡き首長の威光を伝えるものとして、また近親の追葬の場として機能したと思われるが、そこは、定期的な、あるいは大規模な祭祀の対象や祭祀の場とはならなかった。言いかえれば、亡き首長の霊や祖霊が寄りつく依代《よりしろ》とはならなかったのである。中国の槨の時代の「廟《びょう》」(13)のような、亡き首長を含む祖先祭祀の場を求めるとすれば、他に求めなければならない。

(12) 前方部の役割はいまだ十分明らかではない。ただ、前期前半には、すでに従属的な埋葬の場になっている例が出現する。

(13) 中国で造られた、死者や祖先の霊を祀る宗教施設。

3　儀礼の内容と筋書き

「槨」の伝来と普及

では、古墳の表面に表現された世界とは何だったのだろう。それを考えるためには、いくつかの前提的な検討が必要になる。その第一が埋葬施設の「槨」である。

弥生～古墳時代の埋葬施設は、その機能から、おもに棺《かん》、槨《かく》、室《しつ》の三種類に分けられる。「棺」とは遺体を納める容器、またはそれに準ずるもので、「槨」とは棺を保護する施設、またはそれに準ずるものである（準ずるものとしたのは、底のない棺や自立できない槨など、構造的に不十分なものも含むためである）。また、「室」は棺を納める独自の空間（玄室《げんしつ》）で、建物の部屋や、場合によっては小宇宙を模したものにあたり、墳丘の外からそこに至る通路（羨道《せんどう》や墓道《ぼどう》）をもつ[14]。これを時代ごとに概括すると、弥生時代は棺の時代、古墳時代前・中期は槨の時代、後期は室の時代と言える。

埋葬施設は遺体の処理と密接に関わるものであるため、そこには死生観が端的に反映している可能性が高い。そこで、新石器時代後期（前二、三〇〇〇年頃）から漢代にかけて槨（木槨中心）が発達した古代中国に、その頃の死生観を尋ねると、代表的なものとしては『礼記《らいき》』[15]に「魂気《こんき》は天に帰し、形魄《けいはく》は地に帰す」と記されている。

（14）他に棺、槨、室を納める墓穴をさす「坑《こう》（壙）」という用語がある。

（15）前漢にできた、周末から秦・漢にかけての儒者の古礼に関する説を集めた書物。

魂気（魂）とは精神的な要素であり、形魄（魄）とは肉体的な要素で、人が死ぬと両者は分離し天地に分かれるというのである。そこで、少なくとも弥生時代後期には確実に出現していた木槨や石槨に伴って、こうした魂魄観《こんぱくかん》が列島へ伝来し、古墳時代における槨の普及とともに全国に広がったと推測したい。弥生後期～古墳前期にかけては、鏡を例にあげるまでもなく、中国製や中国系の遺物、およびその背景にある思想は、決して体系的ではないにしても、確実に近畿中央部まで伝わってきていたからである。

そう考えてよければ、先の古墳の築造手順でもみたとおり、遺体とともにある形魄は、墳丘内部の棺と槨のなかに密封されたことになる。古墳の墓としての機能はこの段階で一応は達成された。では、魂気はどうなったのであろう。

古墳と船

それを考えるうえで参考になるのは古墳と船の関係の深さである。

まず、奈良県天理市東殿塚《ひがしとのづか》古墳（約一四〇メートル、前期前葉）の原初的な造出に立てられていた楕円筒埴輪に三艘の船の絵がヘラ描きされていて〔松本ほか、二〇〇〇〕（**図10**）、両者の関係は古墳時代前期前葉まで遡ることがわかる。また、中期前葉頃からは船形埴輪が作られるようになり、三重県松阪市宝塚一号墳（約一一〇メートル、中期前葉）の造出周辺からは東殿塚古墳の絵と酷似した例が発見され（**図11**）、付近からは井戸や導水施設の形をした土製品を内蔵した囲形埴輪が出土した［福田ほか、二〇〇一］。さらに、奈良県広陵町巣山《すやま》古墳（約二〇四メートル、中期前葉）では周濠の底から直弧文《ちょっこもん》⑯を半肉彫りし赤色顔料を塗布した実物大の準構造船《じゅんこうぞうせん》⑰の部材が発見され［井上、二〇〇六］（**図12**）、古墳と船との密接な関係は決定的なものとなった。

葬送儀礼と船との関係と言えば、かねてより『隋書』⑱倭国伝の「死者は斂《おさ》むるに

(16) 直線と弧線よりなる日本列島固有の文様。厳密な約束のもとに描かれた複雑なものもある。

(17) 丸木舟に舷側板や竪板（波切り板）などを付けて嵩あげした船。

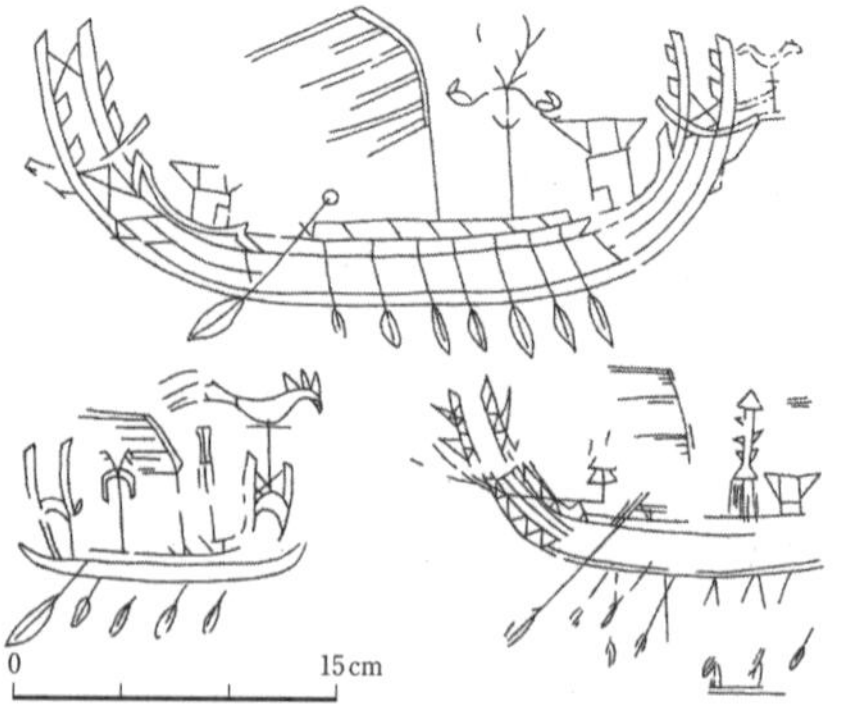

図10　奈良県天理市東殿塚古墳の埴輪に描かれていた船の絵［松本ほか，2000］

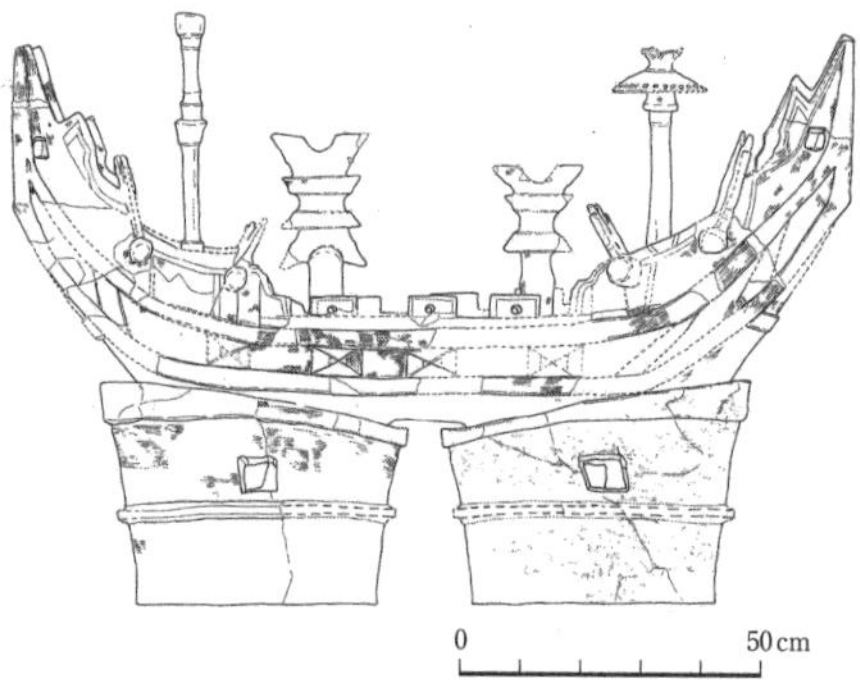

図11　三重県松阪市宝塚１号墳の船形埴輪［福田ほか，2001］

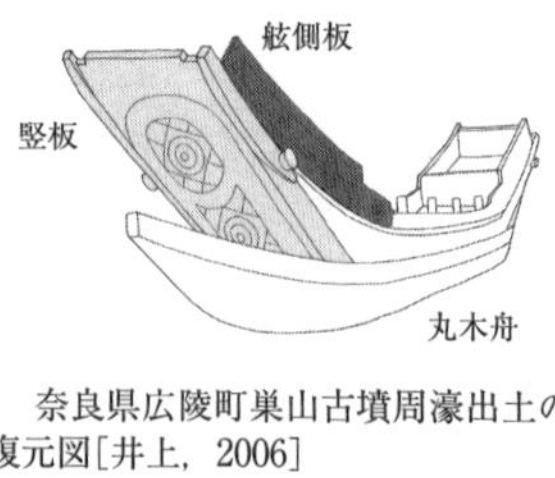

図12　奈良県広陵町巣山古墳周濠出土の準構造船復元図［井上，2006］

棺槨を以てし、親賓《しんぴん》、屍《しかばね》について歌舞し、妻子兄弟は白布を以て服を製す。貴人は三年外に殯《もがり》し、庶人は日を卜《ぼく》してうずむ。葬《そう》に及んで屍を船上に置き、陸地これを牽《ひ》くに、あるいは小轝《しょうよ》を以てす」[石原編訳、一九八五]との記載が知られていたが、物的証拠に乏しく、時期の差もあって信憑性が問題とされてきた。しかし、「喪船《もふね》」(『古事記』)と思われる船の発見にいたって、これまで指摘されてきたように[辰巳、一九九二など]、当時、船は死者の魂の乗り物と考えられていたことがほぼ確実となった。

(18) 中国の二十四史の一。七世紀の唐で編まれた隋の史書で、倭国伝を含む。

葬列と古墳

以上から推察すれば、当時の人びとは、貴人が死ぬとその魂(魂気)は船に乗って他界(天・あの世)へ赴くと観念していて、実際の葬儀では、亡き首長の魂が他界へと赴く様子を葬列として模擬的に再現・実演し、その遺体を実物大の飾られた船に乗せて古墳へと牽引していったものと考えられる。なぜなら、古墳の墳丘の表面には葺石や埴輪や木製品を使って何らかの世界、すなわち他界が表現されていたからにほかならない。

こうした行為によって、死者の魂を無事他界へと送りとどけ、そこで魂が安寧に永遠の命を生きるようにすることが、死者の冥福を祈る古墳時代的な葬儀の様式だったのである。そして、この葬儀のなかで、古墳は重要な舞台装置である「他界の擬《なぞら》えもの（模造品）」として機能したのである［和田、二〇一四］。

埴輪の意味

①他界の可視化――埴輪は他界を表現するアイテム

では、墳丘の表面で他界はどのように表現されたのだろう。葺石や埴輪の種類と位置関係には何らかの意味づけ、並べるための筋道とでも言うべき約束があったに違いない。いま、それを推測すると以下のごとくである（**図13**）。

他界への長い船旅を終えた死者の魂は、古墳の造出近くの出入口で船を降り（船形埴輪。魂が他界に着いた証）、浄水《じょうすい》で禊《みそぎ》をし（導水施設などのある囲形埴輪）、儀式の場（造出）で儀式を行った後、岩山（葺石で覆われた墳丘）を登り、頂上にある防御堅固で（武器・武具形埴輪）、威儀を正した（蓋形埴輪など）、りっぱな屋敷（様々な型式の家形埴輪群）に住むことになるが、そこでは、日々、海の幸・山の幸が供えられた（小型土師器の壺・高杯、笊《ざる》形土器、食物形土製品）。各墳丘平坦面の埴輪列はおもに、飲食物を入れた壺とそれを載せた器台を一体として表現した朝顔形埴輪と、器台である円筒埴輪から構成されているが[19]、それは墓域と外部との結界《けっかい》として用いられたとともに、他界は飲食物に充ち満ちていることも表していた[20]。

(19) 埴輪列が壺形埴輪ばかりの場合もある。

(20) 造出に家がある場合は、墳頂の「山の家」と造出の「麓の家」とに使いわけたと考えられる。山・麓の家ともにその前から土製品が出土する場合がある。三重県伊賀市石山古墳などでは両方に家がある。

他に他界と関係の深い鶏や水鳥の埴輪もあり、鳥のとまる家は他界の家だとの指摘もある。

当時の人びとにとって他界はけっして暗い世界ではなく明るい理想の世界だったのだろう。そして埴輪は、その他界を表現するために一定の筋道にしたがって配置されたアイテムだったのである。その内容は死後の首長の生活に必要不可欠な施設や器財であったが、いずれも当時の実用品であったことを思えば、岩山の上の家が神仙的であること以外は、他界は現実生活の延長上にあると観念されていたように思われる。

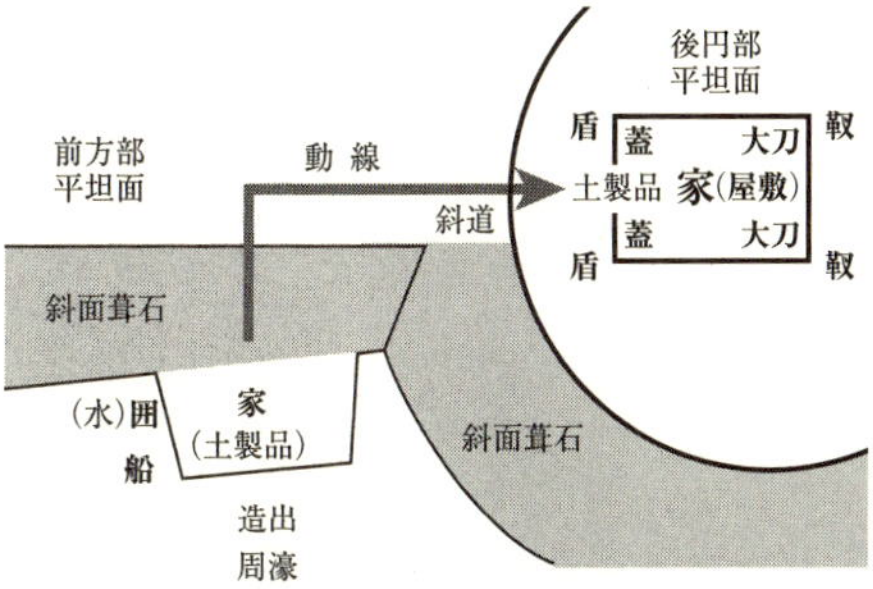

図 13　形象埴輪配列概念図(囲と船は後円部側の場合もある)

以上のような理解に立てば、古墳の文化史的価値の最大のものは、仏教文化以前に、他界を目に見えるものとして表現した列島で最初のものであったことにある。

墳丘の表面に「もの」を配して何らかの世界を表現したケースは世界でも他に例を見ない。墳丘上の埴輪は日本独特のものと言える。なお、遺体とともに納められた副葬品は、鏡・玉類、武器・武具、農工漁具など、亡き首長がもっていた宗教・政治、戦闘、生産といった社会的諸権益を象徴するようなもので構成されていた。それらは、亡き首長が他界でも首長でありつづけるために必要なものとして、「魂気」とともに「天に帰す」ものと観念されていたのであろう。また、前・中期の副葬品に土器類が含まれていないことも大きな特徴とされているが、飲食物の供献は墳丘上の埴輪や土器類や土製品がその役割を担っていたものと思われる。

死後の世界に必要なものでも、棺・槨内に副葬され、死者の魂とともに他界へと送られるものと、魂が行く墳丘上の他界の表現に使われたものの二種類があったのである。その内容は一部は重なり、一部は異なっていた。

②人物・動物埴輪の登場

以上のように古墳様式が一定の完成を見せた後の中期中葉に人物・動物埴輪が出現する。ちょうどこの時期は中国王朝や朝鮮半島諸国との人・もの・情報の交流がこれまでになく盛んになりだした時期にあたる。中期前葉の、新しい渡来系の遺物が少々混じりだした頃に、盾持人《たてもちびと》(21)埴輪が野焼きで作りはじめられ、続いて窯《かま》を用いて、手足のついた人物・動物埴輪が作りだされた。大阪府羽曳野《はびきの》市誉田《こんだ》御廟山《ごびょうやま》古墳(応神《おうじん》天皇陵古墳、約四二五メートル、中期中葉)の横にある栗塚《くりづか》古墳(同陵陪冢《ばいちょう》ろ号、方墳、約四三メートル)などから最古の例が出土している。(22)

中期における人物・動物埴輪の配置状況がわかる良い例がないため、明確には言

(21) 盾のつく円筒形の胴部に頭部をつけた埴輪。手足のつく人物埴輪と区別することが多い。武器として戟《げき》(注37参照)に類する武器を持っている場合がある。

(22) 栗塚古墳は御廟山古墳と同時期で、人物、馬、犬などの埴輪が出土した[吉澤ほか、二〇一一]。

(23) 図14の原図には[森田、二〇〇六]を用いた。[高槻市立今城塚編、二〇一六]で改訂されているが、四区に鶏が加わり、

えないが、本来、両者は古墳の墳丘本体には置かれず、周濠を隔てた中堤などに配置されたようである。そこで、後期中葉の例ではあるが、中期の墓制をよく保っていると思われる大阪府高槻市今城塚《いましろづか》古墳（約一九〇メートル）の例［森田、二〇〇六など］を検討してみよう。この古墳では中堤の「張出」部から整然と並ぶ二〇〇体以上の形象埴輪が発見されたからである（**図14**）㉓。

公表された資料では、全体は柵や門で四区に分かたれ、器財を除くと、一区は家・片流れ屋根の家・鶏（人物なし）、二区は家・女子㉔・鶏、三区は家・男子（冠を被った人、楽人ほか）・女子（**図15**）・動物（不詳）・鶏・水鳥、四区は家・男子（武人、力士、

人の数が増えた程度で、基本は変わらない。

（24）今城塚古墳の女子埴輪はほとんどが袈裟《けさ》状衣を着ているが、「袈裟状衣を着用した女子埴輪は采女《うねめ》、もしくは采女と同様、おもに食膳の奉仕に従事する職掌の女性」との指摘がある［塚田、二〇〇七］。

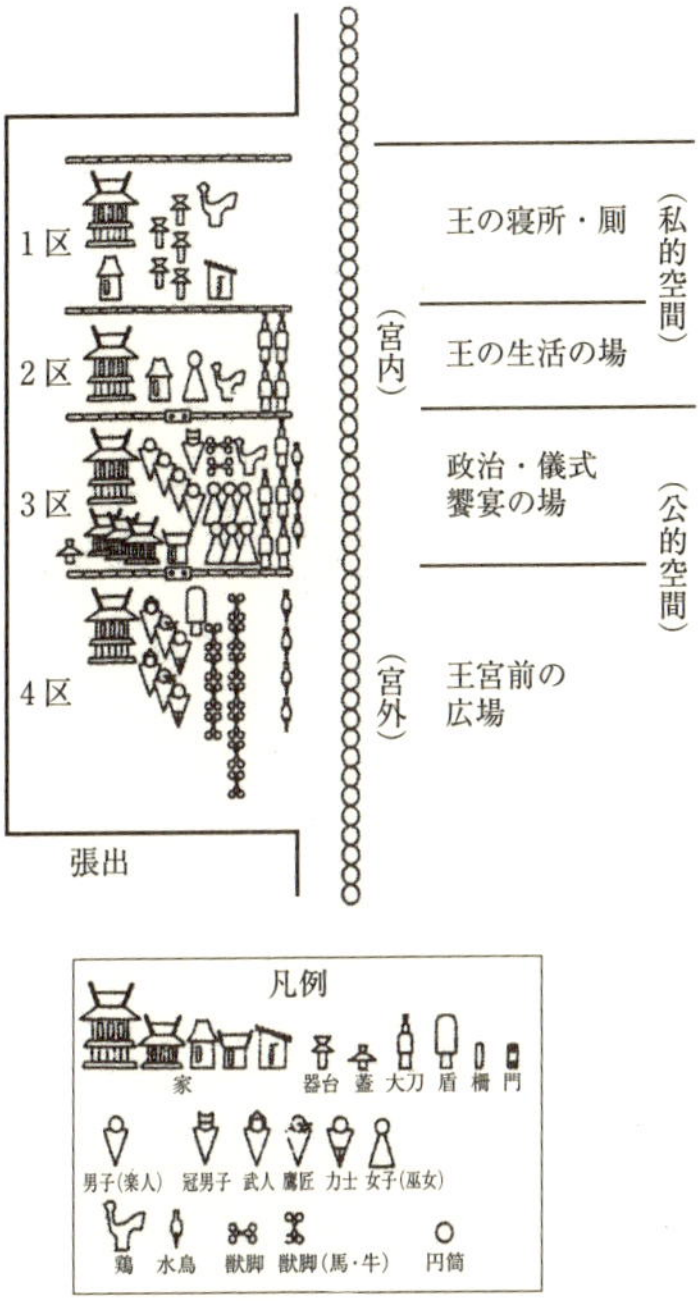

図14　大阪府高槻市今城塚古墳の埴輪配置模式図［森田，2006に加筆］

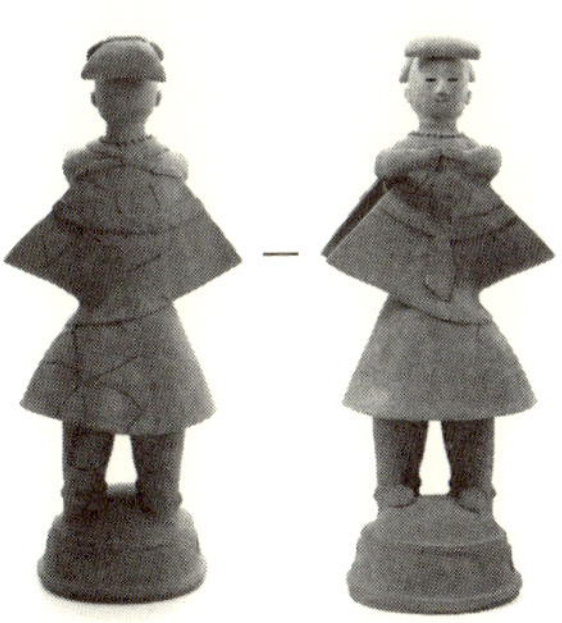

図15　今城塚古墳の女子人物埴輪［高槻市立今城塚編，2016］

鷹匠《たかじょう》)・動物(馬、牛)・水鳥などで構成されていた。

　私は、今城塚古墳の埴輪群を各種埴輪の構成から、全体を王宮と理解し、四区を王宮前の広場、三区を王宮内の政治・儀式・饗宴などの場、女子のみの二区を王の生活の場、人物がいない一区を王の寝所と厠《かわや》と推察する(25)。そして、そこに並べられた人物・動物埴輪は、それぞれの職掌に応じて王や王宮に仕える人物(武人、楽人、力士、鷹匠、給仕する女子など)と動物(馬、牛など)として作りだされたものと考える(26)。それが人物・動物埴輪群の本質なのであろう。

　当時におけるこのような形態の王宮の存否はともかく、この公的空間(三・四区)と私的空間(一・二区)の配置関係は後の律令期の王宮を思わせるものがある。中国の墳墓の画像石《がぞうせき》(27)などに見られる建物の図像の影響があるのかもしれない。

　いずれにしても、中期中葉に至って、墳丘本体の埴輪配列を大きく変えることなく、その外側に、他界に必要な王や首長に奉仕するものとして、新たに人物・動物埴輪が加えられたのである。特別なものに見える狩猟関係の埴輪(鹿、犬など)も王や首長の活動に不可欠なものであったのだろう。なお、関東では後期に人物・動物埴輪が盛行したが、今城塚古墳の三・四区の埴輪構成を中心としたものが展開したと考えられる(28)。

(25) [森田、二〇〇六]では全体を殯宮《もがりのみや》と理解している。宮は卓見と評価するが、殯には賛同しがたい。死後の世界に殯は必要ないからである。

(26) 人物埴輪を総合的に分析した[塚田、二〇〇七]では、多様に見える人物埴輪にも形や配列に一定の規則があり、基本的には、古墳の被葬者に服属して奉仕にあたる近侍集団を表現していると評価している。

(27) 古代中国の、おもに後漢に発達した、石室などに用いた石材に図像を彫ったもの。

(28) 群馬県高崎市保渡《ほど》田《た》八幡塚《はちまんづか》古墳、埼玉県行田《ぎょうだ》市瓦塚《かわらづか》古墳など。

4　古墳の儀礼と社会の統合

古墳の儀礼空間

古墳の儀礼の執行は、当時の社会では最大の政治的宗教的イベントであった。古墳づくりでは多くの経費、資材、労働力、技術、時間などが投入された。作業の特徴は粗末な道具(図16、木製の鋤・鍬・天秤棒など)を用いた人海戦術にあったが、測量技術や労務管理能力には目を見張るものがあり、集団で人を動かす軍事的能力の高さをも思わせる。本書冒頭の「〈前方後円墳〉への招待」(吉村武彦)にもあるとおり、大山古墳を造るのにピーク時には概算で一日約二〇〇〇人が働いて一五年八カ月を要したという[大林組、一九八五]。大山古墳の埋葬施設は、絵図・文書や同じ中期の他の例からみて、板石積みの竪穴式石槨に長持形石棺を納めたものだったと推測できるが(図17)、そうであるなら、重さ数トンもある石棺や石槨天井石には直線距離で約七〇キロ離れた兵庫県加古川《かこがわ》下流右岸で採れる竜山石《たつやまいし》(溶結凝灰岩)が、数多い板石には一〇〇キロ余り離れた徳島県吉野川中流右岸で採れる片岩《へんがん》類が用いられた可能性が高く、ともに遠方より運ばれてきたことになる。資材の調達や労働力の徴発は広い範囲に及んだのであり、運搬自体が儀式の一部であった。石棺のなかには五〇〇キロ以上離れた九州の有明海沿岸から京都や大阪まで運ばれてきたものもあった[29]。いずれも道や港などの交通インフラの整備がともなった。

古墳は、完成してからというよりも、その築造過程に多くの人が参加し、多くの人がそれを見て、うわさすることに最大の意義があったと思われる。『日本書紀』崇《す》神《じん》紀の箸墓伝説に「この墓は、日《ひる》は人作り、夜は神作る。故、大坂山の石を運び

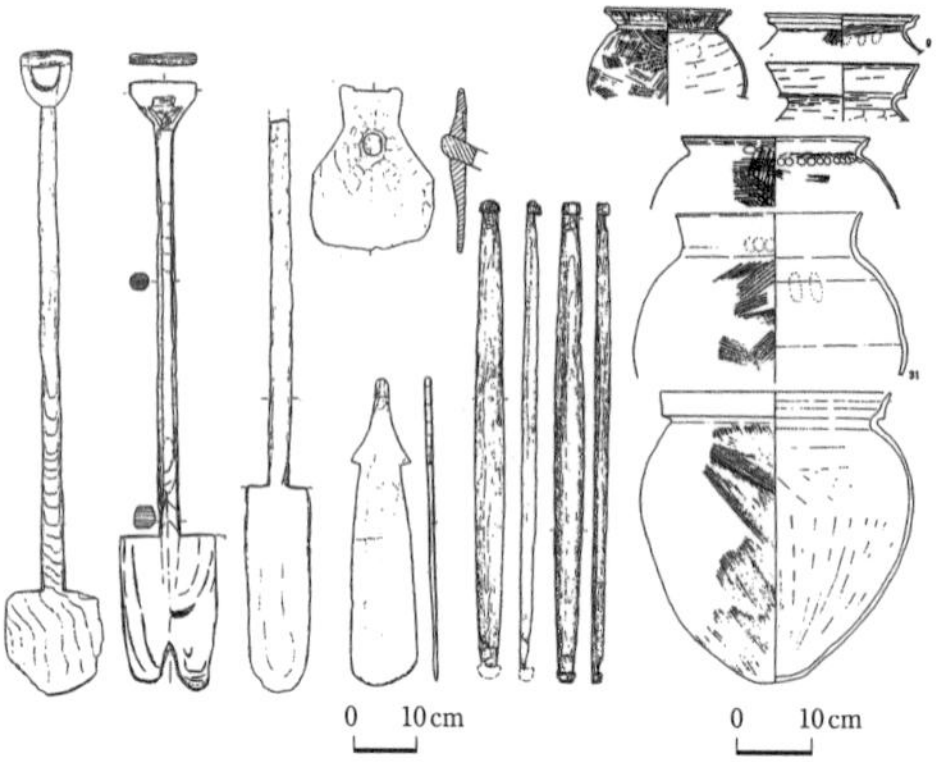

図 16　古墳づくりの土木具と大型の炊飯具(奈良県桜井市城島遺跡)[清水ほか, 1991]

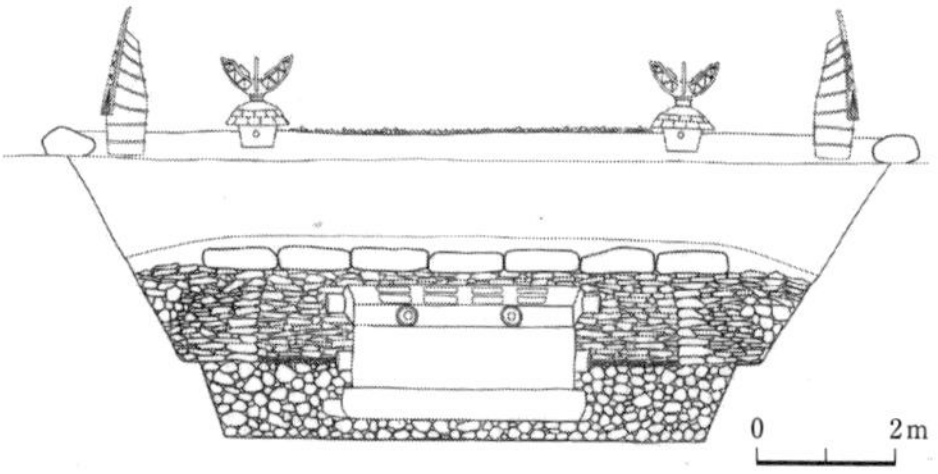

図 17　長持形石棺を納めた竪穴式石槨の模式図(大阪府藤井寺市津堂城山古墳)[天野ほか, 1993]

(29) 阿蘇溶結凝灰岩製の舟形石棺である京都府八幡市茶臼山古墳例(前期)や大阪府藤井寺市長持山一号石棺(中期)など。

て造る。則ち山より墓に至るまでに、人民《おおみたから》相つぎて、たごし〔手渡し〕にして運ぶ」と記されているのも、あながち、あり得ない話とは言いがたい。埋葬すれば見えなくなる棺も衆目を集める中で多くの人が牽引することによって政治社会的意義が生じた。

葬送儀礼そのものも特定の狭い区域内で行われたわけではない。王宮や居館で王や首長が亡くなると、遺体は一時的にモガリ(30)(殯)のために喪屋《もや》に移され、その後は、船に乗せられて古墳へと運ばれていった。この場合も、葬列では多くの人が船の牽引に参加し、多くの人がこれを見たものと思われる。

古墳の儀礼は、その執行を通して、被葬者の、あるいは被葬者の所属する集団の身分や地位の社会的確認や承認を得るためのものであった。古墳に王権内における被葬者の政治的身分が反映したのもそのためである。そして、そうすることが被葬者の、あるいは被葬者から首長権を継承する後継者の社会的地位や権威を示し、承認を受けることにもつながったのである。

(30) 人の死から埋葬までの間に、遺体を喪屋に安置し、別れを惜しみ、蘇生を願いつつ、死を確認するまでに行った儀式。

古墳の儀礼を支えた社会、社会を支えた古墳の儀礼

現在、私たちが知りうる古墳時代のもっとも基本的な社会の単位は、一基の古墳、すなわち一人の首長(被葬者)と、その首長が代表する一つの集団(共同体)である。

この共同体の実態は必ずしも明らかではないが、私は強い血縁関係で結ばれた、地域的にもまとまりのある集団であったと考えている。後の『記・紀』に出てくる「氏《うじ》」につながる集団で、弥生中期後葉頃からその存在が確認できるようになり、古墳中期には、擬制的なものを含めて肥大化し、複雑化したと考えられる。首長とは一族の長とも言えるのである。そして、社会の基本単位が、このような、おもに血縁関係で結ばれた首長と共同体であったことが、古墳時代前・中期の王権に、首長層が重層的に結びついた首長連合体制をとらせた理由であったと考えている。

そのような社会では祖先崇拝、祖先信仰が重んじられ、首長の魂の冥福を祈る葬送儀礼を盛大に行い、大きな墳丘をもつ墓を造ることが、後に残された共同体の人びとの安寧と繁栄につながるという観念と習慣が、弥生時代以来醸成されてきていた。古墳の儀礼はそういった観念や習慣の上に成立したもので、ヤマト王権の成立と展開にともない、その儀礼の様式（古墳様式）や、儀礼が担う死生観・他界観が全国に広がり共有されることになった。そして、そのことによって初めて、大王墳を頂点に、古墳を共通の基準である墳丘の形と規模を中心に格差づけ序列化することが可能となり、政治的意味を付与することができるようになった。古墳の政治社会的な秩序づけの背景には、共通の信仰と、それにもとづき様式化された儀礼の共有化があったのである。

すなわち、古墳の儀礼には思想的にも、支配構造の視覚化という意味からも、王権を支える機能、言いかえれば、社会を統合する機能があったのである。また、この儀礼の執行は、副葬品の生産と流通・分配をも含め、当時の経済を活発化し、社会の活性化を促すことにもつながったと考えられる。

したがって、王権にとって古墳の儀礼を適切に維持・管理・運営することはきわめて重要で、王権内にはそれを担当する職掌があったものと推測される。『書紀』雄略《ゆうりゃく》紀に記されている紀小弓《きのおゆみ》の墓の築造に派遣された「視葬者《はぶりのつかさ》」などがそれに相当するものと考えたい(31)。

（31）この時、視葬者として派遣されたのは「土師連小鳥《はじのむらじおとり》」だったという。

両界の秩序づけ

ところで、古墳に表現された現実の政治社会的秩序は、古墳の形や大きさが主要な基準になっていたため、墳丘の表面に表現された他界の規模や質にも明確な格差が存在することになった。言いかえれば、死者の魂が赴く他界、ひいてはその祖霊や祖神が住む他界にも、現実世界の格差づけられた秩序が及ぶことになったのである。したがって、古墳の秩序づけと並行して、大王の祖神を頂点に、首長一族の祖霊・祖神を整備し秩序づける作業も同時に進行したものと考えられる。それは、『記・紀』に記された神話などが整えられていった過程でもあった可能性が高い。

古墳の儀礼は、現実世界と他界の両界の秩序を可視的に表現するきわめて巧妙な社会的装置でもあったのである。

5　前方後円墳の変質——古墳時代中期から後期へ

古墳の変質

古墳時代の中期から後期への過程で、中期の大型前方後円墳を擁する大古墳群や、それと政治的につながっていた中小の古墳群は急速に衰退・消滅していった。この現象は大王墳をも巻きこみ、その規模は二〇〇メートル以上のものから突然一二〇メートル余りのものへと縮小した。この時、王権の権勢は、たとえ一時的ではあっても、かなり弱体化したものと思われる。しかし、大王墳はふたたび巨大化し、後期中葉には約一九〇メートルの今城塚古墳、後期後葉には三一〇メートル以上の奈良県橿原市見瀬《みせ》丸山《まるやま》古墳などとして築かれた。

一方、首長墳としては、新しい墓域で一時的に中小の前方後円墳が増加したが、後期後葉以降は段階的に前方後円墳は円墳になった。また、有力な共同体構成員の墓であった方形周溝墓や方形台状墓はいっせいに円墳化し、後期後葉には横穴式石室をもつ小型円墳群(群集墳)が激増した[32]。

(32)　後期の小型円墳群を群集墳と言う。後期前葉に出現する古式群集墳は多様な埋葬施設をもつが、後期中葉に出現する新式群集墳はいずれも横穴式石室をもつ。

この現象は、後期中葉後半以後、大王権の強化、首長の官僚化、共同体構成員の公民化(33)が進行し、新たに中央集権的な国家の形成が始まったものと評価できる。そして、この過程で、原則として、弥生以来の伝統を引く方形原理の墳丘はなくなり、円形原理の墳丘のみとなった。大王墳のみは前方後円墳で他は大小の円墳というのが、後期古墳で目指された墳形の方向性であったと思われるが、結局徹底されずに古墳時代は終わった。

(33) 群集墳の示す共同体上層部(有力家長層と推定)の人たちが王権によって直接支配されだしたことを、ここでは「公民化」とした。

横穴式石室の受容

①他界表現の形骸化

さて、この後期の古墳を特徴づける最大のものは、埋葬施設が竪穴式石槨や粘土槨といった「槨」から、新しく伝来した横穴式石室やそれと類似した横穴《よこあな》(34)という「室」に変わったことにある。前方後円墳は先述のように、もともとは槨に適合したものとして造られてきたが、埋葬施設が横穴式石室になったことで、築造手順や儀礼の手順に大きな変更を余儀なくされた。たとえば、墳丘の築造と石室の構築は同時に並行して行われるようになり、人びとは墳丘に登ることなく、羨道を通って棺のある玄室内に入り、各種の儀式を行うようになった。そのこともあって、墳丘上の他界表現は急速に形骸化していった。ただ、形骸化したとはいえ、一部の埴輪

(34) 「おうけつ」とも読む。土や岩の斜面を横から穿って内部に横穴式石室と同様の空間を設けた墓。ほとんどが群集墳と同様の性格をもつ。

が残るように、その他界表現は古墳時代の終わりまで存続したことも見逃せない。また、関東地方だけは後期になってから、大小の前方後円墳の築造や人物・動物埴輪の使用がいっそう盛んになったことも指摘しておきたい。

②二系統の横穴式石室

横穴式石室は、中国から朝鮮半島経由で列島に伝わってきたと考えられているが、その構造や系譜から、畿内（近畿中央部）的石室と、九州的石室、および両者の要素に濃淡の地方色が混じった石室とに大別できる。また、横穴は、基本的には九州的石室の影響下にあったが、一部の地域では畿内的石室の影響も受けた。

畿内的石室は朝鮮半島西部の百済《くだら》(35)などの系統を引くもので、近畿中央部では中期後葉〜後期前葉頃に造りはじめられ、後期中葉には定型化した（図18）。形態的特徴は、玄室の平面が長方形で天井が平らな箱形をなすことで、外部からの閉塞は羨道部に塊石と土を積みあげて行った。一方、後述のように、系譜関係が十分明らかでない九州的石室は、前者よりは一〇〇年ほど早く、中期前葉に九州の玄界灘《げんかいなだ》沿岸で造りはじめられ、中期の間は九州を中心に普及した。地域色や階層差が少なくないが、代表的な例（図19）を取りあげると、特徴は、玄室の平面がほぼ正方形で天井がドーム状をなすことで、閉塞は要所に門構造を設け板石を立てて行った。

(35) 朝鮮半島では、古墳時代とほぼ同時期の三国時代には北部に高句麗《こうくり》（—六六八年）、西海岸に百済《くだら》（—六六〇年）、東海岸に新羅《しらぎ》（—九三五年。六六八年に朝鮮統一）、南部に加耶《かや》諸国（—五六二年）があった。

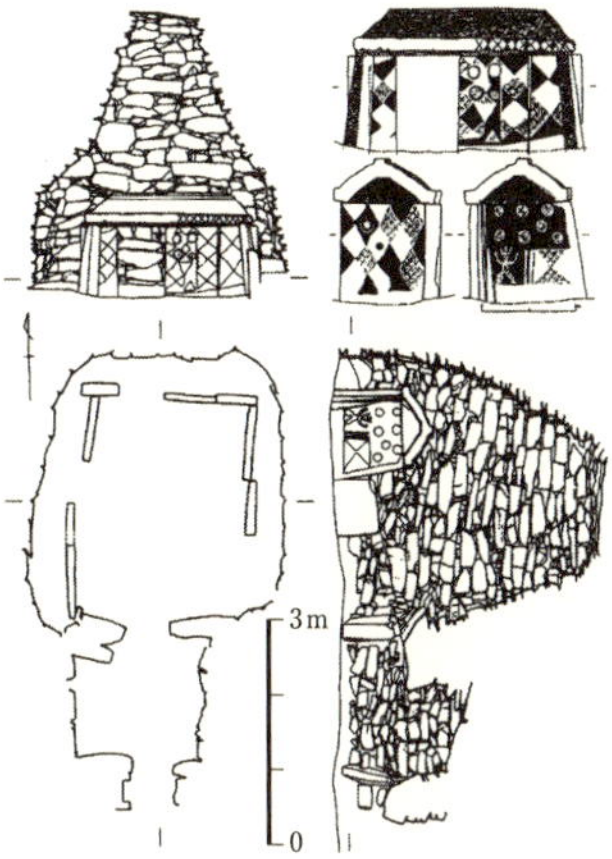

図 19　九州的横穴式石室と家形石棺(熊本県山鹿市チブサン古墳)[高木編, 1984]

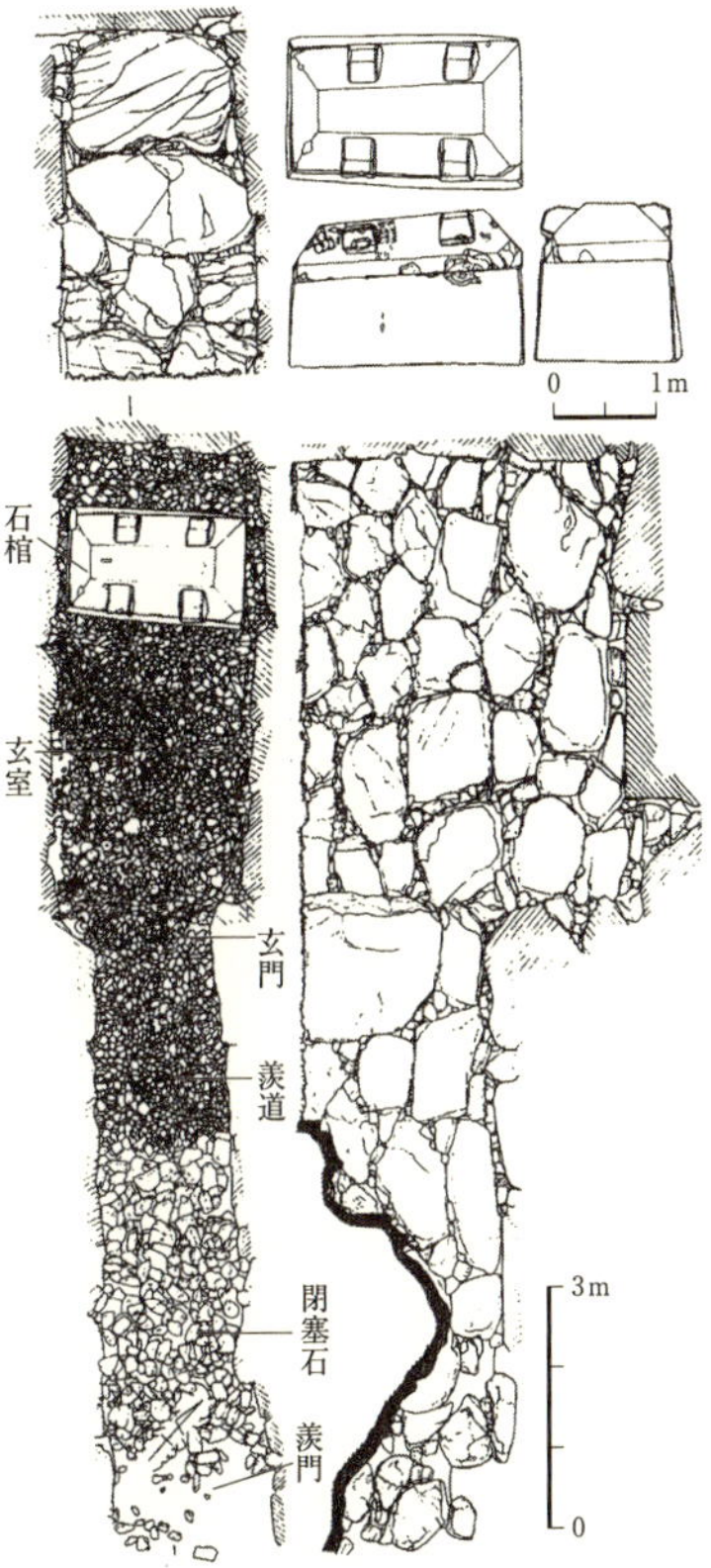

図 18　畿内的横穴式石室と家形石棺(奈良県斑鳩町藤ノ木古墳)[奈良県立橿原編, 1989]

③「閉ざされた棺」と「開かれた棺」

つぎに、内部に置かれた棺を比較すると、畿内的石室では刳抜式《くりぬきしき》・組合式《くみあわせしき》家形石棺や釘付《くぎづけ》組合式木棺が発達した。ともに上下と四周を囲った隙間のない密封型の棺（**図18**）であった。一方、九州的石室では密封型の棺はなく、遺体を納めるのに蓋のない板石の仕切や、遺体を置く床である屍床《ししょう》、あるいは側面に出入口（横口《よこぐち》）をつけた組合式家形石棺(36)などを用いた。いずれも開放型の棺と言える。

さらに言えば、前代同様の、密封型の「閉ざされた棺」を用いた畿内的石室では、遺体（形魄）は棺の内部に閉じこめられた状態で、石室空間には死者（魂）が動きまわるという観念はなかったものと推察される。畿内的石室は「室」というよりは前代以来の「槨」的な性格が強く、玄室や家形石棺が箱形になっていくのもそのためであった。一方、九州的石室では、遺体は棺の中に密封されてはおらず、石室空間には死者が棺を出て動きまわるという観念があったものと判断できる。そこで、このような棺を「開かれた棺」と呼ぶ。ドーム状の天井は天空（小宇宙）を意味している可能性が高い。

畿内的石室と九州的石室の差は、たんなる構造や構築技術の差だけではなく、石室空間の認識そのものに大きな差があったのである。ちなみに、個性的な石室として知られる島根県の出雲《いずも》東部を中心とする石棺式石室（**図20**）や、和歌山県紀ノ川下

(36) 横口式家形石棺と言う。ほとんどは組合式で、横口が短辺側につく妻入《つまい》りと、長辺側につく平入《ひらい》り（図19）の二種類がある。平入りのものは石《いし》屋形《やかた》とも呼ばれ、蓋石が扁平なものもある。

流左岸の和歌山市岩橋《いわせ》千塚古墳群を中心とする岩橋型横穴式石室（図21）は、ともに九州的な「開かれた棺」を納める石室である。

「室」の意味と「開かれた棺」

そこで、本来の「室」の意味を理解するため、古代中国における槨から室への転

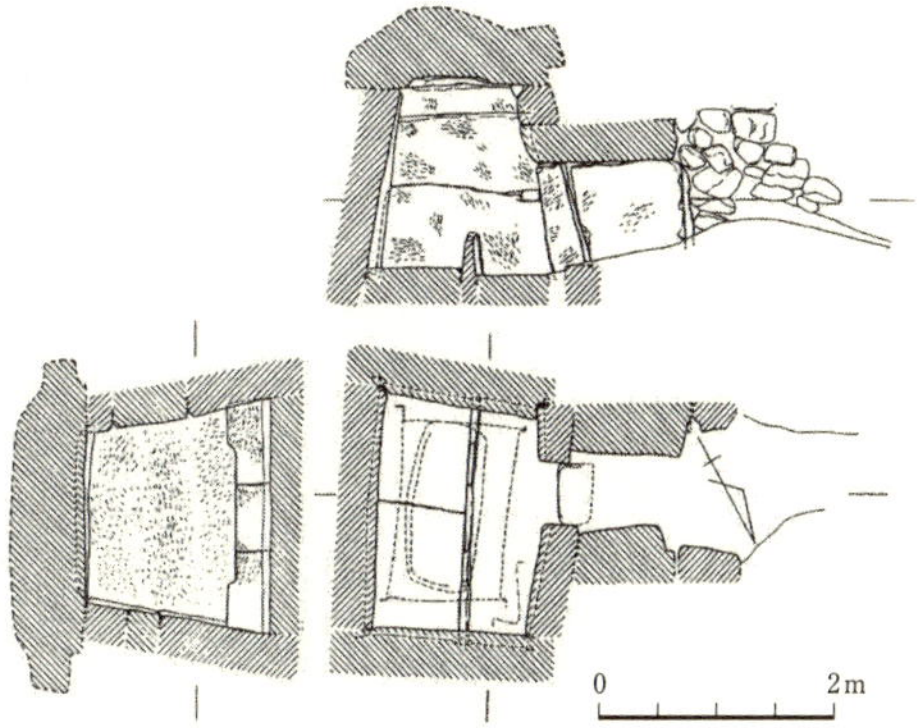

図20　石棺式石室（島根県松江市古天神古墳）［出雲考古学編，1987］

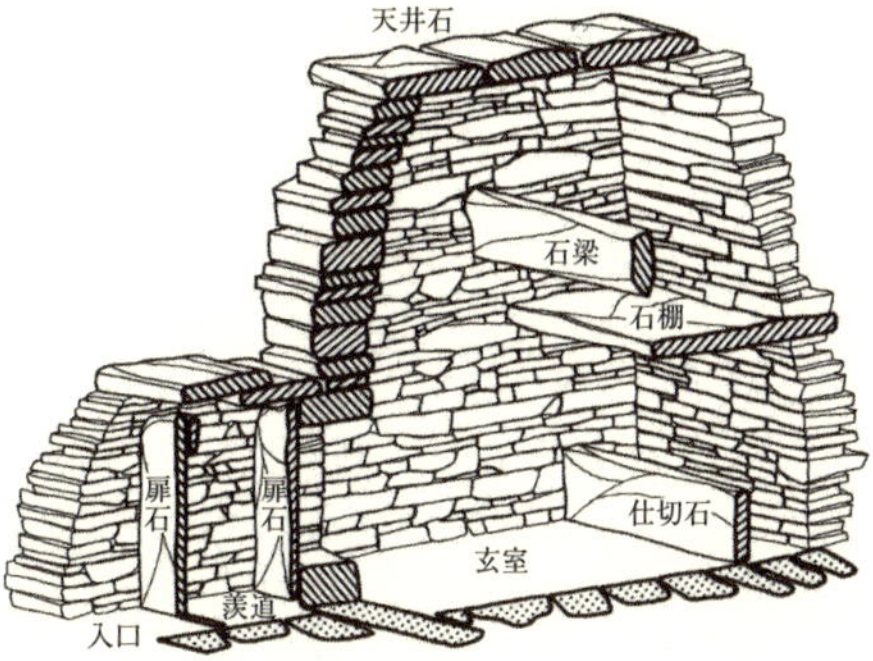

図21　岩橋型横穴式石室模式図［和歌山県立紀伊風土記編，2012を一部修正］

換過程を検討してみよう。すると、本来は死者の動きがまったく認められない槨の中で、ある時期から死者が動きまわることを前提とした構造物が造られだしたというのである〔黄、二〇〇〇〕。

中国では、槨は新石器時代後半には出現し、木槨を中心に漢代頃まで発達した。その槨の中で、死者が動くことを想定したと推測される初期の例に、長江中流域の湖北省にある戦国時代初期（前四〇〇年頃）の曾侯乙墓《そうこういつぼ》がある。埋葬施設は四つの長方形箱形の木槨で構成されているが、それぞれの槨を行き来するための方形の孔《あな》（一辺約五〇センチ）が壁の各所に設けられていた。また、棺は二重の漆塗り木棺だが、外棺には同様な孔があり、内棺には出入口が表現され、その左右には双戈戟《そうかげき》㊲を持つ鬼のような門番が、左側に六人、右側に四人、描かれていた〔湖北省博物館編、一九八九〕（**図22**）。

そして、こうした動きの延長線上に、前三世紀頃には「室」が出現し、秦漢時代㊳には木室墓《もくしつぼ》、塼室墓《せんしつぼ》、土《ど》洞墓《どうぼ》、崖墓《がいぼ》などが発達した㊴。実態は不明だが、有名な秦の始皇帝陵㊵の地下宮殿はその初期の例となる。最初は天井が屋根形などで、後漢にはドーム形が発達した〔黄、二〇〇〇〕。彩色の壁画も出現した、この「室」化の現象を「墓室の邸宅化」と表現する研究者もいる〔劉、二〇一五〕。四川省の後漢の塼室墓や崖墓で発達した刳抜式石棺（家形もあり）には、門を示す双闕《そうけつ》㊶（天門）を浮彫にした

（37）戟は古代中国の長柄の武器で矛《ほこ》と戈《か》を組みあわせたもの。図22では戈が二本つく。

（38）秦（前二二一—前二〇六年）・前漢（前二〇二—後八年）・新（八—二三年）・後漢（二五—二二〇年）の四王朝をいう。

（39）木槨に羨道がつく木室墓。レンガ状の塼を積んで造った塼室墓。地下に向かう墓道の先に横穴を穿った土洞墓。崖に横穴を穿った崖墓。いずれも玄室に羨道や墓道がつくのが特徴。

（40）前二二一年の中国統一後、始皇帝と名乗った秦王（前二五九—前二一〇年）の墓。墳丘は截《せつ》頭方錐形《とうほうすいけい》で東西約三四五×南北約三五〇メートル。

ものが多く、半開きの扉から人が覗いている例もある〔羅、二〇〇二〕（図23）。

「室」とは、死者に動きのない「槨」とは異なり、その中で死者が動く、その中を通って他界へと赴く（昇仙する）、ひいてはその中で死者が暮らす（蘇る）と観念された空間なのである〔曽布川・谷編、一九九八／小南、二〇一〇／劉、二〇一五など〕。そして、その中に置かれた棺の役割は、死者が依る施設（家など）なのであり、出入り自由な開放型の「開かれた棺」こそが、本来的なものだったと推測される。

「開かれた棺」は時期や地域や集団（民族なども）によって多様な形態をとり、蓋と四壁がある棺の側壁に横口を設けるもの、門や扉の図像をこれに代えるもの、脚付

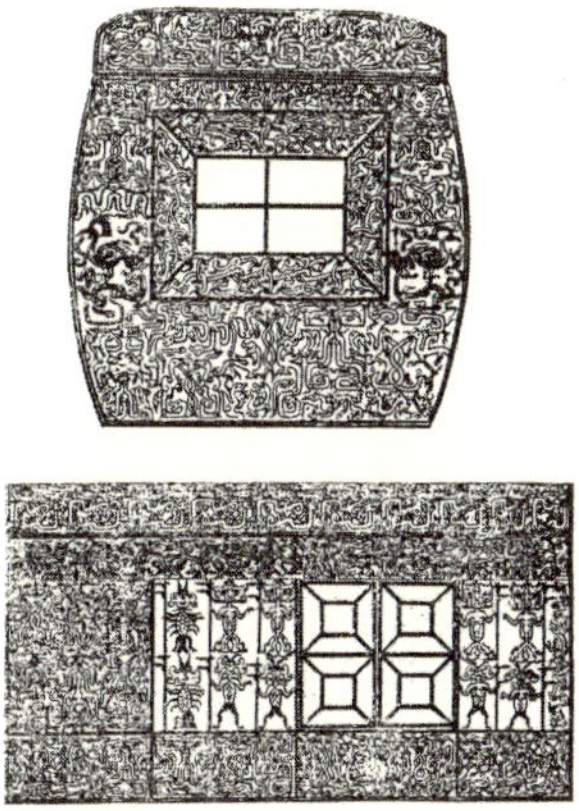

図22　中国湖北省曾侯乙墓の内棺の文様［湖北省博物館編，1989］

図23　中国四川省の石棺に浮彫された半開きの扉（陶家拐塼室墓．左上・前端，右上・後端，下・側面．拓本）［羅，2002］

二重の城壁に囲まれた陵園には祭祀建物（寝《しん》）などがあり、東方に兵馬俑坑《へいばようこう》がある。

（41）中国で城や邸宅の門の前に建てられた一対の望楼《ぼうろう》（図23の左上参照）。

きの屍床に周壁をつけるもの（石棺床《せっかんしょう》）、床のみのもの（屍床）、あるいは枕だけのものまである。

横穴式石室と黄泉国神話

死者が生けるがごとく暮らしていると言えば、『古事記』に記されたイザナギノミコトの黄泉国《よみのくに》訪問神話が思いだされる。

イザナギノミコトとイザナミノミコト二神の国生みの最後に、イザナミは火の神を生んで亡くなり、モガリの後に、出雲《いずも》と伯耆《ほうき》の国境の山に埋葬された。しかし、イザナギは会いたくなって黄泉国を訪ねる。すると、イザナミは「殿の縢戸《とののとざしど》」より出てきて「悔《くや》しきかも、速《と》く来《こ》ずて。吾《あ》は黄泉戸喫為《よもつへぐいし》つ(42)」と断りながらも、「黄泉神《よもつかみ》と相論《あげつら》はむ。我をな視《み》たまひそ」と言って「殿の内」に還り入った。しかし、いくら待ってもなかなか出てこないので、イザナギが殿の中を覗いてみると、遺体は腐敗しウジがわいていた。そこで、怒ったイザナミはイザナギを捕まえようとするが、イザナギは「千引《ちびき》の石」を「黄泉比良坂《よもつひらさか》」に引き塞《さ》え、石を挟んで問答し「事戸《ことど》を度《わた》す(43)」という話である。

この話の場面については、国文学では『書紀』の一書と同様、モガリの場面を反映しているとの説が有力だが、考古学では横穴式石室説が維持されてきた。私も石

(42) 黄泉国の竈《かまど》で煮炊きしたものを食べること。食べることで死者の国の人になる。

(43) 別れ（夫婦別離）の言葉を交わすこと。ヨモツヘグイやコトドワタシは横穴式石室に固有の儀礼と理解されてきたが、畿内的石室には当てはまらない。

室説に立つものだが、小宇宙があり、出入口のある殿(家)があって、通路を石(大きな板石)で閉塞する石室となると、畿内的石室とは相容れず、物語の舞台には熊本県山鹿市チブサン古墳のような九州的石室(図19)が相応しい。「開かれた棺」である「殿」の内部は、黄泉神の住む他界(黄泉国)へとつながっていたのであろう。九州の後期古墳では、墳丘上の他界表現はいまだ存続していることからすれば、石棺内の世界は墳丘上の世界とつながっていると観念されていたようである。

なお、この神話は、死者が埋葬施設の内部で生けるがごとく暮らしている様子を記述したものとして、古代の東アジアでは貴重なものと言えるだろう。

6　古代中国の葬制と古墳時代の葬制

列島の古墳文化の諸要素のなかで、副葬品を除けば、古代中国の葬制の直接的な影響を指摘することはなかなか難しい。しかし、見てきたとおり、棺も槨も室も、あるいは意図的に墳丘を大きく造ること自体も、中国の何らかの影響を受けていたものと思われる。その元となった文化は、遠く中国の中原《ちゅうげん》周辺から東北部、朝鮮半島を経て列島に及んだ結果、時間的遅速・逆転や、地理的連続・不連続、あるいは影響の強弱や内容の混交・変容などを伴い、容易には解明できない。しかし、東アジア的な視点に立って、この間の各地域の影響関係を検討・整理しない限り、古墳文化の正しい理解には近づけない。

そこで、ここでは、今回おもに扱った棺、槨、室を中心に若干の検討を加え、見通しを述べておきたい。

中国における葬制の変革——「槨」から「室」への転換の意義

さて、先述のごとく、中国において、長い前史を踏まえ、前三世紀頃に本格的に始まった埋葬施設の「槨」から「室」への転換は、当時の葬制に大きな変化をもたらした。それまでは、墓と言えば基本的に死者の遺体(形魄)を「閉ざされた棺」に納め槨内に密封し、昇天した魂(魂気)は別に祭祀の場を設けて祀られてきた。しかし、塼室墓や土洞墓や崖墓などのような「室」が出現し、その内部空間が他界(天)とつながっていたり、ましてや、そこで死者が生前と同じように生活していると観念されるようになると、これまでの棺・槨に納め天へと送りだした副葬品だけでは不十分となり、それに応じた死者の扱い方をする必要が出てくる。言いかえれば、「室」を中心に他界を目に見えるものとして表現する必要性が出てきたのである。

死者が住むために、室そのものを家形にする場合や、壁画などをほどこして家の内部の部屋を表現する場合や、小宇宙を示す室内に家の役割を果たす「開かれた棺」を置く場合が出てきた。それとともに死者が暮らしていくのに必要と考えられた施設（家、倉、厠、井戸、竈《かまど》など）や器財（武器・武具、家具、厨房具など）を揃える必要から、実物が設置されたり、絵で描かれたり、土や木で作った模造品である「明《めい》器《き》」(44)（**図24**）が納められたりした。また、貴人である死者に奉仕する人物や動物も必要とされ、その模造品として「俑《よう》」(45)（**図25**）が出現した。さらに地上では、墳丘に近接して地下に住む死者を祀り飲食物を供献する施設である「寝《しん》」(46)が建てられた［曽布川・谷編、一九九八］。それぞれに先行する時代の例はあるが、秦漢時代には各種が組み合わさって盛行した［劉、二〇一五など］。

なお、戦国初期の曾侯乙墓の木槨では、主棺の他に、東槨に八棺、西槨に一三棺

図24 明器の倉庫（漢，所蔵・写真提供＝天理大学附属天理参考館）［金関・近江編，1986］

図25 俑の女子立像（漢，所蔵・写真提供＝天理大学附属天理参考館）［金関・近江編，1986］

(44) 中国の墳墓に副葬された土や木で作った施設や器財などの模造品。

(45) 明器の一種で特に人形・動物形をさす。人形は春秋戦国時代以前からあると言われているが、人形・動物形も含め、明器全体は秦漢代から唐代に盛行した。

(46) 陵（墓）近くにある被葬者の霊を祀る施設。両者が備わる制度を陵寝《りょうしん》制度と言う。

の陪葬棺《ばいそうかん》㊼があった。『書紀』垂仁《すいにん》紀の、殉死《じゅんし》㊽を避けるために土で人や馬を作ったという埴輪起源説話のような出来事が、中国では「室」が誕生してくる過程で起こっていたのである。ちなみに、日本の古墳時代には殉死の確実な例はない。

　いずれも「室」という他界で死者が暮らしているという観念のもとに定着し盛行したものであった㊾。つまり、室という、内部空間が他界への通路(入口)であったり、他界そのものであると観念された埋葬施設の登場に伴い、家や家(屋根)形の造形、「開かれた棺」、彩色された絵画的壁画、明器、俑、寝などが相前後して出現し、組み合わさって盛行したのである。一部の昇仙図などを除けば、他界はこの段階において初めて本格的に可視的に表現されるようになったと言えるだろう。いずれも他界に行くのに必要なもの、他界の生活に必要なもの、あるいは他界の表現に必要なものであったが、その内容は神仙的なものから現実的なものへと変わっていった[町田、一九八七]。

　ここでは、それらを「室的なもの」と呼んで、「槨」と「閉ざされた棺」が示す「槨的なもの」と対比しておきたい。

日本列島への伝来

ところで、古墳時代には「室的なもの」が数多く伝わってきたが、まとまったも

(47) 被葬者に殉じて死んだ人の棺。

(48) 王や主人の死に対し、従属的な立場の人が後を追って殉じて死ぬこと。

(49) 槨の段階で生みだされた模造品も明器とすると、それは、副葬品同様、死者の魂気とともに天に帰するものと観念されていたものと思われ、それには他界を表現するという役割はなかった。

(50) 弥生後期～終末期には埋葬に関係する家形土器が見られ、古墳前期後半には屋根形の蓋をも

のとしてではなく、個々別々に、しかも「槨的なもの」と混在しながら入ってきた。

古墳時代前期には、「槨的なもの」として、槨と「閉ざされた棺」と槨的な魂魄観・他界観などが伝来し定着していたが、「室的なもの」として、何よりも、模造品(埴輪や木製品。明器に相当)を用いて他界を表現するという考え方自体が伝わってきた。ただ、埋葬施設としては槨が採用されたために、他界を表現する場所には、室内ではなく、墳丘の表面が用いられたという差があり、模造品の内容や意匠には列島色が強かった。また、家形埴輪をはじめ、家形の造形も各地で認められるようになった(50)。そして、古墳中期前葉には九州的横穴式石室が「開かれた棺」とともに九州に伝わり、中期中葉には俑に対比できる人物・動物埴輪が近畿中央部で作りはじめられたのである。九州的石室を除けば、古墳時代前・中期は「槨的なもの」に、「室的なもの」が覆いかぶさっていたと言うことができる。

「室的なもの」である「開かれた棺」をもつ九州的石室では、中期中葉頃から石室内部の横口式家形石棺や石障《せきしょう》(51)などに浮彫や線刻で装飾を施す例が出てくる。それも、中期には内容が直弧文・同心円文・三角文などの幾何学文や、靫や盾など、前・中期の辟邪的・器財埴輪的なものであったのに対し、後期中葉以降には彩色による船・鳥・人・馬などの絵画的文様をもつ「室」的な壁画が出現し、後期後葉にかけては福岡県桂川町王塚古墳の星や、同県うきは市珍敷塚《めずらしづか》古墳(**図26**)の太陽(左

つ舟形石棺が九州・北陸などに分布。岡山県備前市鶴山丸山古墳の舟形石棺には家と鏡の浮彫がある(左図)[梅原、一九三八]。

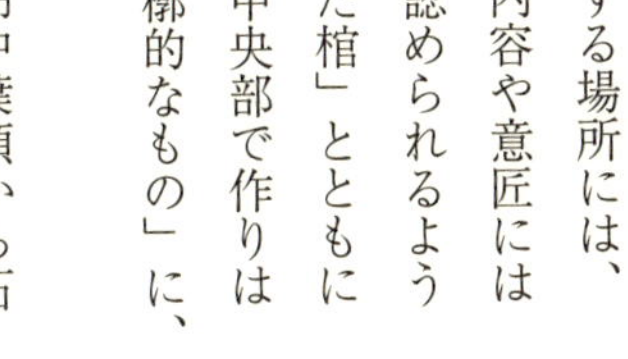

なお、中期後半には切妻造りの「合掌式石室」も一部で出現する。

(51) 九州的横穴式石室の玄室の中で、壁面の前の床にめぐらせた石製の衝立。

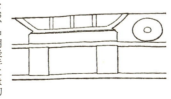

図 26 装飾古墳の絵画的文様(福岡県うきは市珍敷塚古墳)[小林編, 1964]

端)と月を象徴する蟾蜍《せんじょ》(ヒキガエル、右端)などの天文図、あるいは同県宮若市竹原古墳の四神の一部(青龍と朱雀か)のような図像も描かれるようになった(埴輪同様、図像には列島色が強い)。

九州的石室の伝わってきたルートはいまだ十分明らかではないが、「開かれた棺」を初めとする「室的なもの」は、中国の南北朝時代ではおもに北朝で発達し、隋・唐に引きつがれた系統のものと推察される[52]。「開かれた棺」や壁画が認められる朝鮮半島の高句麗《こうくり》などを経由して列島に及んだものと思われるが定かではない。

なお、釘付組合式木棺をもつ畿内的石室は中期末~後期初頭に伝来するが、この系統の石室は中国南朝系統の石室で、朝鮮半島西岸の百済などを経由して列島に伝わった。曹魏《そうぎ》(二二〇—二六五年)・晋《しん》(二六五—四二〇年)の薄葬《はくそう》化[53]を経験した南朝では、おもに単室の塼室墓で釘付組合式木棺(「閉ざされた棺」の可能性が高い)が普及し、彩色の壁画や明器・俑など「室的なもの」は、特定のものを除き、あまり発達しなくなったのである[54][江、一九九四/八木、二〇〇〇/劉、二〇一五など]。

(52) 唐の八世紀初頭の懿徳《いとく》太子墓や永泰《えいたい》公主《こうしゅ》墓の塼室墓には、壁画、扉の描かれた家形石槨、明器、俑など「室的なもの」が揃っている。

(53) 墳墓の規模を縮小し、副葬品などを簡略化すること。古墳は厚葬《こうそう》にあたる。

(54) 古墳後期中葉にあたる韓国・百済の武寧王《ぶねいおう》陵《りょう》は、単室の塼室墓に釘付組合式木棺を納める南朝系のものだが、「室的なもの」はほとんどない。この後、百済の石室は縮小し急速に石槨化した。

おわりに

弥生時代の円形周溝墓の溝を渡る陸橋部が長大化して成立した前方後円形の墳丘は、古墳時代になると、内部に遺体を納める墓であるとともに、その表面に「他界」を表現することで葬送儀礼に不可欠な舞台装置として機能した。また、政治的には、被葬者のヤマト王権内における身分秩序を表現する墳形の最高位のものとなり、墳長二〇〇メートルを超える巨大な前方後円墳の多くは、前方後円墳、前方後方墳、円墳、方墳からなる古墳の秩序の頂点に位置する大王墳として築かれた。古墳の秩序を成りたたせていたものは、祖先信仰に基づく様式化された古墳の儀礼の全社会的共有化にあり、それによって初めて墳丘の形と規模を中心とした格差づけ・序列化が可能となった。

古墳を構成する要素を「槨的なもの」と「室的なもの」とに整理すると、前方後円墳を中心とした古墳の墓制には、「槨的なもの」に「室的なもの」が、地域により時間差や濃淡差をもちながら、重なっていたと言うことができる。

最盛期である古墳時代中期を中心とした、盾形周濠をもつ限られた数の前方後円墳だけを取りあげれば、それは、一時的にせよ湛水した水に浮かぶ壺形の島のように見え、そこには「蓬萊山《ほうらいさん》」(55)のイメージが重なっていた可能性もある。しかし、基本四形式の墳形のいずれにも、周濠のあるものと、ないものとがあることを思えば、また他の中国的要素の認識度から判断すれば、それらはあくまでも当時の人々の他界のイメージそのものだったのだろう。

ところで、前方後円墳の築造は六世紀後葉頃に終焉した。それとともに、政治社会の秩序を表現してきた、前方後円墳を頂点とする古墳の秩序も消滅した。それは社会を律する原理が血縁的なものから法制的なものへと転じたことを意味するものと考えられる。仏教や中国の政治制度を含む新しい文化の伝来・受容を契機に、新たな時代である飛鳥時代が始まったのである。

そして、前方後円墳の消滅は、それが体現していた古墳的な他界観の衰退をも意味した。飛鳥時代の墳丘墓も慣例上「古墳」と呼んでいるが、古墳の表面に他界を表現することもなく、「古墳」はより墓そのものに近づいたのである。大王墳は方墳、八角墳となり、「据えつける棺」に代わって、遺体を入れて「持ちはこぶ棺」(「閉ざされた棺」)が広がり、それに適合した横口式《よこぐちしき》石槨(56)が普及し、横穴式石室も小型化し石槨化した。

一方、当時の社会では、前方後円墳に代わって、仏教文化を体現する巨大な寺院が造営され、仏像をまつる金堂の内部には仏教的他界である浄土《じょうど》世界(57)が表現されだ

(55) 古代中国の神仙思想のなかで東の海上にあるとされた蓬萊・方丈《ほうじょう》・瀛州《えいしゅう》の三山(三壺山)の一つ。仙人が住み仙薬があるという。前方後円墳蓬萊山説もある[岡本、二〇〇八など]。

(56) 棺を入れる横口のある石槨部に羨道がつく。内部は棺より一回り大きい程度。古墳前・中期のものを竪穴系の槨、飛鳥のものを横穴系の槨と区別。奈良県明日香村高松塚・キトラ古墳も横口式石槨だが、末期の例で羨道がない。

(57) 仏教の理想世界で仏や菩薩が住む清浄な世界。阿弥陀如来の西方極楽浄土、薬師如来の東方浄瑠璃浄土など種々の浄土がある。

した。日本に伝わった仏教には、中国や他の東アジア諸国を経由する間に鎮護国家思想や祖先信仰が加わったと言われているが［速水、一九八六］、仏教が祖先信仰をも包摂しだしたためか、古墳的他界観は徐々に仏教的他界観へと代わっていった。

しかし、他界観の転換は容易ではなかったようで、飛鳥時代末期の奈良県明日香村にある高松塚・キトラ古墳の横口式石槨の内部には、依然として「室的なもの」である極彩色の絵画的壁画が描かれていた。仏教的他界観の普及は「古墳」の消滅と火葬(58)の普及を待たなければならなかったのかもしれない。

(58) 遺体を焼却する葬法。仏教関係では『続日本紀』文武四年(七〇〇)に、道昭の火葬を、天下の火葬の始まりと記す。

引用・参考文献

石原道博編訳、一九八五年『新訂魏志倭人伝・後漢書倭伝・宋書倭国伝・隋書倭国伝――中国正史日本伝(一)』岩波文庫

井上義光、二〇〇六年「特別史跡巣山古墳――第五、六次」『大和を掘る』24

大林組プロジェクトチーム、一九八五年「現代技術と古代技術の比較による「仁徳天皇陵の建設」」『季刊大林』20

岡本健一、二〇〇八年『蓬萊山と扶桑樹――日本文化の古層の探究』思文閣出版

鐘方正樹、二〇〇四年「日中における王陵の墳形変化とその関連性」『博望』5

岸本一宏、二〇〇一年「弥生時代の低地円丘墓について」『兵庫県埋蔵文化財研究紀要』創刊号

黄　暁芬、二〇〇〇年『中国古代葬制の伝統と変革』勉誠出版

江　介也、一九九四年「江南地域六朝墓における副葬品配置」森浩一編『同志社大学考古学シリーズⅥ　考古学と信仰』

湖北省博物館編、一九八九年『中国田野考古報告集　曾侯乙墓』文物出版社

小南一郎、二〇一〇年「図像のそなえる意味――漢代墓葬画像を例として」『中国考古学』10
近藤義郎、一九八三年『前方後円墳の時代』岩波書店
浙江省文物考古研究所・紹興県文物保護管理局編、二〇〇二年『印山越王陵』文物出版社
曽布川寛・谷　豊信編、一九九八年『世界美術大全集　東洋編2　秦・漢』小学館
高槻市立今城塚古代歴史館編、二〇一六年『王権儀礼に奉仕する人々』（平成28年秋季企画展）
辰巳和弘、一九九二年『埴輪と絵画の古代学』白水社
塚田良道、二〇〇七年『人物埴輪の文化史的研究』雄山閣
都出比呂志、一九七九年「前方後円墳出現期の社会」『考古学研究』26―3
徳田誠志、二〇一七年「仁徳天皇　百舌鳥耳原中陵第一濠内三次元地形測量調査報告」『書陵部紀要』69
速水　侑、一九八六年『日本仏教史　古代』吉川弘文館
福田　昭ほか、二〇〇一年『松阪宝塚一号墳調査概報』松阪市教育委員会、学生社
町田　章、一九八七年『古代東アジアの装飾墓』同朋舎出版
松本洋明ほか、二〇〇〇年『西殿塚古墳・東殿塚古墳』天理市教育委員会
森田克行、二〇〇六年『日本の遺跡7　今城塚と三島古墳群』同成社
八木春生、二〇〇〇年「南北朝時代における陶俑」曽布川寛・岡田　健編『世界美術大全集　東洋編3　三国・南北朝』小学館
山田清朝編、二〇一五年『兵庫県文化財調査報告471　池田古墳』兵庫県教育委員会
山本　亮、二〇一七年「藤原京の調査――弥生時代の瀬田遺跡」『奈良文化財研究所紀要』
吉澤則男ほか、二〇一一年「栗塚古墳」『羽曳野市内遺跡調査報告書――平成20年度（羽曳野市埋蔵文化財調査報告書68）』羽曳野市教育委員会
吉村公男、一九九三年『ナガレ山古墳発掘調査概要』河合町教育委員会
羅　二虎、二〇〇二年『漢代画像石棺』巴蜀書社
劉　振東、二〇一五年『冥界的秩序』文物出版社

和田晴吾、二〇一四年『古墳時代の葬制と他界観』吉川弘文館
和田晴吾、二〇一八年『古墳時代の王権と集団関係』吉川弘文館

挿図引用文献

天野末喜ほか、一九九三年『新版　古市古墳群』藤井寺市教育委員会
出雲考古学研究会編、一九八七年『古代の出雲を考える6　石棺式石室の研究』
梅原末治、一九三八年「備前和気郡鶴山丸山古墳」『近畿地方古墳墓の調査』3、日本古文化研究所
金関　恕・近江昌司編、一九八六年『漢代の銅器・陶器』(『ひと　もの　こころ』第一期第一巻)、天理大学・天理教道友社
小林行雄編、一九六四年『装飾古墳』平凡社
近藤義郎編、一九九二年『楯築弥生墳丘墓の研究』楯築刊行会
清水眞一ほか、一九九一年『桜井市城島遺跡外山下田地区発掘調査報告書』桜井市教育委員会
末永雅雄、一九七五年『古墳の航空大観』学生社
高木正文編、一九八四年『熊本県文化財調査報告68　熊本県装飾古墳総合調査報告書』熊本県教育委員会
高橋克壽、一九九九年「埴輪配列図」永原慶二監修『岩波日本史辞典』岩波書店
寺沢　薫、一九八九年『纒向石塚古墳範囲確認調査(第4次)概報』桜井市教育委員会
奈良県立橿原考古学研究所編、一九八九年『斑鳩・藤ノ木古墳概報』吉川弘文館
菱田哲郎ほか、一九九七年『行者塚古墳発掘調査概報』(『加古川市文化財調査報告書』15)
和歌山県立紀伊風土記の丘編、二〇一二年『和歌山県立紀伊風土記の丘ガイドブック』
渡辺貞幸、一九九五年「『出雲連合』の成立と再編」瀧音能之編『古代王権と交流7　出雲世界と古代の山陰』名著出版

コラム　埴輪《はにわ》について

「埴輪」とは古墳の墳丘や堤の表面に立て並べられた、高さ五〇—一五〇センチほどの土で作った素焼きで中空のものである。同じ土の素焼きでも、大きさが一〇センチ前後のおもに中実(中身が詰まる)の「土製品」とは区別される。日本の古墳に固有のもので古くから多くの人が注目してきた。

通常、埴輪は円筒埴輪・朝顔形埴輪と形象埴輪に区分され、形象埴輪は器財形埴輪と人物(形)埴輪、動物(形)埴輪に分けられる。しかし、出現した時期の差や推測される意味の差などから、家、鶏、水鳥、船などは単独で分類される場合が多い。後述のように、円筒や朝顔も本来は器財の食器であるから、埴輪はすべて形象埴輪であると言える。多少デフォルメはあっても、いずれも当時に実在した実用品や人や動物を真似ているのが特徴で、埴輪群が表す世界も現実の延長上にあったことを示唆している。

各種埴輪の出現過程を見ると、最初に現れたのは円筒や朝顔の祖型で、岡山県の弥生墳丘墓の埋葬儀礼で用いた特殊な壺とそれをのせる器台であった(近藤義郎・春成秀爾「埴輪の起源」『考古学研究』13—3、一九六七年)。同時期には奈良県の壺形土器を祖型に壺形埴輪も出現し(上田宏範・中村春寿『桜井茶臼山古墳』奈良県教育委員会、一九六一年)、最古の前方後円墳である奈良県桜井市の箸墓古墳に立てられた。

また、ほぼ同じ頃には、ごく少数だが、すでに家形土器や鶏形・水鳥形土器、さらには人形《ひとがた》土製品までもが出現していたが、すぐには埴輪とはならなかった。家や鶏の埴輪が出現するのは古墳時代前期中葉頃である(図参照。高橋克壽「埴輪に捧げられた祈り」『別冊太陽　日本のこころ246　古墳時代美術図鑑』平凡社、

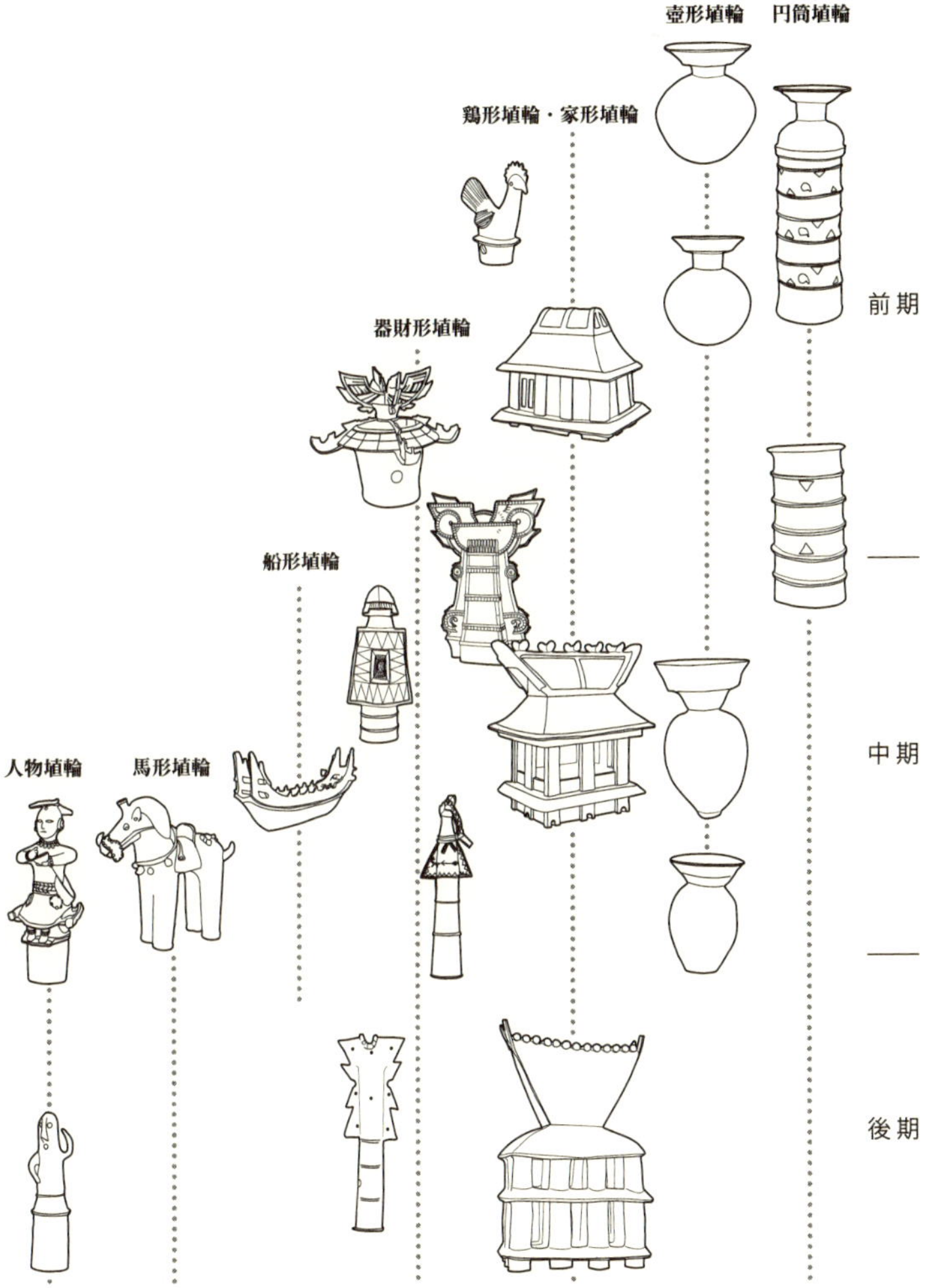
壺形埴輪
円筒埴輪
鶏形埴輪・家形埴輪
器財形埴輪
船形埴輪
人物埴輪
馬形埴輪
前期
中期
後期

二〇一七年、一部変更)。続いて前期後葉になると武器(靫《ゆき》など)や武具(盾《たて》、甲冑《かっちゅう》など)、あるいは格式の高さを示す蓋《きぬがさ》などが現れ、中期前葉には船、囲、水鳥などの埴輪も出そろった。

そして、中期中葉(五世紀前葉頃)になって、初めて人物・動物埴輪が登場した。大阪府羽曳野《はびきの》市の誉《こん》田《だ》御廟山《ごびょうやま》古墳(応神《おうじん》天皇陵古墳)が築かれた頃である。初期の人物・動物埴輪は、古墳の墳丘本体にではなく、周濠外側の中堤などに配置されたようで、大阪府高槻市今城塚《いましろづか》古墳(後期)では、中堤に置かれた埴輪群のほぼ全体が出土した。

埴輪群の意味については明治時代以来様々な見解が提示されてきた。円筒埴輪=土留説や柴垣説、家形埴輪=魂の住居説や依代《よりしろ》説などである。特に人物埴輪に関しては葬列説、殯《もがり》説、首長権継承儀礼説、顕彰碑説、各説を融合した説などが盛んに唱えられた(杉山晋作『東国の埴輪と古墳時代後期の社会』六一書房、二〇〇六年など参照)。いずれも、古墳の周辺や墳丘上で行われた何らかの葬送にまつわる儀礼を、後世に伝えるために、衆人に見せる目的で作られたと考えられた。そこでは、古墳とは何かはあまり問われなかったり、埴輪からその問題に迫ろうとした。

一方、アプローチの仕方に差はあるが、古墳=蓬《ほう》萊《らい》山説も含め、古墳の表面に表現された世界を他界(あの世)と理解し、埴輪は亡き首長のためのもので、他界での生活に必要なもの、首長に奉仕するものとの見解が広がりつつある。古墳とは何かを問うことから始めた筆者もこの立場に立つ。

では、埴輪と古代中国の明器《めいき》や俑《よう》とは関係があるのだろうか。この問題も戦前から意識され、研究の中では絶えず比較されてきた。肯定するにせよ否定するにせよ、大きな問題は中国と日本をつなぐ朝鮮半島などで、明器や俑に対応する遺物がほとんど出土しないことにある。朝鮮半島では三国時代の陶質土器に家形、鳥形、角形などの容器や、船形、車形の土製品、あるいは新羅統一時代に素焼き中実の人形土製品が若干認められる程度である。

今回はそれを承知で関連を積極的に評価した。

古墳と政治秩序

下垣仁志

はじめに――本論のねらい

最近、列島最大の前方後円墳として名高い大山古墳《だいせん》(伝仁徳天皇陵《にんとく》)が、さらに一回り大きくなることが報じられ、[1] いくらかの話題をよんだ。周濠《しゅうごう》に水没している墳《ふん》端《たん》部分を、音響測深器《そくしんき》などを駆使して計測した結果、墳長五二五メートル以上になることが判明したのである[徳田、二〇一八](図1)。この古墳が五〇〇メートルをこえることは、(一部の)古墳研究者のあいだでは常識だったが、最新の手法で具体的に裏づけられたわけだ。

大山古墳をふくむ大阪府百舌鳥《もず》古墳群、そして古市《ふるいち》古墳群は、二〇〇メートルを大きくこえる古墳時代中期(五世紀頃)の巨大古墳が目白押しである。隣県の奈良県では、それより半世紀~一世紀ほど前から、オオヤマト古墳群・佐紀《さき》古墳群・馬見《うまみ》古墳群において巨大古墳が造営されはじめていた。大山古墳と誉田御廟山古墳《こんだごびょうやま》(伝応神天皇陵《おうじん》)を双璧《そうへき》として、巨大な「天皇」陵がひしめくさまを目《ま》のあたりにすると、四―五世紀の日本列島に、「天皇」(大王《おおきみ》)が君臨する強大な専制国家が誕生していたようにも思えてくる。

ところが、二〇〇〇年代以降の古墳時代研究は、巨大古墳の被葬者集団の専制的

(1) 二〇一八年四月一二日付、各新聞。

性格を否定し、列島各地の自律性を重くみる方向に進んできている。とくに、前方後円墳を構成する墳墓要素（墳形・埋葬施設・副葬品・外表施設・葬送儀礼）の起源が、九州北部や岡山南部などに濃厚に存在するのと裏腹に、奈良盆地には稀薄である事実などを根拠にして、古墳時代開始期における畿内《きない》（大和）の優越性を否定して、こ

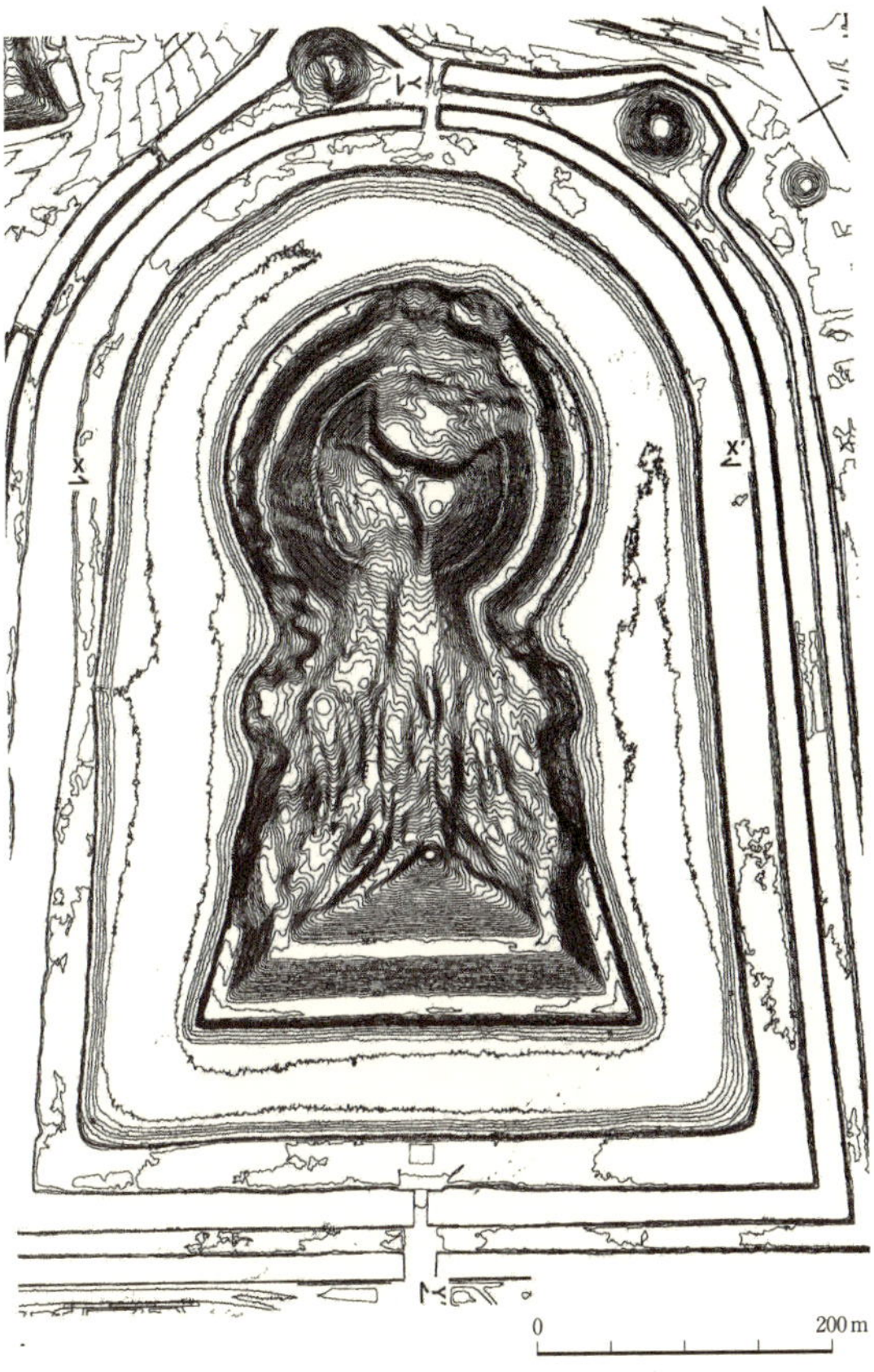

図1　大山古墳の三次元地形測量図［徳田，2018］

の時期にはさまざまな地域が連合して主導したとみる、諸地域主導(協調)説が前面にでてきた[北條、二〇〇〇など]。この見方は、能力を重視して推戴《すいたい》された「大王」を中核とする、三―五世紀頃の「王権」の連合性を強調する近年の文献史学の見解とも相性がよく、有力な説へと成長している。

筆者も、諸地域の自律性や「王権」の連合性を否定しない。しかし、古墳の様態や副葬品における畿内地域(2)の圧倒的な卓越性と中心性を軽視して、墳墓要素の移動を諸地域の有力者の移動と直結させがちな、諸地域主導(協調)説は成立しないと判断している。そもそもこの見方では、自律的であるはずの諸地域が畿内地域との中心―周辺関係にからめとられてゆき、ついには律令国家へと包括されていった理由を、十分に説明できない。

古墳の様相をみると、たしかに諸地域の自律性はみとめられる。しかし同時に、畿内中枢勢力(3)を核とする中心―周辺関係や明白な格差も厳然と存在する。この相反するかにみえる様相こそが、古墳時代の政治秩序を解明する鍵をにぎっている。そう筆者は考える。

古墳はあくまでも墓であり、死者の世界である墓から生者の世界のことがらである政治秩序を解明しようなどとは無謀なこころみだ、という意見もあるだろう。しかし、本論で論じるように、古墳には集団の秩序が反映されていた可能性が高い。

(2) 本論で使用する「畿内地域」は、旧国の大和・河内《かわち》・摂津《せっつ》・山《やま》城《しろ》・和泉《いずみ》の五畿《ごき》をおおまかに指す。律令期以降の政治的な地理区分ではあるが、筆者はこの地理的範囲にたいする政治的・領域的な意識が遅くとも古墳時代前期には萌芽したと考えるので、この用語を使用する。

(3) この勢力の具体像を明示することはむずかしいが、本論では「奈良盆地に本拠をおく複数の最有力集団の連合体」とみなしておく。

また古墳を築造するには、造営地を割きとって占有し、多数の労働力を動員し、埋葬施設や外表構造（葺石《ふきいし》・埴輪《はにわ》など）の資材を調達するなど、政治的な強制力の発動や調整が不可欠であった。したがって、古墳の様相から政治秩序を復元しようというこころみは十分に有望である。

そこで本論では、最新の研究成果をふまえつつ、前方後円墳をはじめとする古墳の機能的役割を多面的に抽出し、そうした機能が当該期の政治秩序を構築し強化していた事実を明らかにしたい。「古墳と政治秩序」というテーマについては、本書の執筆者のひとりである和田晴吾が第一人者である〔和田、二〇一八など〕。本論では、従来とは若干ちがう角度から本テーマに切りこむことにする。(4)

1　古墳とはなにか

古墳の起源と意味をめぐって

古墳とはなにか。字義にしたがえば、土を盛りあげた古い墳墓（高塚）を指す。しかし、そうした墳墓は世界中にあるし、日本列島でも縄文時代から現在（天皇陵）にいたるまで造営されつづけてきた。このような最大公約数的な定義では、時代名称に採用されるほど特異な様相をみせた古墳時代の「古墳」を検討するには不十分で

（4）本論では筆者の考えの大要を示す。その詳細や具体的な分析を知りたい方は、拙著（『古墳時代の王権構造』吉川弘文館、二〇一一年／『古墳時代の国家形成』吉川弘文館、二〇一八年）をご参照いただきたい。

ある。

本論では、古墳の定義を真摯に追いもとめた近藤義郎⑤の定義を採用する。すなわち、「古墳とは前方後円墳を代表かつ典型とし、その成立および変遷の過程で、それとの関係において出現した墳墓をすべて包括する概念である」という定義である〔近藤、一九九五〕。前方後円墳を代表とする古墳の様相から政治秩序を復元するうえでも、有用な定義である。

古墳を律する存在といえる前方後円墳は、鍵穴《かぎあな》型を呈する特異な形状ゆえに、その起源をめぐって無数の解釈がくりだされてきた（本書「〈前方後円墳〉への招待」）。たとえば前方後円形の起源について、宮車《きゅうしゃ》説・壺形説・盾形説をはじめとする器物模倣説、円丘《えんきゅう》と方丘《ほうきゅう》の合体説、円丘にとりつく祭壇や通路が巨大化したとみる機能変容説などが、想像力ゆたかにとなえられてきた。しかし、発掘成果によるかぎり、円丘もしくは方丘への通路（墓道《ぼどう》）が巨大化・象徴化して前方後円墳が誕生したとみる説が妥当であり、現在ではこの説が定説の位置を占めている（本書「前方後円墳とは何か」）。

前方後円墳を最上位とする古墳の意味と機能についても、多彩な解釈が提示されてきた。「貴族の権威の革新の象徴」説（小林行雄）、「大和政権の身分的表現」説（西嶋定生）、「首長権（霊）継承儀礼の場」説（近藤義郎）、「他界の擬《なぞら》えもの」説（和田晴吾）、

（5）一九二五―二〇〇九年。共同体論や古墳の出現論などに大きく貢献した。考古学研究会を設立するなど、考古学の科学化と民主化に尽力した。主著『前方後円墳の時代』（岩波書店、一九八三年）は不朽の名著。

「主を葬って神格化する装置」説（松木武彦）など、じつに多様である。それぞれ興味深く、古墳の政治的・宗教的意義にまでふみこんだ解釈として重要である。しかし、これら諸説のなかには、すでに考古資料の実態にそぐわなくなったものもある。また、具体的な資料ではなく状況証拠から組みたてられている場合も少なくない。

前方後円墳が造営された時代には、さまざまな形状の古墳が、畿内地域の超大型古墳を頂点とする中心性・格差性・定型性をもって、列島の広域で長期にわたって幅広く受容された。そして、前方後円墳の終焉に踵《きびす》を接するかのように、隋唐《ずいとう》帝国⑥に範をとった国家機構が本格化していった。このことの歴史的意義を重んじるのであれば、古墳の意味・機能と政治秩序との関係性をさらに掘りさげて追究する意義は大きいだろう。

「前方後円墳体制」論

現在、古墳時代の政治秩序に関する理論モデルとしてもっとも有力であるのが、都出比呂志の提唱した「前方後円墳体制」論である。「前方後円墳体制」とは、畿内と岡山南部の勢力を核とする列島広域の諸首長層が、非自給物資の安定的な入手と安全保障を確保するために、古墳の墳形によって各自の出自や格式を、規模によって実力を表示して「相互承認」する、「平和共存」システムのことである〔都出、

（6）ともに中国の統一王朝。隋（五八一―六一八年）は南朝の陳《ちん》を滅ぼして天下を統一し、中央集権体制を強化したが、失政がたたり、三〇年ももたずに瓦解した。隋にとって代わったのが唐（六一八―九〇七年）であり、律令制度にもとづく中央集権体制を整備した。

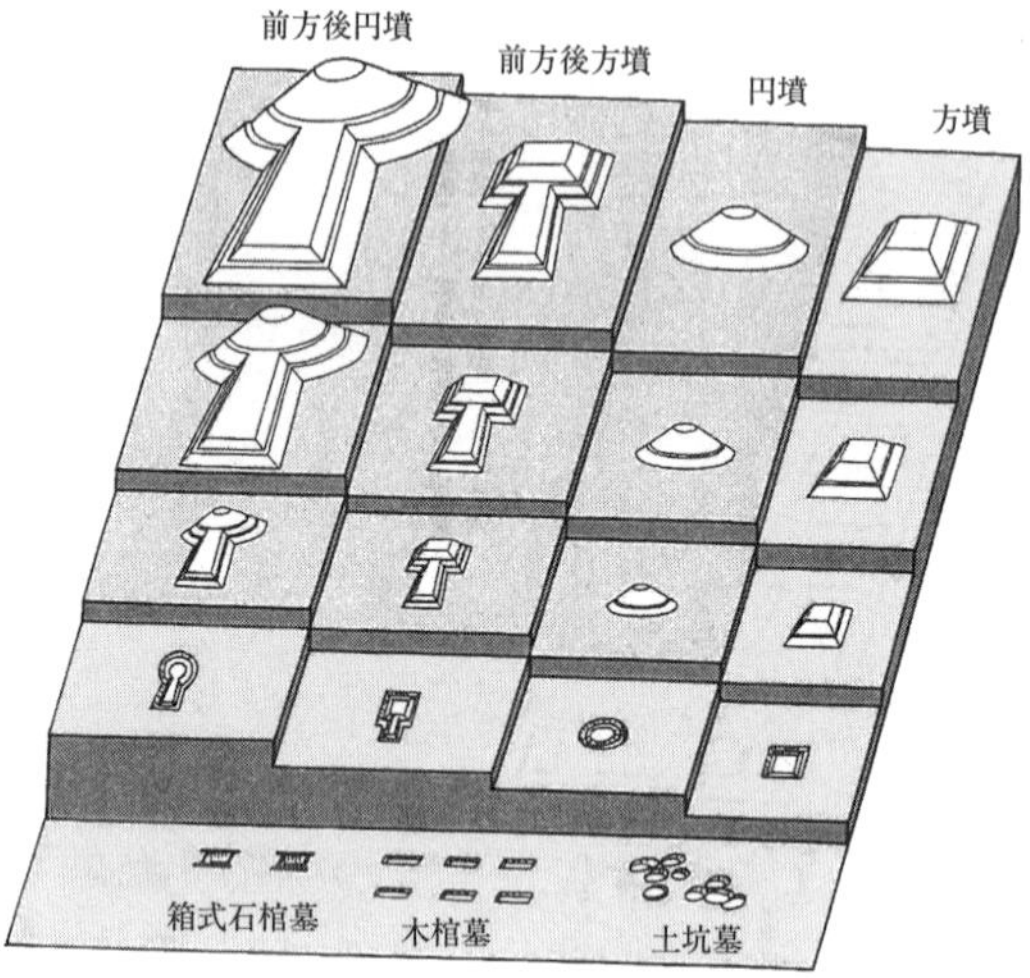

図2 「前方後円墳体制」のモデル図[都出, 1998]

一九九五」(**図2**)。諸地域の実情も加味し、政治変動が生じるメカニズムも説明できる、柔軟かつ体系的なモデルである。考古学だけでなく文献史学でも、おおむね好意的に受けいれられている。

ただし、疑問もある。都出は、墳形間の関係や中心―周辺関係の変動を考慮して議論を展開しているものの、モデル図(**図2**)からは固定的な印象をうけ、なぜ畿内地域が卓越性を高めていったのかの理由がわかりにくい。実際に都出は、こうした変動を対外関係や史的事件と連動させて説明するにとどまっており、古墳間の関係が政治秩序の消極的な反映にすぎなくなっている。しかし筆者は、多大な労力と資材を消尽する実際の造営行為と埋葬行為をつうじて、政治秩序が積極的に構築されていった側面こそ、重視すべきだと考えている。この観点が、本論の「肝」である。

また「前方後円墳体制」論は、墳丘の種差（**図2横軸**）および格差（**図2縦軸**）の「二重規定」に着目したモデルであるが、墳墓要素の種差および格差は一古墳内の複数の埋葬施設間でも顕著にみとめられる。筆者は、墳墓要素における格差をはじめとする多様な差異化が、①畿内中枢勢力を頂点とする列島広域、②同時期の特定小地域内・古墳群内、③一古墳内、といった複数のレヴェルで同型的に反復されつづけたことが、古墳をつうじて政治秩序が構築されてゆくメカニズムをうみだしたと想定している。以下において、具体例をあげて説明してゆこう。

2 古墳の機能

複数人が埋葬される古墳

「なんでこんなに大きな墓をひとりのためにつくったのだろう?」

小山のような古墳をみあげて、こんな思いをいだいた人は少なくないはずだ。しかしじつは、確実にひとりだけを葬った古墳は少ない。全面的に発掘した有力古墳に、埋葬施設が一基しかない事例は、むしろ少数派である。

墳墓に複数人を葬ることを、「複数埋葬」とよぶ。複数埋葬にはいろいろと種類があり、一古墳に複数基の埋葬施設を設置する「同墳《どうふん》複数埋葬」、一基の竪穴《たてあな》系の埋葬施設に複数人を葬る「同棺《どうかん》複数埋葬」、一基の横穴系の埋葬施設に複数人を葬る「同室複数埋葬」に大別できる。

前方後円(方)墳の複数埋葬の設置位置を模式的に図示すると、**図3**のようになる。主丘《しゅきゅう》の中心部の埋葬位置Aが中心埋葬、それ以外が副次《ふくじ》埋葬であり、大文字のC〜Fと小文字のa〜fを周辺埋葬とよぶこともある。円墳と方墳の埋葬施設はA〜Fのみからなる。図の網掛け部分は墳丘斜面であり、白地の平坦面のさまざまな箇所に埋葬施設を設置することがわかる。あとで論じるように、埋葬施設の種類や規模と設置位置とがおおまかに相関することが重要である(**図4**)。

現代の日本人の常識からすれば、中心埋葬(A)の被葬者とその脇の副次埋葬(B)の被葬者は夫婦であり、かれらと関係の濃い者(親族など)が墳丘の周辺的な箇所(C・D、a〜d)に、隷属《れいぞく》者や関係の薄い人たちが墳端(E・e)と墳丘外(F・f)に葬られた、と考えるのが自然だろう。しかし、そうでないことがわかってきた。

日本列島は酸性土壌で、しかも湿潤な気候であるため、特殊な環境下でなければ埋葬人骨は残りにくい。運よく残っていても一部の断片にとどまる。しかし、数少ない良好な遺存《いぞん》人骨にたいする詳細な分析をつうじて、複数埋葬の被葬者間関係が明らかになってきた。たとえば、歯冠《しかん》の計測値(7)が近親血縁者間で類似するという、

(7) 歯のうち口腔《こうこう》内に露出している白い部位(歯冠)の縦と横のサイズの計測値。歯の種類ごとに計測する。

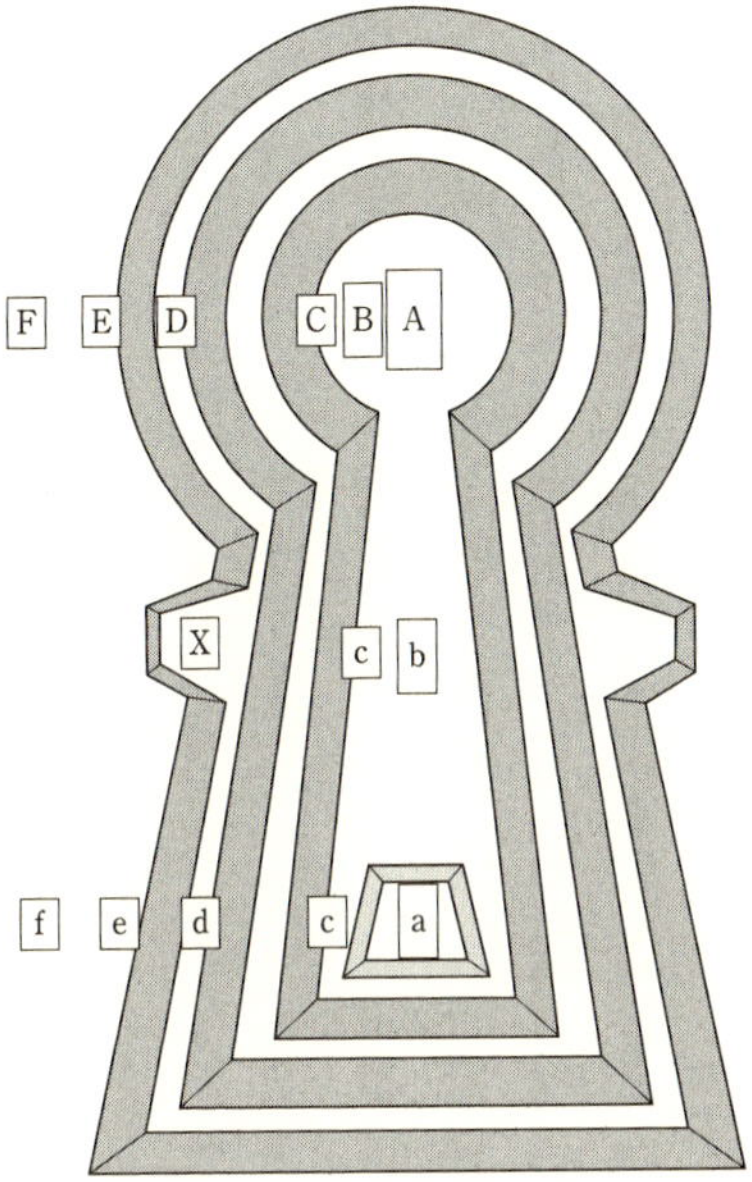

A 後円部墳頂平坦面中心埋葬
B 後円部墳頂平坦面周縁埋葬
C 後円部墳頂平坦面外縁埋葬
D 後円部斜面・テラス部埋葬
E 後円部墳麓埋葬
F 後円部墳外埋葬
a 前方部墳頂平坦面中心埋葬
b 前方部墳頂平坦面後部埋葬
c 前方部墳頂平坦面外縁埋葬
d 前方部斜面・テラス部埋葬
e 前方部墳麓埋葬
f 前方部墳外埋葬
X 造出埋葬

図3　複数埋葬の設置位置

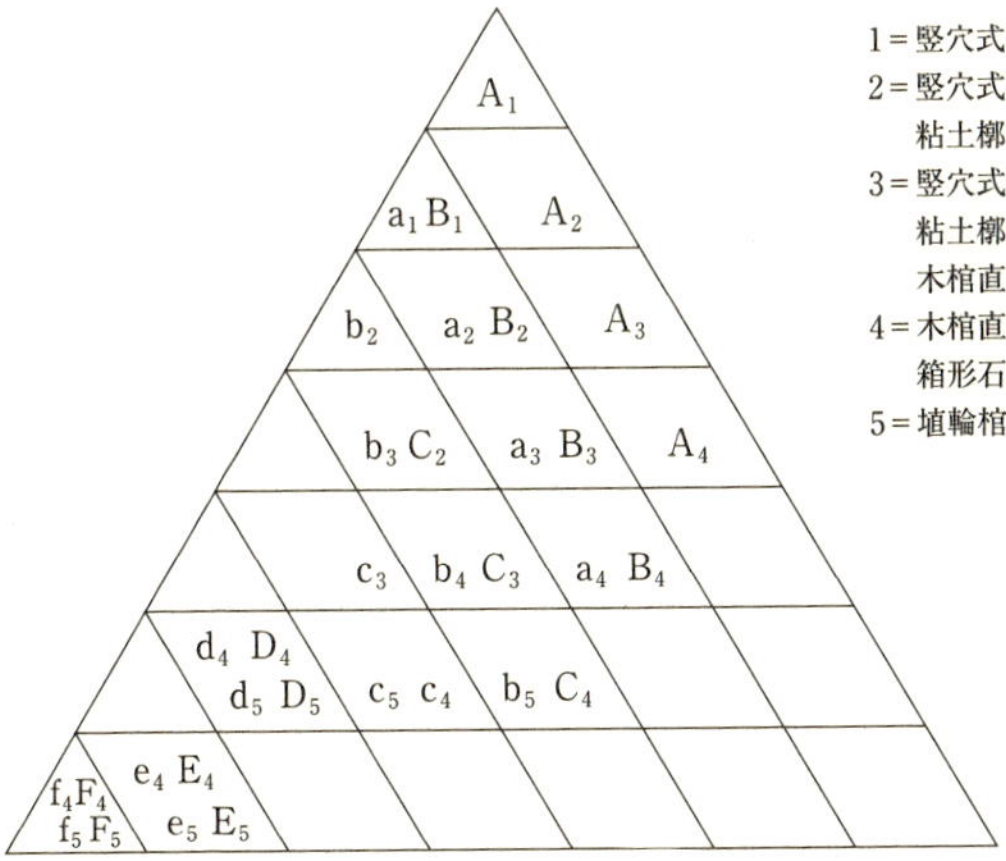

1＝竪穴式石槨(4m～)
2＝竪穴式石槨(2m～)
粘土槨・石棺直葬(4m～)
3＝竪穴式石槨(～2m)
粘土槨・石棺直葬(～4m)
木棺直葬(4m～)
4＝木棺直葬(～4m)
箱形石棺
5＝埴輪棺・土壙墓

図4　埋葬位置と埋葬施設の格差

形質人類学の知見を導入して、埋葬人骨の被葬者間関係にとどまらず、古墳時代の親族構造の実態を解き明かしてきたのが、田中良之[8]と清家章である。

両氏の見解には若干の相違もあるが、つぎのような事実が形質人類学的・考古学的に明らかにされた。弥生時代末期から少なくとも古墳時代中期前半まで、同墳複数埋葬の被葬者間関係はおおむねキョウダイであり（基本モデルⅠ）、造墓《ぞうぼ》の契機となる初葬《しょそう》者の比率は男女で差がなく、双系《そうけい》的[9]な親族原理であった。しかし、中期後半以降にはまず配偶者をふくまない「家長」とその子という関係（基本モデルⅡ）、

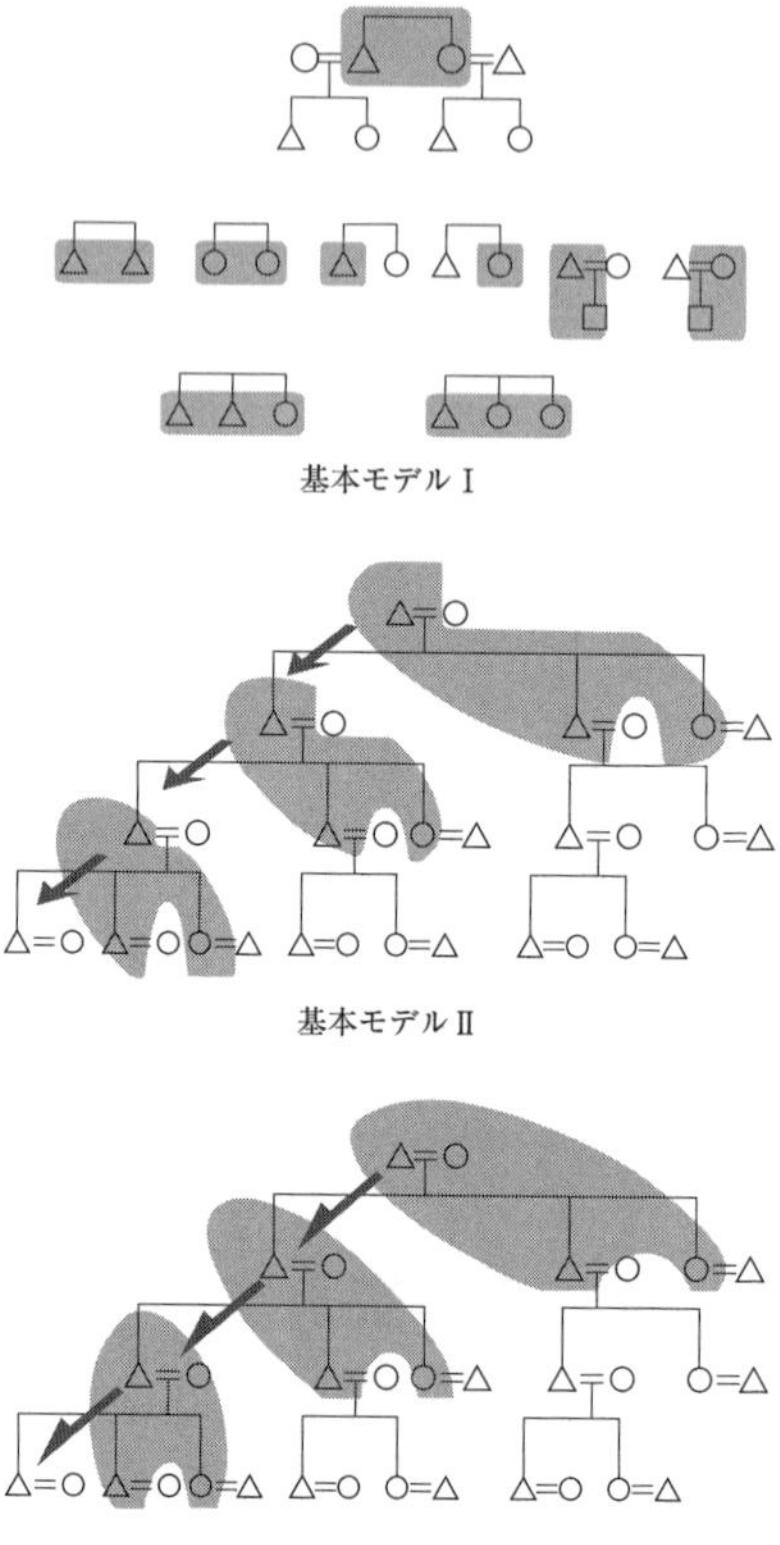

図5　複数埋葬の被葬者間関係のモデル［田中良之，2008 を一部改変］．網掛け内が合葬される被葬者．△は男性，○は女性

（8）一九五三―二〇一五年。埋葬人骨の自然科学的分析と出土状況の考古学的分析、さらに古墳や集落の考古学的分析などを総合化して、弥生～古墳時代の親族構造と社会の実態に肉迫する研究を推し進めた。

（9）母系と父系のどちらでもない、非単系の出自のたどり方。出自の遡及や地位・財産の継承が選択的・双方的におこなわれる。

（10）本人の出身地・出生地。現在の本籍地とだいたい同じ意味。

つづいて配偶者をふくむ「家長」とその子という関係（基本モデルⅢ）があらわれ、双系的性格を基底に残しながら、しだいに父系原理を色濃くしていった［田中良之、一九九五／清家、二〇一〇など］（**図5**）。少なくとも基本モデルⅡまで、被葬者の配偶者は同じ墳丘内どころか、同一墓域内にも葬られず、自身の本貫地《ほんがんち》⑽に帰葬《きそう》されていたことも、おおむね明らかにされている［清家、二〇一〇］。

古墳内の格差

複数埋葬と親族構造に関する以上の知見は、ここ二〇年あまりの古墳時代研究において、もっとも重要な研究成果のひとつである。このほかにも、複数埋葬から興味深い被葬者間関係を読みとることができる。

とくに目をひくのが、中心埋葬と副次埋葬の格差である。地域差や時期差もあるものの、古墳時代前期～中期の埋葬施設⑾には、竪穴式石槨《せっかく》＞粘土槨《ねんどかく》（・石棺直葬《せっかんじきそう》）＞木棺《もっかん》直葬（・箱形石棺）＞埴輪棺・土《ど》壙《こう》墓⑿というおおまかな序列が存在する。さらに、竪穴式石槨において全長四メートルを境にして長大なものと短小なものがおおむねわかれることが示すように、サイズ差も序列に加味されていた。そうした埋葬施設の序列と埋葬位置は、模式的に表現すれば**図4**のような相関関係を示している。墳頂の中心部に、同格の二棺（槨）や三棺（槨）が並列されている事例は多くあるが、そ

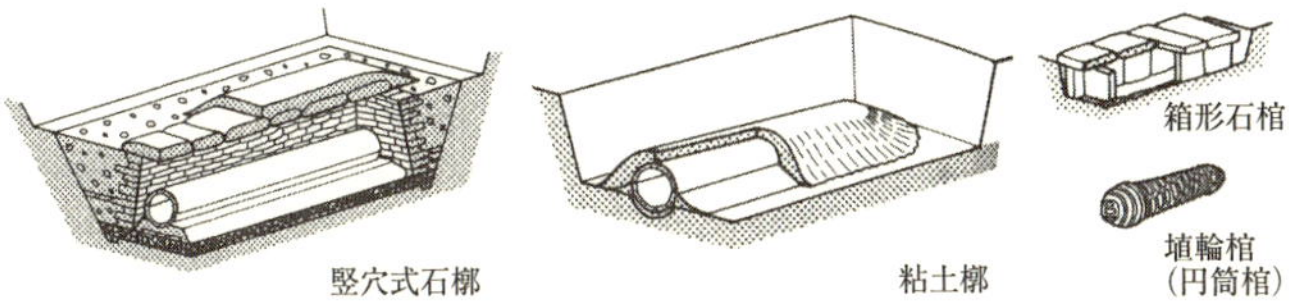

（11）各種の埋葬施設［永原、一九九九を改変］

の場合、サイズや造りの精度に差を意識的にもうけるのが一般的である。中心埋葬に板状石材を使用した竪穴式石槨を設置し、副次埋葬にも竪穴式石槨が構築されている場合、後者はつねに非板石積《いたいしづみ》で築かれた劣位の埋葬施設である事実は、注目にあたいする〔蔵本、二〇〇三〕。

中心埋葬と副次埋葬の格差は、副葬品にもみとめられる。副葬品で格差がもっとも顕著に表示されているのが倭製鏡《わせいきょう》⑬である。その面径に明白な序列があり（**図6**）、小型鏡のデザインがしばしば大型鏡の文様の一部を抽出して構成されていることが示すように、少なくとも一定数の製品は、サイズとデザインを相関させて計画的に生産されていた。

このように生産された倭製鏡は、畿内地域とりわけ奈良県に大型鏡が集中し、遠方になるにつれて小型鏡の比率が増大する分布状況を呈している（**図7**）。畿内中枢勢力の強い関与が指摘される福岡県沖ノ島の「奉納」鏡群の面径比率が、奈良県の面径比率に類似する点はじつに示唆に富む。大小差のいちじるしい倭製鏡は、原材料の重量が大きな意味をもったはずである。そこで、都府県ごとに出土倭製鏡の総重量を算出してみると、**図7**よりもいっそうきわだった傾向がみとめられる（**表1**）。

倭製鏡に先行して列島の広域にひろがり、しだいに倭製鏡に代替されていった三《さん》角縁神獣鏡《かくぶちしんじゅうきょう》⑭は、面径と重量がほぼ一定している。そこで重量ではなく面数を計上

（12）棺槨《かんかく》をもうけず、墓穴《はかあな》に葬るだけの埋葬。最近では「土坑墓」と表記されることが多い。

（13）弥生時代と古墳時代に日本列島で製作された青銅鏡（と鉄鏡《てっきょう》）の総称。仿製鏡《ぼうせいきょう》・倣製鏡《ほうせいきょう》・倭鏡《わきょう》とも呼称される。弥生時代の倭製鏡は一般に「弥生小形《こがた》仿製鏡」とよばれる。本論の倭製鏡は、古墳時代の倭製鏡を指している。

（14）後漢末～魏《ぎ》代における華北東部の作鏡《さっきょう》系譜をひく神獣鏡の一鏡式。中国製三角縁神獣鏡（約四五〇面）と「仿製」三角縁神獣鏡（約一三〇面）に大別される。前者は景《けい》初《しょ》・正始《せいし》年間に遣魏使《けんぎし》が拝受した「銅鏡百枚」の有力候補とみなされることが多いが、鏡研究者以

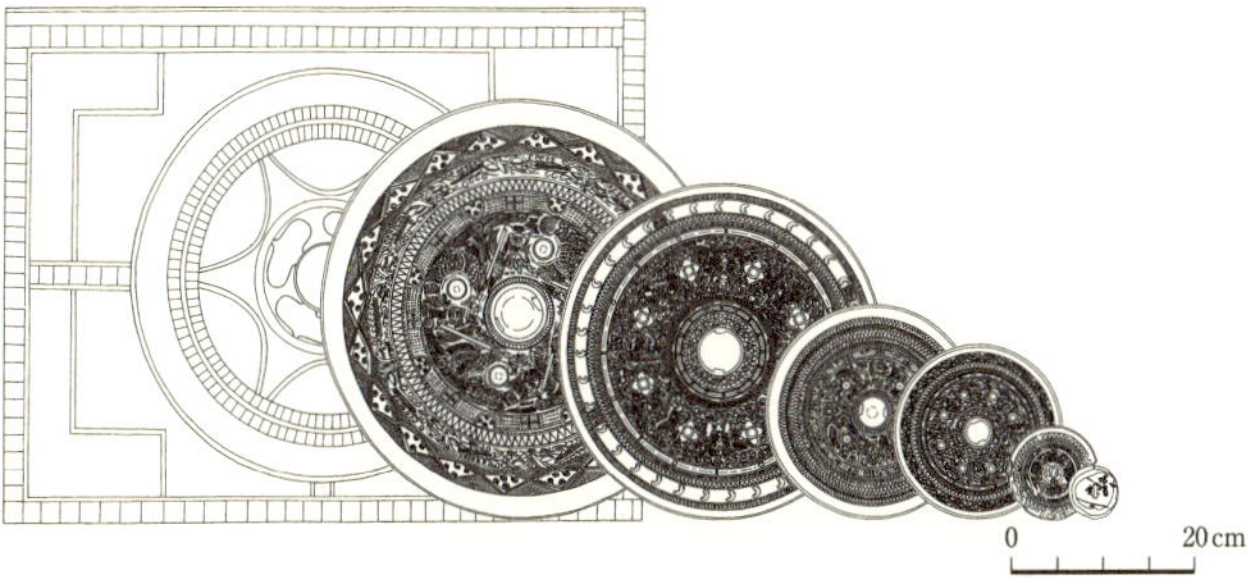

図6　倭製鏡の大小差

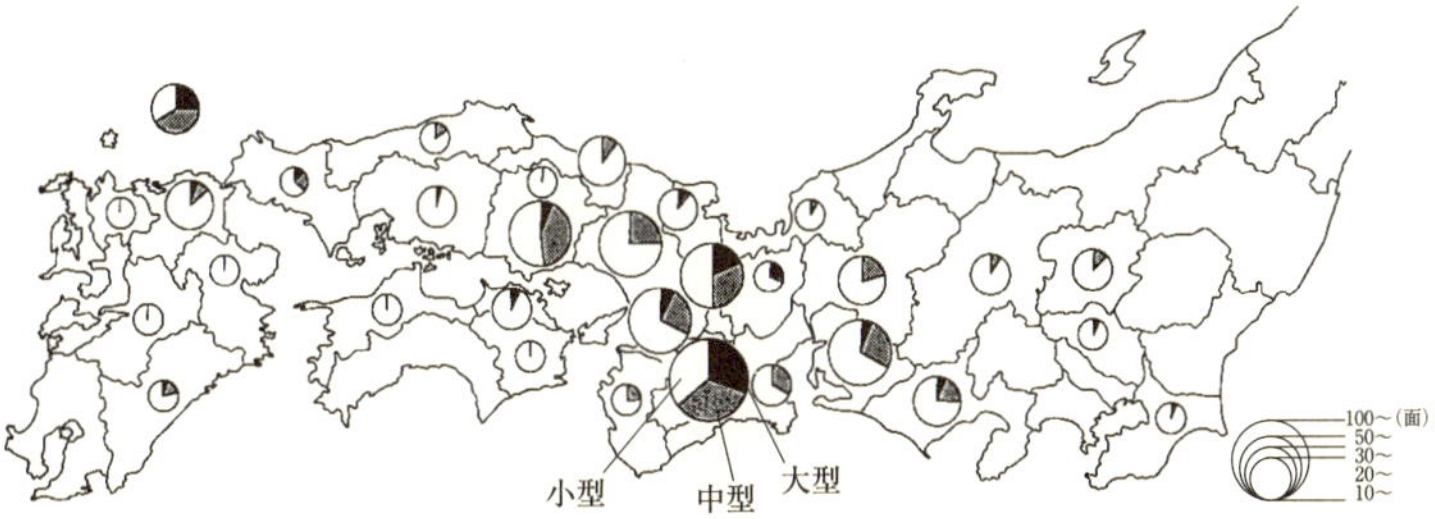

図7　主要な倭製鏡（古墳時代前期）の府県別の面径比率

表1　都府県別の倭製鏡（古墳時代全体）の重量と三角縁神獣鏡の面数

都県	倭製鏡（kg）	三角縁神獣鏡（面）	府県	倭製鏡（kg）	三角縁神獣鏡（面）	県	倭製鏡（kg）	三角縁神獣鏡（面）
宮城	1.0	0	長野	11.0	2	山口	13.4	11
山形	0.2	0	岐阜	11.9	18	徳島	3.3	4
福島	0.9	1	静岡	19.2	10	香川	6.7	6
茨城	4.4	1	愛知	11.0	16	愛媛	6.2	3
栃木	4.4	0	三重	13.8	15	高知	0.1	0
群馬	13.0	13	滋賀	11.1	13	福岡内地	16.0	43
埼玉	4.8	1	京都	40.9	67	沖ノ島	17.3	13
千葉	7.1	2	大阪	29.1	47	佐賀	5.5	5
東京	1.3	0	兵庫	17.4	47	長崎	1.2	0
神奈川	5.1	2	奈良	164.0	118	熊本	5.1	5
新潟	2.2	0	和歌山	7.0	2	大分	2.9	9
富山	0.9	0	鳥取	9.8	7	宮崎	19.2	3
石川	2.8	2	島根	4.1	5	鹿児島	0.4	0
福井	4.4	3	岡山	24.4	26			
山梨	4.4	4	広島	5.4	5			

＊倭製鏡の重量は推定復元値

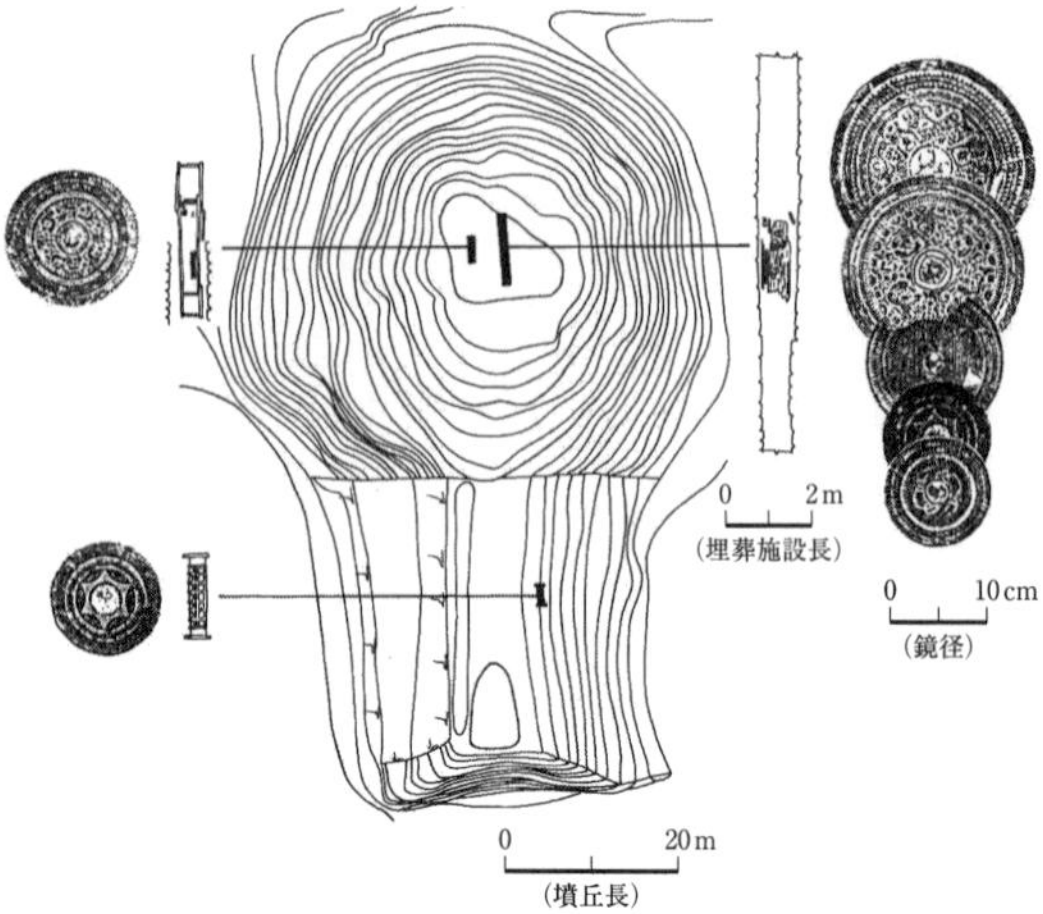

図8 埋葬施設および設置位置の差と副葬鏡径の差(鳥取県馬山4号墳)

したところ、倭製鏡ほどいちじるしくはないが、やはり畿内地域が断然の優位となる分布状況を示す(**表1**)。三角縁神獣鏡の入手と流通、そして倭製鏡の計画的な生産と流通の背景には、配布・授受をつうじて諸地域の有力集団と関係を結び、そうした諸集団を序列づけようとする畿内中枢勢力の意図があった。

興味深いことに、同墳複数埋葬において複数基の埋葬施設に鏡が副葬されている場合、その副葬鏡の面径と面数において、ほぼ例外なく中心埋葬が副次埋葬を上まわっている(**図8**)。そして、中心埋葬と副次埋葬の格差が大きいほど、副葬鏡径の差も大きくひらく。中心埋葬と副次埋葬の両方から鏡が出土した古墳は約八〇例を数えるが、副葬鏡の面径において副次埋葬が中心埋葬を明

外では倭製説も根強い。筆者は両方とも列島外製と考える。

中国製三角縁神獣鏡

「仿製」三角縁神獣鏡

(15) 南海産の貝製の腕輪を碧玉《へきぎょく》や緑色凝灰岩《りょくしょくぎょうかいがん》でリニューアルした古墳時代の石製品。北陸地域がおもな製作地。

白に凌駕する事例は、わずか数例にすぎない。つまり、畿内中枢勢力が設定した面径の格差が、一古墳内でも被葬者の格差に応じて再現されているのである。

鏡とならぶ古墳時代（前期）の代表的な器物である腕輪形石製品《うでわがたせきせいひん》(15)でも、鍬形石《くわがたいし》＞車《しゃ》輪石《りんせき》＞石釧《いしくしろ》という品目別の序列がおおまかにみとめられる(16)。事例数も少なく、鏡の場合ほど明瞭ではないが、この序列は同墳複数埋葬でもおおむね確認できる。

このように、畿内中枢勢力が設定したと推定できる墳墓要素上の格差が、一古墳の複数埋葬でも同型的に再現されているのである。畿内中枢勢力による墳墓要素上の格差づけが、一古墳の個別の埋葬施設にまで貫徹していた、との解釈もありえよう。しかし、鏡を受領し保有したのは有力者個人ではなく有力集団であった可能性が、近年の研究により高まっている［森下、一九九八など］。また竪穴式石槨の石材をはじめ、埋葬施設の素材や情報が、畿内中枢勢力を介することなく諸地域の有力集団間で移動していたことも明らかである。

だとすれば、一古墳の複数埋葬を序列づけた直接の主体は、被葬者の輩出集団だということになる。つまり、畿内中枢勢力が設定した墳墓要素上の格差や序列を、諸地域の有力集団が自集団の序列化のために採用した結果、畿内中枢勢力を頂点とする序列が諸地域の諸古墳の埋葬施設にまで滲透しているかにみえる状況がうみだされているのだろう。

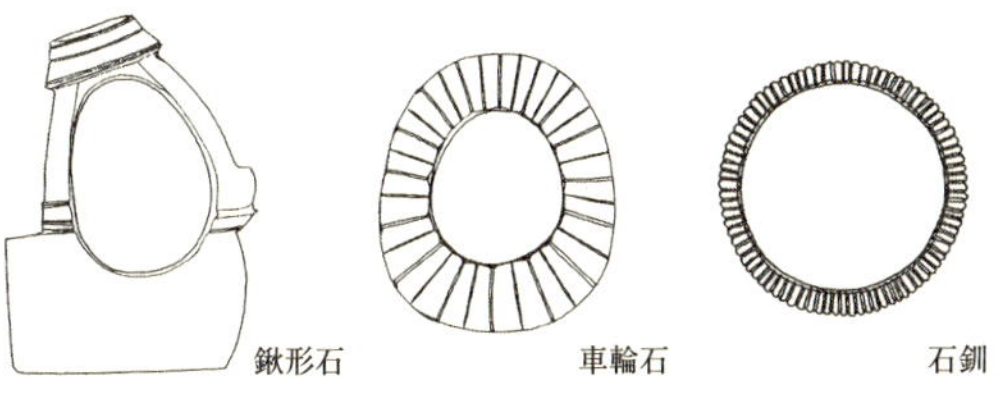

腕輪形石製品の各種［永原、一九九九を改変］

(16) 鍬形石は男性被葬者にともなうことが多く、序列よりも性差を強く示している可能性がある。

古墳内の多様な「差」

複数埋葬には、（社会的）性差も表示されていたようである。清家があざやかに実証したように、甲冑《かっちゅう》や鏃《ぞく》類、鍬形石や多数の刀剣類は、基本的に男性被葬者に副葬される［清家、二〇一〇］。ただし、現状では女性被葬者を副葬品から特定できない[17]ため、副葬品から男性と確定できない埋葬施設の被葬者の性別は、副葬品の男性的性格の濃淡で表現せざるをえないうらみがある。しかし、その弱点を差し引いても、副葬品は、中心埋葬の被葬者の性別や複数埋葬間の性差の実態を解明する重要な足がかりになる。

筆者がとくに注目しているのが、前方部において、埋葬位置と被葬者の性差に相関性がみとめられることである。少なくとも古墳時代中期前半まで、前方部墳頂（**図3**のa、以下同じく**図3**参照）の埋葬施設は、その副葬品目において男性的性格が稀薄であり、出土した人骨も女性が五例・男性が一例である。他方、後円部に近い鞍部（b）の埋葬施設には、鏃類や甲冑などの副葬例が多く、一例ながら性別が確認されている埋葬人骨は男性である。武器・武具類を多量におさめた埋納施設がこの箇所（b）でしばしば検出されるのも、暗示的である。

後円部では、埋葬施設の設置位置と性差の関連性はみてとれない。むしろ、男性

(17) 清家は、腕部に車輪石か石釧を配置した被葬者は女性だと推定する［清家、二〇一〇］。

的性格の濃い埋葬施設と薄い埋葬施設が、AとBに互換的に併存している。この状況、すなわち古墳時代前期の複数埋葬において、武器が顕著な埋葬施設とそれらが稀薄で石製品が潤沢な埋葬施設がAとB（ないしa）に併存する事例に着目して、男女のキョウダイが共同統治する「聖俗二重首長制」が存在した証拠だと説かれることもある〔白石、二〇〇三など〕。これは、いわゆる「ヒメ・ヒコ制[18]」論を発展させた仮説として注目を集めている。

しかし、前述したように、婚入者は出身地に帰葬された可能性が高いのだから、キョウダイと考えられる複数埋葬の被葬者たちが、婚姻後も本貫地にとどまる別居婚の婚姻形式をとっていたことが証明されない以上、共同統治説には実証面での大きな問題が残る。

帰葬に関して重要な情報をあたえてくれるのが、埋葬施設にみとめられる他地域の要素である。筆者は、前方部埋葬にそうした要素が散見することに注目している。たとえば、京都府乙訓《おとくに》地域の長法寺南原《ちょうほうじみなみばら》古墳の前方部（埋葬位置a）には、但馬《たじま》地域（兵庫北部）の特徴とみられる石棺系小石室が設置されている。その被葬者は、但馬地域からの婚入者である可能性が想定されてきた。しかし、この時期に帰葬が一般的であったとする見解を承認するならば、むしろ但馬地域へ婚出した乙訓地域の人物が、婚出先（但馬地域）の埋葬方式をもって本貫地（乙訓地域）に帰葬されたと考える

（18）古代に存在したと主張される、男女一対の祭政分掌の統治方式。「神言を体する」女性の「姫職」と、「それを受けて執行する」男性の「彦職」とにより、「百般の事が行はれた」とみる（高群逸枝《たかむれいつえ》『大日本女性史』厚生閣、一九三八年）。

べきだろう。同じく京都府寺戸《てらど》大塚古墳の前方部(埋葬位置b)にもうけられた竪穴式石槨は、同墳の位置する乙訓地域では例外的な石材で構築されており、これも帰葬の可能性を示す。

前方部に在地系の、後円(方)部に外来系の埋葬施設が設置されている事例もあるので、うかつな主張はつつしむべきかもしれない。しかし、前方部が主丘である後円(方)部にたいして準外部的な性格をもつことを勘案するならば、前方部が帰葬の場として意識されていた可能性は十分にありうる。とすれば、前方後円(方)墳の複数埋葬では、性差だけでなく、婚姻をつうじた本貫地との関係性の差も表出されていたのかもしれない。

ただし、他地域の墳墓要素をもつ埋葬施設をふくめて、中心埋葬>副次埋葬という格差表示の原理が貫徹していることは重要である。しかもそうした格差は、埋葬がすむと土中に埋もれて視認できなくなる。これらのことを考慮にいれると、被葬者の所属集団もしくは出自集団の規準のもとで、複数埋葬に差異がもうけられていたと考えられる。ただし、複数埋葬の設置位置や設置基準の大枠は、列島の広域で共通しており、特定の方式が共時的に拡散していることには注意すべきである。複数埋葬を積極的に受容したのは諸地域の有力集団であったとしても、その規範の創出と普及に畿内中枢勢力が深く関与していたのだろう。

以上のほかにも、未成年者が墳頂部から除外される場合があるなど、「年齢的埋葬位置原理」の存在も提言されている。提言者の塚本敏夫は、「出自原理と社会的身分制を表象する棺式に埋葬位置による造営集団内での身分的な階層差や年齢的な集団帰属性を表現する複雑な身分表象型古墳システム」が存在していたとまで、論を推し進めている〔塚本、一九九八〕。そしてまた、血縁や出自の差異も複数埋葬に表示されていた〔田中良之、一九九五など〕。さらに、十分な根拠に裏づけられてはいないものの、特定の副葬品目（群）が被葬者の職掌を反映していると主張されることも少なくない。

このように古墳の複数埋葬には、格差をはじめ、（社会的）性差・年齢差・出自差・職掌差など、被葬者にかかわる多様な差異が表出されているのである。

前方後円墳の差異化機能

そもそも、前方後円（方）墳という墳形それ自体が、差異化の設定に適している。円形（方形）に三角形を突き刺したような、単純な造形原理の賜物《たまもの》でありながらも、段築《だんちく》を造成したり造出《つくりだし》を付設したりすることで、比較的複雑な形状を実現させたことは、重大な意味をもった（**図3**）。なぜなら、前方部の有無で円墳や方墳との差異化をはかりうるし、そのうえ墳頂平坦面各所・段築平坦面・くびれ部・後円（方）部と前方部の接合部・前方部前面・造出などの多様な場に、埋葬や葬送祭儀にかかわる多彩な意味を付与できたからである。

誕生時の前方後円墳(における祭祀)にこそ、その「本義」なり「本質」があったのだ、とする見方は少なくない〔近藤、二〇〇〇など〕。しかし、墓道を起源とする前方部に、まず埋葬の場という機能が顕現し、さらに造出・出島《でじま》状遺構・周堤《しゅうてい》などが次々と新規に登場してくるなど、前方後円墳を頂点とする古墳は、その内容を大きく変えながら、四〇〇年近くも存続した。表層的な変容の底流に「本質」や「本義」を探ろうとするよりも、葬送の実践をつうじて、古墳の意味がつねに再解釈されつつ変容していったとみるほうが、議論として生産的であるし、発掘資料を活用できる。筆者は、前方後円墳を頂点とする古墳が広域的かつ長期的に受容されつづけた重要な一因は、その複雑な形状ゆえに柔軟な意味付与にひらかれていたことにあったと考えている。

都出の「前方後円墳体制」論は、列島広域を射程にすえたモデルである(**図2**)。前方後円墳よりも大きな円墳が造営される地域や、前方後方墳が前方後円墳よりも活発に築かれる地域や時期があるので、「前方後円墳体制」論に疑問が呈されることもある。しかし、列島の巨大古墳のランキングをみると、上位は前方後円墳が寡《か》占《せん》し、五〇位前後になってようやく前方後方墳(奈良県西山古墳、一八三メートル)が姿をみせる⑲。墳長一〇〇メートル超の古墳は約三〇〇基を数えるが、最大の円墳（奈良県富雄《とみお》丸山古墳）にしても直径約一一〇メートルにとどまり、最大の方墳（奈良県桝山《ますやま》古墳、約九〇メートル）はランキング外である。大局的にみて、前方後円墳を上位とする序列はゆるがない。

それよりも、前方後円墳を上位とする墳形の序列は、地域内や古墳群内でもしばしば明瞭に表現されていることに注意したい。前方後円（方）墳を主墳として、周囲に円墳や方墳、あるいは低墳丘墓がめぐる事例は、古墳時代の全時期にわたってひろくみとめられる。とくに古墳時代中期は、古市古墳群と百舌鳥古墳群に典型的なように、（超）大型の前方後円墳を核として、中小の帆立貝式古墳⑳・円墳・方墳（および前方後円墳）が配置される古墳の階層構成が、墓域内で整然と表示されるにいたる［和田、二〇〇四など］。また、古墳内や墓域内ほどではないが、地域内においても、古墳の墳形や規模から、設置する埴輪のサイズにいたるまで、格差を基本とする序列志向をみてとれる場合が多い。

〈差異化の装置〉としての古墳

ここまで述べたように、古墳内でも古墳間でも多様な「差」が表示されていた。とりわけ、一古墳内の複数埋葬において、格差づけや序列化などといった多彩な人

(19) ただし西山古墳は下段のみが前方後方形で、中段と上段は前方後円形を呈する。

(20) 突出部が短小な前方後円墳の一形態。前方部長が後円部径の四分の一以上、二分の一未満の範囲にある墳形を指すことが一般である。それよりも突出部が短いものは造出付円墳と呼称される。

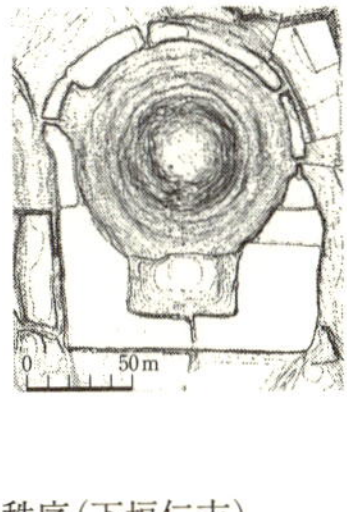

帆立貝式古墳（奈良県乙女山古墳）［泉森編、二〇〇三］

的区分が強く志向されていたことはきわめて重要である。筆者は、古墳がそなえる人的区分の機能、いわば〈差異化の装置〉としての機能を、すこぶる重視している。古墳においてこの機能が前面化したことは、本書の執筆者のひとりである松木武彦が主張する、前方後円墳出現期における「帰属志向から差異化志向へという造墓原理の転換」[松木、二〇〇三]と関連するようである。

前方後円墳が醸成《じょうせい》されてゆく弥生時代末期〜古墳時代前期前半期には、朝鮮半島や中国大陸にまでつながる交流網が列島広域で形成された。社会の複雑化が急速に進行するなかで、多様な職務や人的区分が生じ、有力集団の統合・再編が進んだ。当時の双系的な地位継承とあいまって、集団の流動性がいっそう顕在化し、有力集団内/間の軋轢《あつれき》も増大したであろう。そうした集団にとって、新たに創出されつつあった前方後円墳を最上位とする古墳は、自集団内の序列や人的区分を明確に表示し、流動性を抑制しうる有益な〈装置〉として受容されたのではなかろうか。

そもそも、古墳を構成する諸要素は、さまざまな地域で展開していた弥生墳丘墓の諸要素に起源をもつ[甘粕、一九七一など]。それらが体系的に統合されて誕生したのが、大和盆地東南部の初現期の超大型前方後円墳を首座とする古墳である。さきに述べたように、古墳には、墳形と墳丘規模、埋葬施設の種類と規模、副葬品の品目と数量など、多種多様な格差が表現されていた。状況証拠からみて、そうした格差は、畿内中枢勢力が自身の墳墓を高位に設定したうえで、広範に波及させようとした可能性が高い。

他方で、諸地域の有力集団にしてみれば、古墳とそこで実践される葬送儀礼は、自地域・自集団における序列などの人的区分を有効に表示でき、しかも自地域に少なからぬゆかりをもつ以上、積極的に導入するにたる装置とみなされた。かくして古墳は、強制力をともなわずに諸地域の有力集団に採用されるにいたったのである。

諸地域に起源をもつ墳墓要素が中央にすいあげられ、多彩な格差を内包する古墳へと統合され、諸地域へと還流してゆくシステムは、古墳時代開始期以降にも継続的に作動した［北條、一九九〇］。諸地域が畿内中枢勢力を最上位とする格差を積極的に受容しつづけていけば、上下関係が実体化し構築されてゆくことになる。その結果、畿内中枢勢力を優位とする政治秩序が、徐々に強化されてゆくことになった。つまり、諸地域の有力集団がみずからの利益のために古墳を利用したことが、畿内中枢勢力の強大化をうみだし、諸地域の従属的な立場を強化するという、逆説的な事態をもたらしたのである。

古墳の〈差異化の装置〉としての側面は、政治秩序のタテの序列が形成されるメカニズムに深くかかわる。他方、古墳の造営をつうじて政治秩序のヨコの共同性が形成されるメカニズムに着目する見解も有力である。たとえば白石太一郎は、各地の

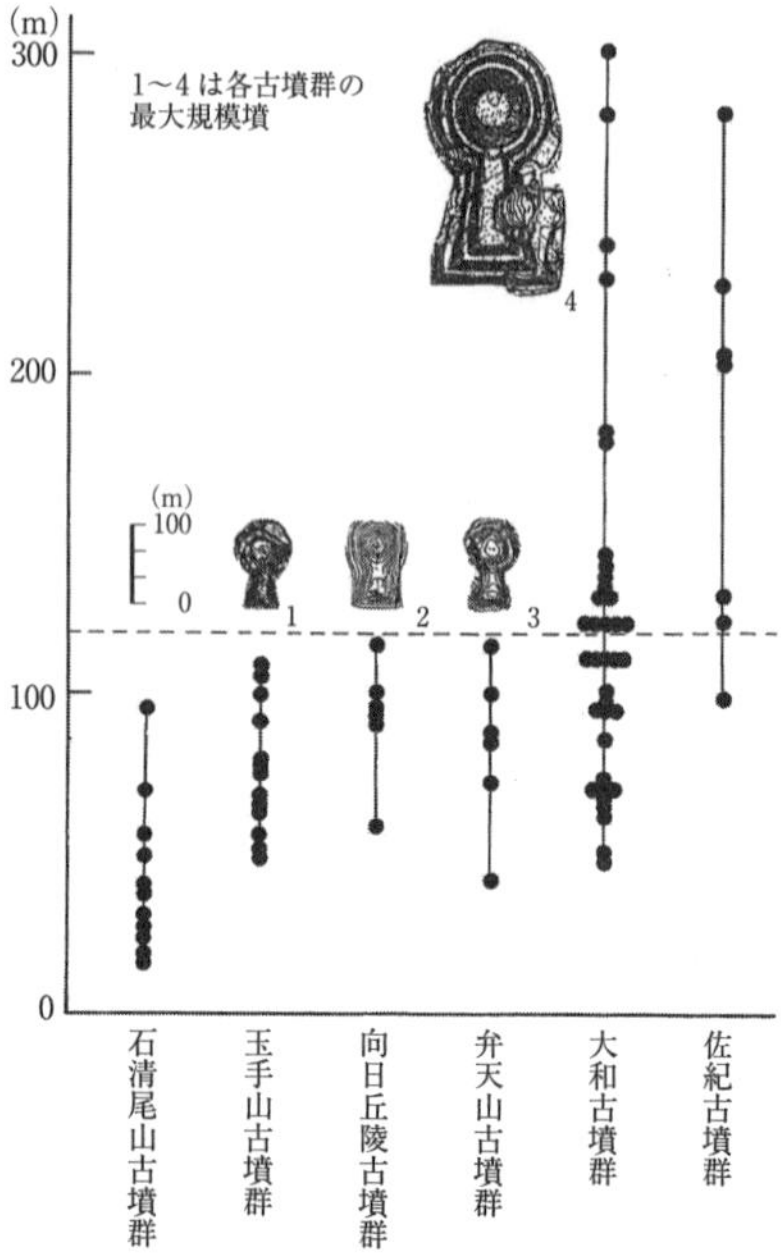

図9　主要(超)大型古墳群の前方後円(方)墳の墳丘規模(古墳時代前期)

「政治的首長」たちが古墳を「共に造」り、共通の葬送儀礼を執行することで、「同盟関係の確認や強化がはかられた」と主張する〔白石、一九九九〕。いうなれば、古墳の〈共同化の装置〉あるいは〈連合化の装置〉としての側面を、前面にうちだした見方である。

これは、古墳と政治秩序に関する重要な観点である。実際、古墳にはしばしば複数地域の墳墓要素がみとめられる。姻戚《いんせき》関係や政治的・経済的な提携関係など、有力集団間の緊密な交流関係がその背景にあるのだろう。事実、小は各地の小墳から、大は大阪府玉手山《たまてやま》古墳群や京都府向日《むこう》丘陵古墳群(どちらも古墳時代前期)など旧国単位で最大の古墳群にいたるまで、畿内中枢勢力を介さない地域間交流がさかんにおこなわれていた。

しかし、地域間交流の結果が墳墓にあらわれる現象は、弥生時代から古墳時代をつうじて一般的にみとめられるものであり、この現象をことさらに重視しすぎると、古墳時代の重要な特性を軽視することになりかねない。地域レヴェルをこえて、列島広域に墳墓面での差異化・序列化の志向が遍在的にあらわれることこそ、古墳時代の政治秩序の特性を解明するうえで重要な現象であることを、あらためて強調しておきたい。実際に、玉手山古墳群も向日丘陵古墳群も、畿内中枢勢力の超大型古墳群を頂点とする序列内に整然とおさまっている(**図9**)。また、地域間交流によってはぐくまれた墳墓要素も、最終的には畿内中枢勢力に吸収され、格差を付帯させて統合されたようである。

「首長墓系譜」形成の背景

さて、古墳の重要な機能として〈差異化の装置〉を提言し、そして〈共同化の装置〉としての側面も紹介したわけだが、筆者は古墳にもうひとつ大切な機能があったと想定している。それをうかがい知る手がかりは、「首長墓系譜《しゅちょうぼ》」にある。

首長墓系譜とは一般に、「数基が群をなし、一世代程度の時間差で築かれることが多い」「代々の首長一族の墳墓群」だと定義づけられている(21)［都出、一九八九］。しかし、墳墓の諸要素や造営地などに着目して、そうした墳墓群を再検討してみると、単一の「首長一族」が累代的に首長墓系譜を形成したとみなせるパターンは、むしろ少数派である。

古墳群の動態に関する近年の考古学的知見によると、古墳時代（とりわけ前半期）には、諸地域の有力集団が地域内／間で競合をくりひろげていた。しかも、複数埋葬と古系譜の研究が明らかにしたように、当該期の親族関係は双系的性格が濃厚であり、そのため有力集団の代表者（「首長」）や主要構成員の地位継承は流動的にならざるをえなかった。

先述したように、集団内での人的区分と序列を固定化させる機能をそなえる点で、古墳は諸地域の有力集団にとって歓迎すべき装置であった。また有力古墳は、広範囲から視認できる立地や交通の要衝《ようしょう》にしばしば造営されているが、これは有力集団の同一性を「モニュメント」の形式で顕示させる効果をねらったものと考えることができる。古墳の造営にこのような効果があるとするならば、そのような古墳を継続的に造営してゆくことで、その効果が増幅してゆき、安定性を欠く有力集団の同一性が物的に補強される機能が発揮されたと想定できる。この機能を、古墳のそな

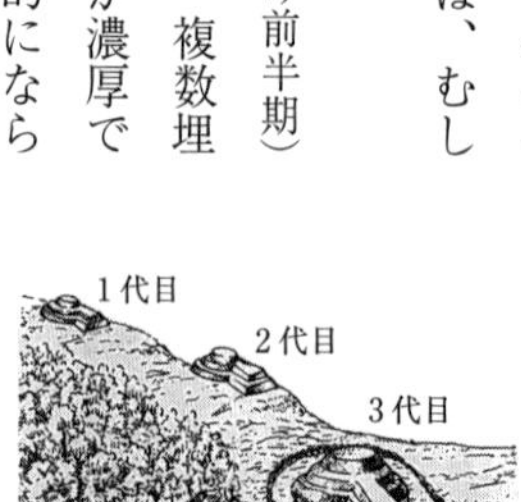

(21) 首長墓系譜の概念図［都出、一九七八］

える〈同一性保証の装置〉と仮称しておこう。

この機能は、鏡の副葬状況からも裏づけることができる。古墳に長期保有鏡（いわゆる「伝世鏡《でんせいきょう》」）が副葬される現象が、早くから注目を集めてきた。筆者は首長墓系譜の造営背景と同様に、鏡が長期保有された社会的背景にも、有力集団の不安定性があったとみる。列島の諸集団は、畿内中枢勢力などの外部から入手した貴重な器物である鏡を長期保有することで、自集団の通時的な同一性を保証し維持しようとしたのではないだろうか。

興味深いことに、特定地域で新たに出現する首長墓系譜の初造墳や、複数地域を統括するかのように登場する「盟主」墳に、長期保有鏡がしばしば副葬されている。推測の域をでないが、長期保有をつうじて自集団の同一性を付託していた鏡を、首長墓系譜を新出させる契機となったり「盟主」的な地位をえるほどの力量をほこった人物の古墳に副葬することで、自集団の同一性の重要な部分をその地に固定させたのではないだろうか。

古墳の機能的な役割

以上のように古墳には、〈差異化の装置〉としての機能をはじめ、多様な機能的役割があった。弥生時代後期後半以降、列島の広範囲で集団の流動化と再編成が進行し、諸集団は角逐《かくちく》しつつ離合集散しがちな状況におちいっていた。当時の集団の編成原理は双系的な性格をもち、集団を安定的・継続的に結節する明確な社会的・法的規範は未成立だったようだ。そうした状況下で、集団の人的区分および同一性の継続を物的に表現し保証しうる古墳は、望ましい「装置」として積極的に受容されたと考えられるのである。

ただ、超大型古墳(群)を頂点とする墳墓要素の動態をみるかぎり、そうした古墳の内容なり実践される葬送儀礼なりは、畿内中枢勢力が諸地域の墳墓要素を集約・統合し、格差づけたうえで拡散させていた可能性が高い。この機制は、古墳時代をつうじて長期的に継続した。その結果、諸地域の有力集団はみずからの利益のために古墳を採用しているのに、畿内中枢勢力の優位性が徐々に増強されてゆくという、皮肉な事態がうみだされていった。

とはいうものの、古墳の築造や葬送などといった行為には、儀礼的性格が濃密にこめられている。そうした行為が中心―周辺関係を醸成させていたにせよ、それは精神面での関係にすぎず、実体的な政治秩序を古墳の様相から読みとるのは無理がある、という異論もあるだろう。そもそも死者の世界である「墓」から、生者の世界のことがらである政治的・社会的状況を考察するのは無意味だ、という見方も当然ありうる。そこで次節では、別の分析視角を導入して、古墳と政治秩序との深い関係を明らかにしよう。

3　古墳と国家形成

古墳時代に国家はあったか?

「七五三論争」という言葉がある。律令国家が形成された七世紀後半、「倭の五王」らによる列島「統一」と対外活動、そして超巨大古墳の造営にいろどられた五世紀、前方後円墳が出現し、倭国の遣魏《けんぎ》と「倭王」の対外的承認がおこなわれた三世紀の、いずれが国家成立において重要な画期であるかをめぐる論争である〔都出、一九九八〕。三世紀説と五世紀説は古墳時代に国家成立を、七世紀説は古墳時代に国家形成を考えるが、どれもみな古墳時代を古代国家にかかわる重大な時期とみる点でちがいはない。

国家成立の画期や実態をいかにとらえるかは、着目する史資料や歴史事象に左右されるが、それ以上に研究者各人がいだく国家概念の理論枠に規定される。日本列島の古代国家形成に関して、長らく最有力の理論枠の位置を占めてきたのが、F・エンゲルスの『家族・私有財産・国家の起源』(以下『起源』)の枠組みである。この枠組みを、最新の発掘データと新進化主義人類学[22]に由来する国家理論を導入して批

(22) 第二次世界大戦後に積極的に推進された人類学の潮流。従来の単系的な社会進化論を刷新するべく、有機体の内的複雑化のメカニズムという観点を導入して最新の民族誌的知見を整理し、人類社会の多系的進化の図式構築につとめた。

判的に乗りこえようとしたのが、都出の「初期国家論」であり〔都出、一九九一〕、多くの考古学研究者に積極的に受けいれられた。『起源』に強い影響をうけた国家形成論では七世紀が、初期国家論に即した国家形成論では三世紀が、それぞれ重視されてきた。

筆者はその中間にあたる五世紀と六世紀が、国家形成において考古学的に重要だと判断している。要点のみを述べると、古墳時代中期前半の五世紀前半に畿内地域を覆う国家（国家機構）が、後期中葉〜後葉頃の六世紀代に列島の広域を覆う国家（国家機構）が成立したと考えている。国家形成に関して筆者が採用している理論的枠組みは、構造マルクス主義人類学[23]につらなる分析視角である権力資源（power source）論である[24]。

『起源』の枠組みが立脚する民族誌などの知見は、その後の研究により多くが否定された。初期国家論にしても、列挙する指標が制度化されてゆくプロセスを追う平板な発展段階論のきらいがある点に、多くの批判がよせられてきた。権力資源論は、『起源』の国家形成論と初期国家論の弱点をかなりのていど克服でき、しかも両者の分析視角上の強味を継承している点で有望である。

権力資源論とは？

（23）一九六〇—七〇年代に、新たな民族誌データをとりいれつつ、生産関係・生産力・親族関係・イデオロギーなどの構造的自律性と相互連関性を強調し、それらが社会編成体の（複線的）進化と結びついていることを明らかにして、マルクス・エンゲルス理論を再構築しようとした理論的潮流。

（24）権力資源論については、関雄二が南米アンデス社会を具体例にあげて、また福永伸哉が日本列島を分析の俎上《そじょう》にのせて、説得力をもつ議論を展開している〔福永、二〇〇五／関、二〇〇六〕。

権力資源論では、社会とその発展をイデオロギー的・経済的・軍事的・政治的（・社会関係的）な諸権力の合成物ととらえ、そうした諸権力の資源（源泉）にたいする他者のアクセスを操作《コントロール》・制限しうる有力者《エリート》が、権力を増大させ支配機構を構築してゆく様態とプロセスを具体的にえがきだせるとみる。権力それ自身を資源《ソース》とはみなさず、資源は権力が行使される媒体《メディア》だとみなす点が肝要である［マン、二〇〇二］。

権力資源としての「経済」で重要な機能をはたすのは、貢納や徭役《ようえき》をつうじて一般民から徴集した基本物資（農産物・家畜など）の生産・流通・消費を支配機関がコントロールする基本物資財政《ステイプル・ファイナンス》と、交易ルートや専門工人を掌握して特殊な物品（威信《いしん》財《ざい》など）の生産（入手）・流通・消費を支配機関がコントロールする富裕物資財政《ウェルス・ファイナンス》である。「軍事」は、兵士や武器を威嚇装置にして命令を強制遵守《じゅんしゅ》させる権力資源となる。「イデオロギー」は、一定の様式の信仰・儀礼・物質文化などをつうじて社会秩序の規範を示し、有力者による支配を正当化させる権力資源である。公的儀式イヴェント・象徴器物・公共モニュメントなどの形式で可視化することにより、社会への普及が促進される。「政治」は領域のコントロールが、「社会関係」は社会的（親族的）関係に占める位置どり《ポジショニング》のコントロールが、とくに重要な機能をはたす権力資源である。

関雄二が南米のアンデス地域を対象にして、豊富な例証をあげながら説いたように、各種の権力資源にふんだんに投資しつつ、それらを効果的に関連づけながらコントロールする支配機関が安定的に維持されていたか否かが、その社会が国家段階に到達していたか、「前国家段階」にとどまっていたかの、重要な判断基準になりうる。筆者はこの見方を受けいれて、経済・軍事・イデオロギー・領域(・社会関係)の権力資源コントロールを効果的かつ恒常的に実行できる支配機構の成立をもって、国家の成立とみなしている。この判断基準にしたがった分析結果が、〈五世紀畿内国家成立〉案および〈六世紀列島国家成立〉案である。

〈権力資源の複合媒体〉としての(大型)古墳

七世紀後半以後の律令期には、成文法《せいぶんほう》[25]を根幹にすえた制度的支配システムが整備され、紆余曲折はあれ、律令法制をつうじて円滑な支配が実行された。他方、成文法が未成立であった古墳時代の社会では、権力資源の効果的なコントロールは容易でなかったはずである。そのような状況下において、複数の権力資源のコントロールを複合的に発効させうる媒体が、政治的に重要な意義をもったと予測できる。実際、権力資源論の理路にそって、考古資料の実態を読み解いてゆくと、大型古墳と鏡[26]がそうした媒体として、社会的・政治的に重要な役割をはたしたとみなせる。以下、大型古墳と権力資源のコントロールの関係について、簡略に説明する。

(25) 文字で書きあらわされ、文書の形式をそなえている法のこと。

(26) 本論では具体的に論じないが、古墳時代(とくに前期)の鏡は、複数の権力資源(「経済」「イデオロギー」「社会関係」「領域」)の複合媒体として重要な役割をはたしていた。

古墳は大規模になるほど、多量の労働力が必要になる。単純計算すると、墳長が倍になれば土量は八倍、三倍になれば二七倍、一〇倍になれば一〇〇〇倍が必要になる。(27) このほか、葺石をほどこしたり、周濠や周堤をめぐらしたり、各種の埴輪を設置するなど、さまざまな技術を投入した設備が付加される。巨大古墳に必要とされる厖大な労働力と資材は、本書「〈前方後円墳〉への招待」において、吉村武彦が大山古墳を例にあげて明らかにしている。

まず「経済」に関して、古墳の造営に集められた多数の人びととその労働力は、耕地の開発や堰堤《えんてい》の構築などといった、「基本物資財政」に振り向けることが可能である［山尾、一九七〇］。実際、古墳時代前期に(超)大型古墳が続々と造営されたオオヤマト古墳群から、旧初瀬川《はつせがわ》をいくぶんくだった奈良盆地中部において、畿内中枢勢力が列島広域からの「入植者」を受容して生産基盤を拡大したことが、集落遺跡の動態から復元されている［坂、二〇〇九］。当地域で生産に従事した人びとの労働力と生産物(食糧)がコントロールされ、(超)大型古墳の造営などに振り向けられたと考えるのが自然だろう。

古墳時代中期には、古市古墳群・百舌鳥古墳群において列島最大規模の巨大古墳が造営された。時期を同じくして、新来の土木技術と鉄製農工具を活用して、畿内地域では多角的な開発が進められた［田中元浩、二〇一七］。状況証拠からの推測にな

(27) ただし、自然地形を削りだして墳形を造成する事例も多いので、正確な土量を復元することはむずかしい。

るが、この両種の土木事業(巨大古墳の造営と開発)は、畿内中枢勢力の主導下で関連づけられつつ推進されたと考えられる。

古墳には目も綾《あや》な金工品や石製品、最新の技術を投入した甲冑をはじめとする鉄製品など、当時の技術の粋《すい》を凝らした器物が数多く副葬された。そのような貴重品を副葬することは、新たな貴重品の生産と流通を、そして外部からの入手を促進し、活性化させることになるだろう。そのためには、製作技術の管理と原材料の調達手段の整備、そして輸入品や製作物の流通ルートの開拓・整備が不可欠になる。つまり、貴重品の頻繁な副葬を媒介にして、古墳造営が「富裕物資財政」のコントロールに結びついているわけである。

「軍事」に関しては、墳墓を造営するために結集させられた多人数の集団は、有事には武器をもたせて戦闘集団に変えることができる。事実、『古事記』や『日本書紀』(以下『記・紀』)では、陵墓造営に駆りだされた役民《えきみん》が、軍事力に転用されることへの懸念が語られている。超巨大古墳群では、古墳が常時きずかれていたのだが、このことは造営主体である畿内中枢勢力が、潜在的な軍事力を恒常的に確保し掌握していたことを意味する。

つぎに「イデオロギー」についてである。本書の前章「前方後円墳とは何か」において、和田が豊富な例証を示しながらえがきだすように、前方後円墳をはじめとする古墳において多様な儀礼が執行された。一種の公共モニュメントである巨大かつ荘厳な墳丘を造成し、埋葬施設・墳頂部・周濠・造出などの舞台装置において、さまざまな象徴器物を使用しつつ、公的儀式イヴェントが挙行されていたのである。「他界」にかかわる「イデオロギー」を可視化する手段として、古墳が存分に活用されていたわけである。そうした儀礼なり舞台装置なりが、超巨大古墳において創出・統合されている事実から、古墳をつうじて「イデオロギー」がコントロールされていた状況を想定できる。

「領域」に関しても、(大型)古墳の造営と関連していた可能性が高い。近年、発掘調査の蓄積を活用した堅実な分析をつうじて、古墳(群)と近隣集落とが対応関係を示す事例が具体的に抽出されている。刮目《かつもく》すべき成果であるが、他方で古墳(群)と近隣集落の動向がかみあわない事例も少なくない。そもそも前方後円墳などの主要古墳は、丘陵地や段丘(斜)面に造営されるのが基本で、平野部は耕地や居住地など生者の基本活動に使用された。畿内地域の前方後円(方)墳の分布図をみれば一目瞭然であろう(**図10**)。

有力墳の造営地が丘陵や段丘(斜)面を志向したのは、耕地尊重や広域的な視認性の確保のほか、自然地形を利用して造営土量を軽減するといった、実利的な理由によるところが大きい。これにくわえて筆者が重視するのが、自然地形などから推定

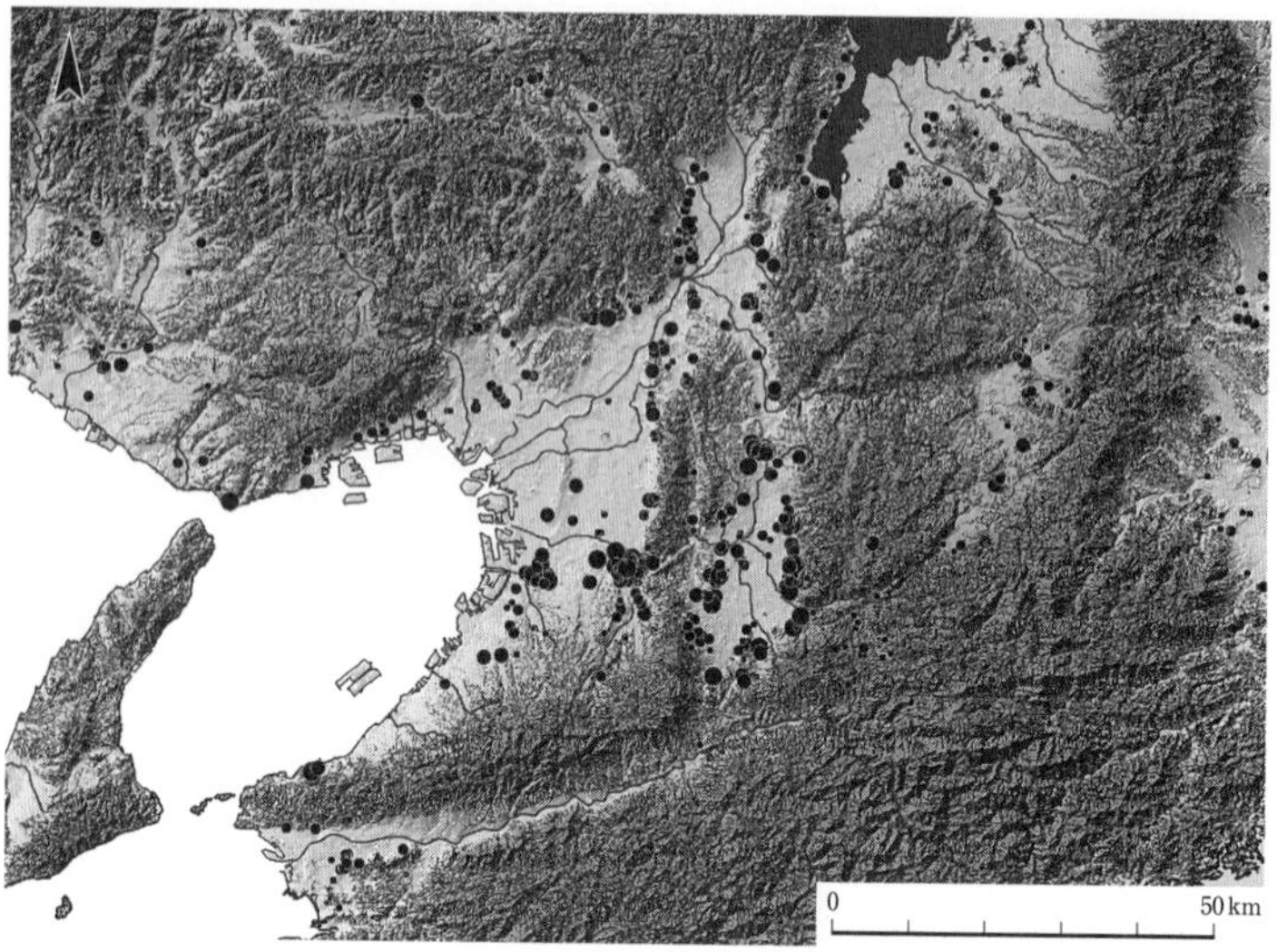

図 10　畿内地域の前方後円(方)墳の分布(原田昌浩作図)

できる有力集団の領有圏《りょうゆうけん》の外縁部や交通の要衝などの要地に、有力墳の造営が顕著である事実である。

とりわけ注目されるのが、古墳時代前期後半～中期初頭頃に、王陵級古墳と相似形を呈する(超)巨大古墳が、後代の畿内四至《しいし》(28)の近隣や近畿北端の外港的な地点(丹後北端)などに築造されたことである。それまで超巨大古墳を独占的に造営していたオオヤマト古墳群と交替するように、この時期に佐紀古墳群や古市古墳群・百舌鳥古墳群などの超巨大

(28) 律令期の政治的・行政的区画である「畿内《うちつくに》」の限界を画する四つの地点。東の名墾《なばり》の横河《よこかわ》(三重県)、南の紀《き》伊の兄山《せのやま》(和歌山県)、西の赤石《あかし》の櫛淵《くしふち》(兵庫県)、北の近江の合坂山《おうさかやま》(滋賀県)。

古墳群が台頭することが注目を集めてきた。この現象は、当該期に「政権交替」が起きたことを示す動かぬ証拠とみなされることが多い。しかし、右に述べた状況を考慮すると、個々の有力集団の領有圏を被覆する広範囲（畿内）を、畿内中枢勢力が掌握した結果であると解釈できるのではないだろうか。このように「領域」も、（大型）古墳の造営をつうじてコントロールされていたと想定できるのである。

そして最後に「社会関係」であるが、先に論じたように、古墳内では複数埋葬によって多彩な人的区分が実施され、古墳の（継続的）造営をつうじて集団の同一性の維持・強化がはかられていた。つまり諸地域の有力集団は、古墳の造営をつうじて、流動性を帯びがちな構成員の関係を、モニュメント（群）内に固定させる形式でつなぎとめようとしていたのではないだろうか。

最上位の有力集団の連合体である畿内中枢勢力も、超大型古墳を継続的に造営することで、いわゆる「王統譜《おうとうふ》」を物的に表現したようである。この推定の根拠として筆者が注目するのが、歴代の天皇（および后妃《こうひ》）の復元歿年代(A)と、それらの治定《ちじょう》陵墓にたいする近年の研究成果にもとづく推定暦年代(B)とが、かなり整然と対応する事実である（**図11**）。

ただし、(A)の年代が確実だという保証はない。そもそも、考古学的手法から暦年代を確定することは至難であり、(B)が今後おおきく変動することも十分にありうる。

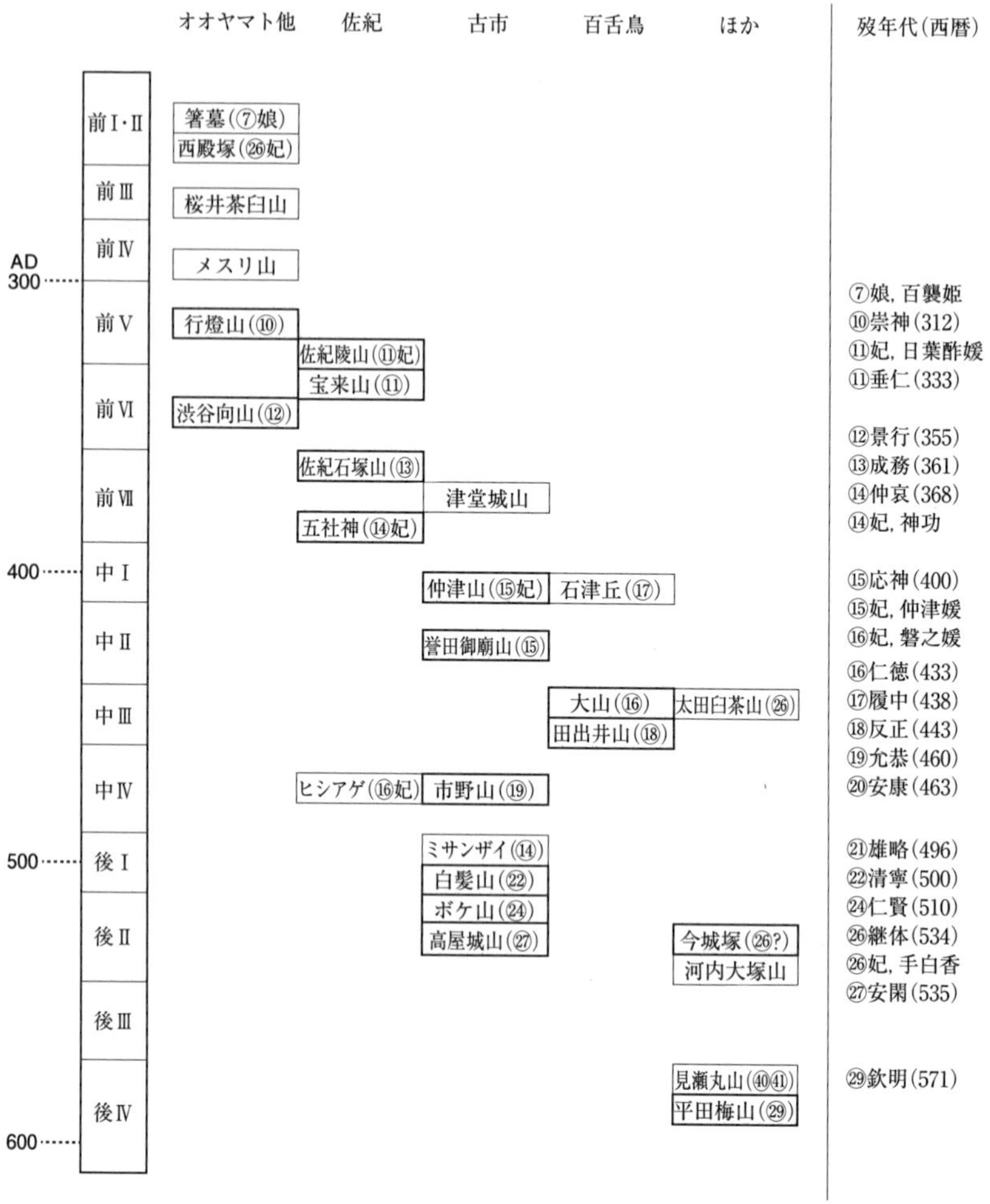

図 11　歴代「天皇」(と后妃)の歿年代と治定古墳の推定暦年代
凡例：各時期の主要王陵級古墳を抽出した.
丸数字は『記・紀』の歴代.
歿年は笠井倭人説[笠井, 1953]による.
編年は[大賀, 2002]によるが, 暦年代は変更した.
『記・紀』の歿年代と整合する古墳を太線で囲った.

周知のように『記・紀』が記す年代は矛盾にみちあふれており、古い時期の「天皇」ほど、治世年数と歿年齢が過大にひきのばされている。とはいえ、(A)と(B)がこれほどまでに整然とした対応関係を示す事実は看過できない。

ごく単純に考えれば、歴代天皇とその后妃・治世年数・墓所に関する情報が古くから記録(記憶)されていて、遅くとも『記・紀』への採録時までに治世年数に造作の手がくわえられた、と推測できるだろう。しかし、五世紀以前の『記・紀』の記事にとりわけ濃密にみとめられる造作と潤色《じゅんしょく》を考慮にいれるならば、超巨大古墳の解釈に『記・紀』の記載を利用することはできない。

むしろ筆者は、『記・紀』の王統譜が実在性の痕跡をうっすらと帯びてくる「崇《す》神《じん》」以降に、(A)と(B)が対応しはじめることにくわえ、この時期前後から列島の諸地域で首長墓系譜の形成が進むことを重視したい。だとすると畿内中枢勢力は、代表権者(「大王」)の継承順や在位年数などの情報を、累代的に造営されたモニュメント的な巨大墳墓とともに記憶もしくは記録し、それがのちに『記・紀』の原史料(「帝《てい》紀《き》」)の編纂時に利用された、という推論をみちびきだせる。つまり、「陵墓」の被葬者(「大王」)が当時から記録されていたのではなく、「陵墓」が被葬者(「大王」)を記憶する媒体になっていた、と考えるわけである。

小結

このように、陸続と造営されてゆく（超）大型古墳は、多様な権力資源を集約的に複合する媒体として機能していた。とくに超大型古墳（群）は、権力資源を複合させ集積させる程度がいちじるしく、それゆえその造営主体である畿内中枢勢力をいっそう強大化させる効果をもたらした。これよりも程度はかなり下がるものの、列島諸地域の有力集団も、この効果ゆえに積極的に古墳を築造したと考えられる。

古墳なかんずく巨大古墳の造営は、多くの人的・物的資源を損耗させる活動であり、現代人の目からすれば実利性のない不毛な行為に映る。しかし、当時の諸集団にとって造墓活動には、上記してきたような「実利」的な側面があったわけである。そのことが古墳の受容に拍車をかけた。しかし他方で、古墳における儀礼や埋葬方式の根幹を畿内中枢勢力がにぎっている以上、自集団の利益のために古墳を築造することが、ますます畿内中枢勢力との中心―周辺関係を強化する結果をまねいたのである。

なお、権力資源の複合媒体は（大型）古墳にかぎられるわけではない。列島の古墳時代社会では、（大型）古墳と鏡が権力資源の複合媒体として重要な機能を発揮したが、たとえば海を渡った朝鮮半島では、厖大な労力をついやして建造されていた土城［朴、二〇〇三］や山城がそうした機能をはたしたと想定できる。権力資源の効果的な複合媒体は、各社会の地理的・歴史的経緯に応じて相違するのであり、権力資源論を駆使した議論を展開するさいには、各社会の実態に応じたきめ細かな検討が不可欠である。

4 古墳と政治秩序の展開

さてここまで、古墳の〈差異化の装置〉および〈権力資源の複合媒体〉としての機能が、諸地域の有力集団に積極的な古墳造営の動機をあたえ、そのことが畿内中枢勢力の強大化を促進させる結果を生じさせた、という私見を提示した。

ただ、ひと口に古墳時代といっても、その期間は長い。前方後円墳の祖形となる纒向《まきむく》型前方後円墳が創出された三世紀第1四半期頃から、前方後円墳の造営が終焉をむかえる六世紀末～七世紀初頭頃までの期間は、江戸時代前期から現在までの期間に匹敵する。とうてい、ひとくくりにはできない。そこで最後に、本論の観点にしたがいつつ、各時期における古墳と政治秩序について、ごく簡単にまとめておきたい。

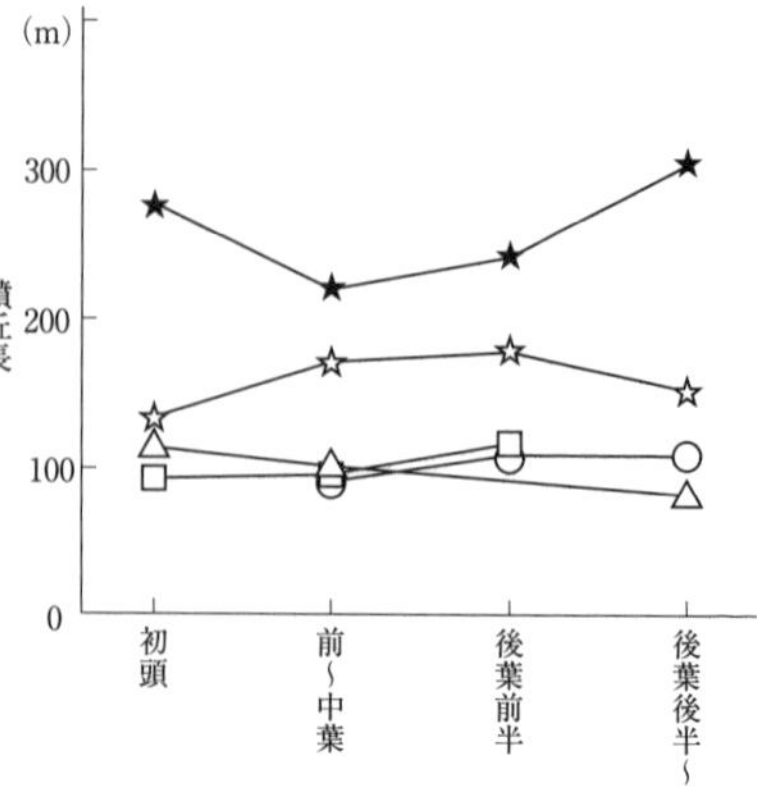

図 12　畿内主要大型古墳群の最大規模墳の消長（古墳時代前期）
★奈良県オオヤマト古墳群（最大規模墳）
☆　〃　（第二規模墳）
□京都府向日丘陵古墳群　（最大規模墳）
△大阪府弁天山古墳群　（最大規模墳）
○　〃　玉手山古墳群　（最大規模墳）

古墳と広域政体の誕生
——弥生時代末期末頃〜古墳時代前期前半

弥生時代末期、とくにその後半期は、列島の社会・政治史上の大きな画期である。奈良盆地東南部に纒向遺跡が出現し、末期末頃には一〇〇メートル前後の纒向型前方後円墳を造営するにいたる。発掘調査により詳細が判明しているホケノ山古墳（八六メートル）は、各地の墳墓要素を吸収・統合しており、古墳時代開始期の箸墓《はしはか》古墳以降に本格化する墳墓要素の吸収—再分配の先駆けとなっている。

古墳時代前期の前半期には、最初の「定型化」前方後円墳である箸墓古墳を皮切りに、二〇〇メートル超の巨大古墳が奈良盆地東南部で寡占的に造営される。そうした古墳の造営をつうじて各種の権力資源が複合されはじめ、巨大古墳を頂点とする格差が明確化した。向日丘陵古墳群（山城）・玉手山古墳群（河内）・弁天山古墳群

（摂津）のように、九〇―一一〇メートル級の大型古墳を継続的に造営する古墳群が、畿内地域の旧国ごとに形成され、オオヤマト古墳群との格差がかなり整然と表示された（**図12**）。この事実と、奈良盆地の巨大古墳が東南部に限定される事実とを整合的に考えるならば、当盆地の諸有力集団がオオヤマト古墳群の造営母体であるとみなせる［広瀬、二〇〇三］。

複数埋葬における人的区分も明瞭にみとめられ、墳墓にこめられた格差も、超大型古墳群を頂点として広域に波及しはじめた。ただし、諸地域には前代以来の地域性を保持する墳墓が残存し、中心―周辺関係は点的かつ単発的に結ばれる傾向にあった。

古墳の広域受容と政治編成の進展――古墳時代前期後半

列島の広域に「定型化」前方後円墳とその墳墓要素が面的に波及しはじめる。巨大古墳の造営をつうじて権力資源が効果的に複合され、墳墓要素の吸収―再分配が継続的に実施されたこともあいまって、畿内中枢勢力の勢威が高まった事態を想定できる。従来の三角縁神獣鏡などの外来器物にくわえて、石製品や倭製鏡など列島産の各種高級器物の生産が軌道に乗り、広域に分配され、各地の古墳に副葬された。超大型古墳群の造墓地が、奈良盆地北部の佐紀古墳群と西部の馬見古墳群にもあらわれる。さまざまな解釈がありうるが、巨大古墳の造営に適した自然地形が不足するにいたり、畿内中枢勢力の主要構成集団が本貫地近辺に墓域を移動させた結果だと判断しておきたい。

この時期の複数埋葬で注目されるのは、前方部墳頂(a)や後円部墳頂(A・B)に男性的性格が薄い埋葬施設が設置され、男性的性格が濃厚な埋葬施設とセット関係をなす事例が増加することである。しばしば「ヒメ・ヒコ制」や「聖俗二重首長制」の根拠とされる現象である。卑弥呼と「男弟」の関係を典型とする、弥生時代から各地に根づいていた男女ペア原理だとみなされることも多い。

しかし、複数埋葬におけるこのセット関係は、前期後半になってにわかに顕著になり、広域に波及している。それゆえこのセット関係は、各地の集団固有の伝統的な政治編成をあらわしているのではなく、むしろ畿内中枢勢力の主導下で広域拡散させられた人的編成原理を反映していると考えられるのではないか。前期前半には一定の存在感を示していた前方後方墳が大幅に後退していったことや、粘土槨などの創出と普及からうかがわれる棺制の整備なども、そうした政治編成の一環であった可能性がある。

ともあれ、この時期に畿内中枢勢力を最上位とする古墳秩序が列島広域にひろがっていった。とはいえ、この政治秩序はけっして安定したものではなく、多くの地域で首長墓系譜の交替や断絶、新興勢力の台頭などが生じた。そもそも墳墓要素は、諸地域が自地域の利害や慣例に照らして導入する側面が強いため、古墳にあらわれた秩序が政治秩序をダイレクトに反映しているとはかぎらない。一方で畿内中枢勢力は、巨大古墳の造営をつうじて権力資源を効果的に複合しつつ実力を高めた。他方で諸地域の有力集団は、格差のこめられた墳墓要素を継続的に採用し、その結果として序列が諸地域に滲透していった。ただし、上記のような現象が顕著にみとめられるので、この段階ではまだ、政治的な支配服属関係が確立するにはいたらなかったと判断しておきたい。

畿内国家の形成——古墳時代中期

古墳(群)の構成のあり方を根拠にして、この時期に「大王家」を頂点とする政治秩序が列島広域に滲透したとみる有力な説がある[和田、二〇〇四など]。たしかにこの時期の畿内地域は、前代に志向された「領域」がより明確になり、超巨大古墳群が複数箇所で造営され、各地に各種の生産拠点が計画的に設置されるなど、政治面での充実化がいちじるしく進んだ。

他方、畿外諸地域の有力集団が、朝鮮半島の諸勢力などと交流や戦闘をつうじて対外関係を結び、自律的な活動を展開していた側面もみすごせない。畿内地域にし

表2　前方後円墳の埋葬位置における男性的要素の濃度の推移

	前期前半	前期後半	〜中期後葉	中期末葉〜
後円部墳頂平坦面中心(A)	○	○	◎	◎
後円部墳頂平坦面周縁(B)	△	△	○	○
前方部墳頂平坦面後部(b)	—	△	◎	○
前方部墳頂平坦面中心(a)	×	×	×	◎

＊記号は「男」性的要素の濃さを示す

ても、複数地域で超大型古墳群を造営した最有力集団が角逐していたようである。とはいえ、各種の権力資源を着実に複合して実力を蓄積していた畿内中枢勢力が、諸地域の有力集団にたいして政治的に卓越していたことは疑えない。

それ以上にこの時期には、武器・武具類の生産量および技術革新が躍進をとげたことや、朝鮮半島を主舞台にして列島の諸集団が参画する軍事行動が活発化したことが特筆される。実際、古墳の被葬者は、軍事活動をになっていたであろう男性が圧倒的優位を占めるようになる[清家、二〇一〇]。複数埋葬の様相をみても、前方後円墳の主要埋葬部位の男性的性格が、古墳時代中期以降に濃厚になる(**表2**)。

倭国の軍事力を過大にえがきだす『記・紀』の記載を鵜呑《うの》みにできないが、しかし数千人が動員されたとしても、それは超大型古墳の造営に動員される人数を凌駕する。こころみに、七世紀初頭の推古期に動員された「軍衆二万五千人」を古墳造営に振り向ければどうなるかを試算したところ、一〇年間休日なしに働かせれば、近畿地域に存在する全古墳を築けてしまう。「腹が減っては戦《いくさ》ができぬ」というが、大阪府法円坂《ほうえんざか》遺跡の一六棟の巨大倉庫群に、ほぼ上限値である三万七〇〇〇石（約五五〇〇トン）の米を収納できていたとしても〔都出、一九九二〕、「二万五千人」の軍糧《ぐんりょう》にあてれば、一年ももたず空になる。

労働人員を戦闘に振り向けうる潜在性をもつ古墳造営は、権力資源の「軍事」のコントロールに関連づけることが可能であった。しかし、実際に振り向けてしまえば、墳墓の築造が不可能になるというジレンマがあった。『記・紀』をみるかぎり、軍事動員が常態化の方向に進みつつあった古墳時代中期〜後期の社会状況下では、古墳の造営と軍事行動は矛盾する活動になっていった。そしてこの時期には、中国南朝への遣使や朝鮮半島との政治交流をつうじて、政治的・社会的な諸制度の導入が本格化しはじめていた。古墳の造営が政治秩序を構築する役割は低減し、むしろ阻害要因になりかねなくなっていた。

列島国家の形成——古墳時代後期

筆者は和田の時期区分を妥当と考え、須恵器編年でいうとＴＫ23型式併行期（五世紀第4四半期頃）からＴＫ209型式併行期（六世紀第4四半期頃）までを古墳時代後期とみる。関東地域のように前方後円墳がおおいに隆盛する地域もあるが、大局的には各地で前方後円墳が段階的に消滅してゆく。

後期を前葉・中葉・後葉に三分すると、古墳と政治秩序の変化をとらえやすい。まず前葉には、各地の有力古墳群の衰退と新興古墳群の台頭がいちじるしく、旧来の小型低方墳が円墳化した古式群集墳が登場する。その背景には、畿内中枢勢力が各地の旧勢力に圧力をかけ、新興勢力への肩入れをつうじて集権的支配を企図した事態がうかがえる。

その後、ふたたび新旧の古墳群に変動が生じるなど、反動的な動きも起こった。しかし中葉になると、畿内地域および周辺地域に統一的な円墳群である新式群集墳が出現し、冠絶《かんぜつ》する一基の大王墳を頂点とする整然とした墳墓秩序が形成される。そして後葉には、新式群集墳が列島広域で爆発的に造営され、前方後円墳がほぼ消滅してゆく。その背景に、官人的秩序の整備をみる見解がある〔和田、二〇〇四〕。

この時期の政治動向として筆者が注目するのは、畿内中枢勢力による地域支配の政治的・軍事的・経済的拠点であるミヤケ（屯倉《みやけ》）が、後期中葉〜後葉頃に、列島各地にもうけられることである。ミヤケは軍事拠点であり、また各種の生産が実施される拠点でもあった。そのうえ「国造」への就任は、ミヤケの領有と一体の関係にあり、それは畿内中枢勢力による当地の「領域支配」を意味していたという〔舘野、二〇〇四〕。

つまり、前方後円墳の消滅と入れ替わるように、ミヤケが「軍事」「経済」「領域」など複数の権力資源を複合的に発効する媒体の位置を占めるにいたったわけである。また、この時期に普及した国造《こくぞう》制や氏《し》姓《せい》制は、「大王」と支配―服属関係を継続的にとりむすぶことで、諸地域の有力者に自地域での地位と親族上の位置づけ（「社会関係」）を保証する効果をもたらした。

そうした状況下において、六世紀末頃から本格化した各種の政治制度の導入は、〈差異化の装置〉や〈権力資源複合の装置〉としての古墳、とくに前方後円墳の役割を、決定的に不要にした。政治秩序を醸成し構築する前方後円墳の歴史的役割は、ここに終焉をむかえたのである。

引用・参考文献

甘粕　健、一九七一年「古墳の成立・伝播の意味」岡崎敬・平野邦雄編『古代の日本9』角川書店

蔵本晋司、二〇〇三年「四国北東部地域の前半期古墳における石材利用についての基礎的研究」『考古学論叢』上巻、同朋舎

近藤義郎、一九九五年『前方後円墳と弥生墳丘墓』青木書店

近藤義郎、二〇〇〇年『前方後円墳観察への招待』青木書店

白石太一郎、一九九九年『古墳とヤマト政権』文春新書

白石太一郎、二〇〇三年「考古学からみた聖俗二重首長制」『国立歴史民俗博物館研究報告』108

清家　章、二〇一〇年『古墳時代の埋葬原理と親族構造』大阪大学出版会

関　雄二、二〇〇六年『古代アンデス　権力の考古学』京都大学学術出版会

舘野和己、二〇〇四年「ヤマト王権の列島支配」歴史学研究会・日本史研究会編『日本史講座1　東アジアにおけ

る国家の形成』東京大学出版会
田中元浩、二〇一七年「開発の進展と集落の展開からみた畿内地域」『古代学研究』211
田中良之、一九九五年『古墳時代親族構造の研究』柏書房
塚本敏夫、一九九八年「仏坊一二号墳に伴う周溝外埋葬の意義とその評価」『仏坊古墳群』須賀川市教育委員会
都出比呂志、一九八九年「古墳が造られた時代」都出比呂志編『古代史復元6　古墳時代の王と民衆』講談社
都出比呂志、一九九一年「日本古代の国家形成論序説」『日本史研究』343
都出比呂志、一九九五年「前方後円墳体制と地域権力」門脇禎二編『日本古代国家の展開』上巻、思文閣出版
都出比呂志、一九九八年『古代国家の胎動』日本放送出版協会
徳田誠志、二〇一八年「仁徳天皇　百舌鳥耳原中陵第一濠内三次元地形測量調査報告」『書陵部紀要』69〔陵墓篇〕
朴　淳發（木下亘ほか訳）、二〇〇三年『百済国家形成過程の研究』六一書房
坂　靖、二〇〇九年『古墳時代の遺跡学』雄山閣
広瀬和雄、二〇〇三年『前方後円墳国家』角川選書
福永伸哉、二〇〇五年『三角縁神獣鏡の研究』大阪大学出版会
北條芳隆、一九九〇年「古墳成立期における地域間の相互作用」『考古学研究』37―2
北條芳隆、二〇〇〇年「前方後円墳と倭王権」『古墳時代像を見なおす』青木書店
マイケル・マン（森本醇ほか訳）、二〇〇二年『ソーシャルパワー――社会的な〈力〉の世界歴史Ⅰ』ＮＴＴ出版
松木武彦、二〇〇三年「弥生終末期の墓制と古墳の出現」『季刊考古学』84
森下章司、一九九八年「鏡の伝世」『史林』81―4
山尾幸久、一九七〇年「日本古代王権の成立過程について（上）」『立命館文学』296
和田晴吾、二〇〇四年「古墳文化論」歴史学研究会・日本史研究会編『日本史講座1　東アジアにおける国家の形成』東京大学出版会
和田晴吾、二〇一四年『古墳時代の葬制と他界観』吉川弘文館
和田晴吾、二〇一八年『古墳時代の王権と集団関係』吉川弘文館

挿図引用文献

泉森皎編、二〇〇三年『大和の考古学2　大和の古墳I』人文書院
大賀克彦、二〇〇二年「古墳時代の時期区分」『小羽山古墳群』清水町教育委員会
笠井倭人、一九五三年「上代紀年に関する新研究」『史林』36―4
田中良之、二〇〇八年『骨が語る古代の家族』吉川弘文館
都出比呂志、一九七八年「古墳の出現」直木孝次郎編『ジュニア日本の歴史1　日本の誕生』小学館
富岡謙蔵、一九二〇年『古鏡の研究』丸善株式会社
永原慶二監修、一九九九年『岩波日本史辞典』岩波書店

コラム　威信財《いしんざい》とはなにか

「威信財」。なにやら格好いいひびきだ。考古学や古代史の本をよくひもとく方なら、たびたび目にする用語だろう。もともとは英語でprestige good(s)といい、韓国考古学では「威勢品」と訳すことが多い。

旧石器時代の精製石器、縄文時代の硬玉製大珠、弥生時代の中国製鏡や各種青銅器、はては近世の陶磁器にいたるまで、数多くの物品が「威信財」に認定されてきた。とくに古墳時代の物品は、「威信財」の筆頭格とされる三角縁神獣鏡をはじめ、石製品・青銅製品・武器類など、「威信財」でみちあふれている。

では、「威信財」とはいったいなんなのか。最新の『広辞苑』(第七版、二〇一八年)をめくってみると、「石ノ森章太郎」はあるが、「威信財」の項目はない。考古学や古代史の界隈では頻出用語だが、市民権をえるにはいたっていないようだ。

考古学の論文をみても、決定版的な定義はみあたらない。仕方ないので、威信財を定義した国内外の考古学論文を拾いあつめて、公約数的な要素を抽出すると、原料や製品の稀少性と遠隔(外部)性、製作のむずかしさや手の込みいりぐあい《エラボレーション》、社会関係を維持し構築するうえでの必要性や効果、上位者からの賜与・分配、などといった共通項が浮かびあがる。要するに、「生存の継続には必要ないが、社会(集団)関係の構築と維持に不可欠な、外部からもたらされ上位者から分配される貴重財」といったところであろうか。

「威信財」に関する学術的議論をさかのぼってゆくと、二〇世紀前半にマリノフスキーが参与観察をつうじて分析したクラ交換と、ボアズが紹介したポトラッチにたどりつく。これらは前近代における前市場的な交換メカニズムに注目した文化人類学的な研究であり、社会システムの復元をめざす「総合化志向」と、器物の(個別)交換の局面に焦点をあてる「個別化志向」とがみられた。

その後の「威信財」研究の方向性は「総合化志向」の方面で大きく発展をとげた。ポランニーの「実体主義」経済人類学の観点を継承した、構造マルクス主義人類学の若手研究者たちが、最新のマルクス理論と文化人類学的データを総合して、一九七〇年代前後に壮大な理論体系を構築したのである。この体系において、貴重な器物(威信財)のフローが婚姻関係と緊密に結びつき、そのメカニズムが社会編成の維持・再生産・発展を促進したとみたのである。その後も研究は進み、たとえば本論で筆者が採用した権力資源論では、「威信財」を富裕物資財政としてとりこんで、分析深度を深めている。

他方、日本の考古学や古代史ではどうであったか。一九八〇—九〇年代にこの用語が導入されたが、従来の「宝器」や「貴重品」のよびかえにすぎない考察が濫発され、「威信財」論がそなえていた理論的射程がスポイルされてしまった。理由はわかりやすい。舶来の理論的用語の受容にさいして、少数の研究者をのぞくと原典にあたらないため、せっかくの用語も、もともとの体系的文脈からひきはがされて使用されてゆくうちに、一般用語化してしまうのである。

そもそも威信財論は、特定の社会段階(あるいは社会類型)において、物財が親族関係や社会編成を結節するメカニズムに焦点をあてた議論であった。骨子は「威信財システム」の内容にあった。ところが日本の考古学では、「〇〇は威信財だ」「△△は威信財なのか」といったように、システム抜きに「威信財」の特定にはやるきらいがある。物品の社会的機能や流通方式、当該社会の親族構造や支配システムを明らかにすることなく、「威信財」探しに没頭しても、議論の発展はみこめない。大切なのは、物財が権力の生成や人間関係の締結にどうかかわるかであり、なにが「威信財」かを探ることではない。

たとえば「威信財」の代表格とみなされがちな弥生〜古墳時代の銅鏡にしても、多様な社会的機能をはたしていた。本論で示した〈差異化〉〈共同化〉〈同一性保証〉のすべての機能を発揮していた。保有するうちに価値が増すこともあった。そうした多様な機能を、「威信財」におしこめてしまうのは無謀である。

いかなる器物であれ、社会状況や当事者がことなれば、その機能や役割も変わってくる。どの器物に焦点をあてるにせよ、まずは史資料に根ざし、同時代の文脈に寄り添いつつ、その機能や役割を丹念に解きほぐしてゆくことが先決である。

威信財の理論と実践に関する邦文の文献でアクセスしやすいものに、以下のものがある。

◉石村智「威信財システムからの脱却」『文化の多様性と比較考古学』考古学研究会、二〇〇四年

◉下垣仁志『古墳時代の国家形成』吉川弘文館、二〇一八年

◉辻田淳一郎『鏡と初期ヤマト政権』すいれん舎、二〇〇七年

国の形成と戦い

松木武彦

はじめに

弥生時代から古墳時代への移行は、二つの変化としてとらえられる。第一の変化は、近畿中心という、その後長く続いた「国」の基本形が定まったことである。弥生時代には、中国の漢王朝から鏡や金印を得た倭人《わじん》の王が九州北部にいたのに対し、古墳時代の政治中枢は近畿にあった。さらに、弥生時代の九州の王が直接関わったのは九州北部とその周囲に限られていたとみられるのに比べ、古墳時代の近畿の政治中枢は、盛期には九州南部から東北南部までの広い範囲に影響力をもった。つまり、古墳時代は日本列島に初めての中央政権が成立した段階とみなしうる。

変化の第二は、個人の地位や身分が、古墳という形で初めてはっきりと示され、社会的に正当化されたことである。弥生時代にも一定の階層化は進んだと考えられるが、それはまだ人工物が織りなす物質世界に表わされない不安定なものであった。個人と結びつかない青銅器による祭祀(後述、一三五頁)や等質的な共同墓地が大勢を占める物質世界の中で、個人の地位や身分の表示は抑えられていたのである。これに対して古墳時代には、個人がその墓に地位や身分を表出することで階層が明示された。

このように、古墳時代とは、中央政権をもつ階層社会であった。その一方、文字による制度化は未熟であった。こうした社会は、バンド(小血縁集団)社会→部族社会→首長制社会→国家の順に社会が展開したとみる人類学の社会発展論で、「発達した首長制社会」や「初期国家」などとよばれてきた。また、日本の歴史学が長く依拠してきたエンゲルスの古典理論では「未開の上段」や「部族連合」の段階とされ、「英雄時代」とも表現されたように、戦いのリーダーとしての有力者の姿が際立った時代である。

生死を左右する「戦い」という行為は、他のどの行為よりも強く心を刺激するゆえに、容易に象徴化され、物語られて記憶や記録に残りやすい。つまり、実態以上に強調され、肥大化した形で、戦いは文献や考古の資料に痕跡を残しがちである。このバイアスに惑わされず、戦いの実態とその変化を正しくあとづけることは、日本列島の国の形成史を復元するための重要な作業である。本章では、戦いに関わる考古資料を吟味し、実際に行使された暴力の部分と、演出として象徴化された部分とを注意深くえり分け、文献史学の成果と対照しながら、国の形成に戦いがどのような力を及ぼしたのかを考えてみたい。

1 ヤマト王権の成立

祭祀の刷新と近畿の中心化

日本列島の国家形成初期に行われた戦いとして、中国史書に記された「倭国乱《わこくらん》」(『魏書《ぎしょ》』による。『後漢書《ごかんじょ》』では「倭国大乱」)がある。もとは男王がいたが七、八〇年で倭国が乱れ、たがいに攻め合って年を経たという。女王卑弥呼《ひみこ》の共立(1)という形で収まり、卑弥呼は邪馬台国《やまたいこく》を都として二三九年に魏に使いを送り、「親魏倭王《しんぎわおう》」となった。場所や範囲などは定かにしがたいが、邪馬台国を中心とする政治中枢が生まれたのである。この政治中枢の形成過程で起こったのが倭国乱であった。

その年代は、『後漢書』では、桓《かん》帝(在位一四六—一六七年)と霊《れい》帝(在位一六七—一八九年)の期間のこととされ、おおむね二世紀後半に当たる。近年の考古学における年代研究の進展によって、乱の前後、すなわち二世紀中頃から三世紀前半にかけての日本列島の社会の変化のようすを、具体的に復元できるようになってきた。

日常的な血縁関係や対面関係を超えて社会が拡大するとき、それを統合するために重要な役割を果たすのは世界観や知識体系の共有であり、そのもっとも端的な表れが祭祀である。同じ祭祀を共有する範囲(祭祀圏)が生まれ、それらが分立や競合

(1) 『魏志』倭人伝には、「乃《すなわ》ち一女子を共立《きょうりつ》して王と為《な》す。名は卑弥呼と曰《い》う」(読み下しは、佐伯有清『魏志倭人伝を読む』下、吉川弘文館、二〇〇〇年による)とある。倭国乱を収めるために、それまで争っていた各地の有力者が、一人の女性を王として擁立《ようりつ》した事態を示すと解される。

を重ねた末に、ついに前方後円墳の祭祀圏が列島の広域を包んだ三世紀中頃の時点をもって古墳時代の開始と考えるのが一般的である。

倭国乱直前の二世紀中頃には、二つの大きく異なる祭祀圏が、日本列島の主要部を二分していた(**図1**)。一つは、九州北部および近畿・東海を中心とする青銅器(2)の祭祀圏である(**図1**の網掛けの範囲、網の濃さは青銅器の分布密度を表す)。もう一つは、山陰～北陸の日本海側と瀬戸内の一部に広がる墳丘墓の祭祀圏である(**図1**の1～5などの分布する範囲)。もとはここでも青銅器の祭祀が行われていたが、墳丘墓の顕在化以前に衰退した。

山陰や瀬戸内の大型墳丘墓の中心埋葬に用いられる木槨《もっかく》(木製の外枠で木棺を包み込む埋葬様式)は、戦国～秦漢代の中国で盛行し、楽浪郡《らくろうぐん》(3)を経由して一―二世紀に朝鮮半島や日本列島に伝わったものらしい[高久、二〇一二]。つまり、外来の影響で生み出された墳丘墓祭祀が、青銅器祭祀圏に割り込む形で二世紀以後に分布を広げ、二大祭祀圏が対峙したのである。これが、倭国乱直前の情勢であった。

倭国乱直後の三世紀前半以降、墳丘墓祭祀が列島主要部の全域に広がり、青銅器祭祀は姿を消した(**図2**)。さらに、墳丘墓の規模と密度から、その祭祀圏の中枢は、山陰や瀬戸内から近畿中央部の奈良盆地へと移動したとみられる。すなわち倭国乱とは、①青銅器から墳丘墓へという、列島社会の祭祀の全面的刷新、②近畿の中心

(2) 青銅(銅と錫《すず》を主成分とする合金《ごうきん》)の道具は、紀元前四世紀の弥生時代中期初頭に、朝鮮半島を直接の起源地として日本列島に伝わってきたもので、剣・矛《ほこ》・戈《か》などの武器や鏡などがあった。同じころに伝わってきた鉄がもっぱら実用的な道具に使われるようになったのに対し、青銅の道具は実用性を失って大型化し、主として祭りの道具に用いられるようになった。

(3) 紀元前一〇八年に前漢《ぜんかん》が設置した地方機関(植民地という見方もある)で、現在の平壌《ピョンヤン》付近にあった。中国の文明がここを経由して朝鮮半島や日本列島に波及した。三世紀後半には衰退し、紀元後三一三年に高句麗に滅ぼされた。

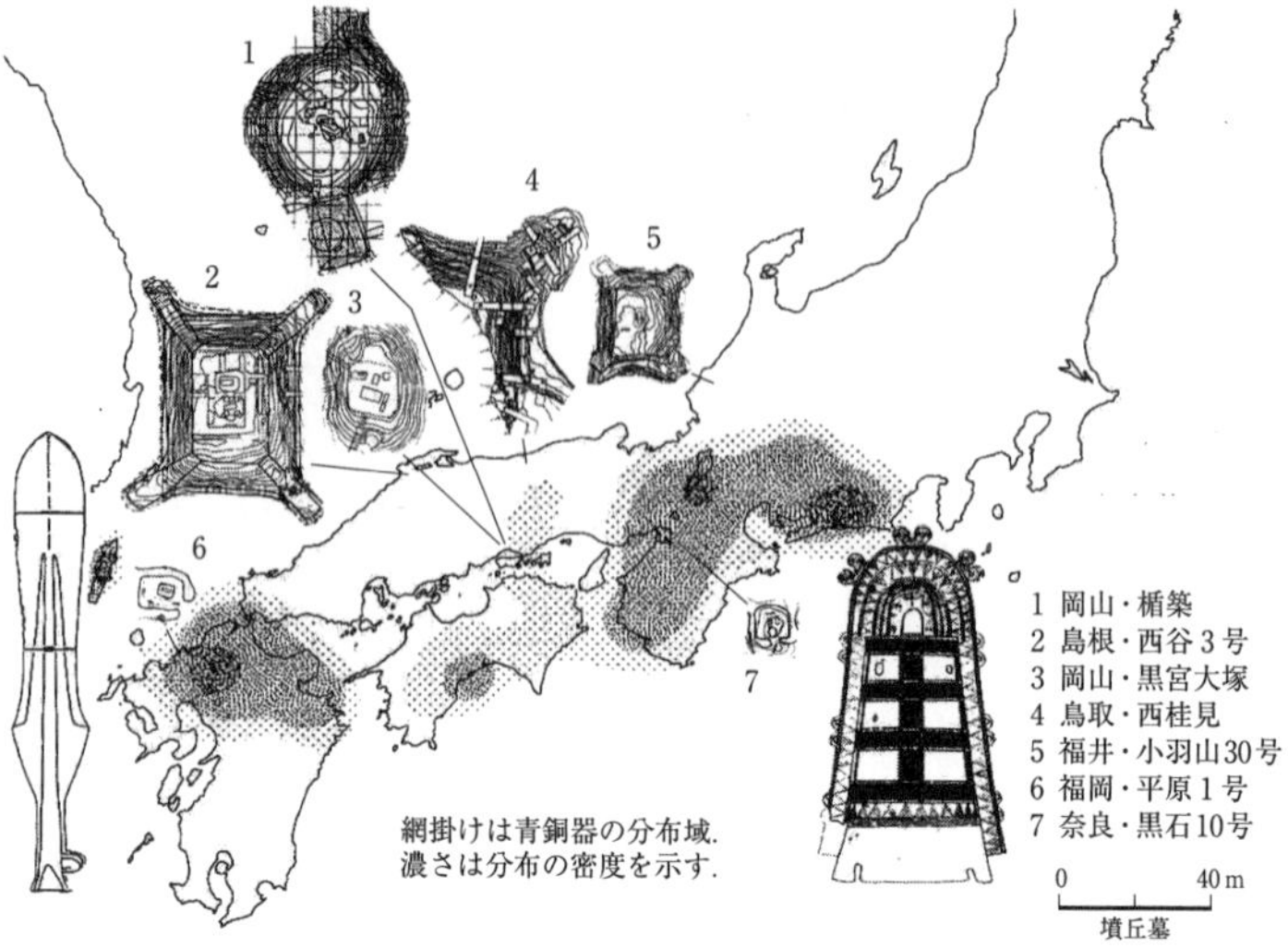

図1　2世紀中頃の祭祀圏[松木，2012]

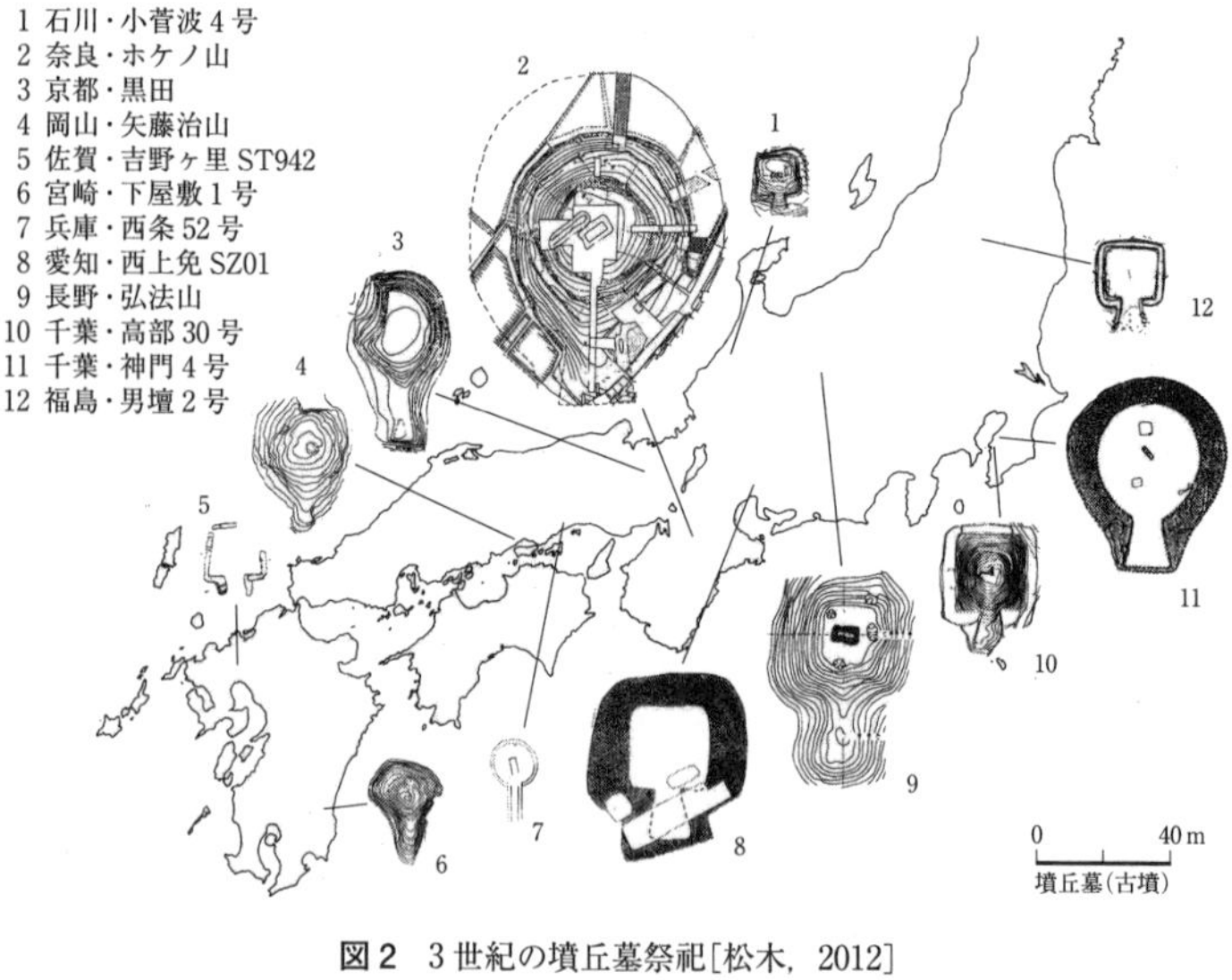

図2　3世紀の墳丘墓祭祀[松木，2012]

化の確立、という二つの歴史的帰結を導いた社会の大変動であった。

倭国乱の実態

このような大変動であった倭国乱は、いかなる程度や性質の戦いを含んでいたのであろうか。武器・受傷遺体・防御的集落(4)のありかたから探ってみよう。

武器は、もとは列島各地で強い地域色をみせていたが、紀元後になると鉄剣・鉄刀や銅鏃《どうぞく》(5)のように、同じ型式が列島主要部の一円に広がるようになり、武器そのものや戦術面での交流が広範囲で進んだことがうかがえる。これは、従来局地的であった戦いが広域化した可能性を示している。この点で注目されるのは鳥取市青谷《あおや》上《かみ》寺地《じち》遺跡で、一〇九体分の人骨の大半が溝に棄てられた状態で出土し、一部には受傷痕が残され、銅鏃が刺さった例もあった。年代は二世紀で、倭国乱かその直前の時期のものである可能性が高い。

武器が刺さったり、その傷が残ったりした人骨の例は紀元前の九州北部に多いが、「戦死者」と思しきそれらの人々は、自集落の共同墓地に遺骸が取り戻されていることから、そうしたことが互いの間で許される近隣集団同士の戦いの犠牲者であったらしい。これに対し、青谷上寺地の「戦死者」たちは、遺骸も回収されぬ「他所者」として遺棄された遠来の人々と推測され、近隣地域を越えた戦いの状況証拠と

(4) 弥生時代には、攻撃に対する守りや見張りの機能をみせる集落が発達した。周りに濠《ほり》と土塁を巡らす「環濠《かんごう》集落」と、守りに適した急峻《きゅうしゅん》な高所に立地する「高地性《こうちせい》集落」とがあり、両者の特徴をあわせもつ例もみられる。佐賀県吉野ケ里《よしのがり》遺跡は、環濠集落の典型例である。

(5) 青銅で作った鏃(矢じり)。青銅は、弥生時代には祭器に用いられることが多かったが、鏃には例外的に青銅が多く用いられ、鉄鏃《てつぞく》(鉄で作った矢じり)とともに実用された。

なろう。

二世紀後半はまた、人口の流動が激しくなった時期である。三世紀前半にかけ、各地の主だった集落で、ときに朝鮮半島産も含めた他地域系の土器が増え、列島内外で人の移動が繁くなったことを示す。とくに著しいのは東日本で、東海系の土器が関東に多く流入し、ほぼそれのみで占められる集落も現れる点から、東海から関東への大規模な人口の流入が推測されている［赤塚、一九九二］。居住の変動も著しく、二世紀後半から三世紀前半にかけて、山陰の鳥取県妻木晩田《むきばんだ》遺跡、近畿の大阪府寛弘寺《かんこうじ》遺跡のように、丘陵上に大規模な集住が展開する。北陸では、新潟県の新潟市古津《ふるつ》八幡山《はちまんやま》遺跡や村上市山元《やまもと》遺跡のように、防御用とみられる環濠《かんごう》を巡らせる例が多い。また、瀬戸内海沿岸の高所には、周防灘に臨む山口県吹越《ふきごし》遺跡や、明石海峡を見下ろす兵庫県淡路島の塩壺西《しおつぼにし》遺跡のように、見張り所とみられる遺跡が点在する。

武器・受傷遺体・防御的居住にみられるこのような動きは、二世紀後半をピークとして、人口の流動やそれによる社会的緊張が高まったことを示す。青谷上寺地遺跡が証拠づけるように、その中で実際の暴力の行使が表面化する場合もあった。

倭国乱の起こった二世紀後半は、中国では黄巾《こうきん》の乱(6)が起こるなど、東アジアで広く政治的混乱や社会不安が高じた時期とされる。近年飛躍的に進んだ高精度の古気

(6) 後漢末期の一八四年に、太平道《たいへいどう》の教祖・張角《ちょうかく》を指導者として各地で生じた反乱。反乱軍の目印が黄色い頭巾であったことからこの名がついた。張角の死によって反乱は頓挫したが、これを機として後漢は衰退し、二二〇年までには滅亡に向かうことになる。

候復元の成果からは、紀元後の日本列島は夏季の湿潤化と低温傾向が進み、とくに二世紀に入ると、人間社会側の対応が難しい中長期の変動が繰り返されて、生産や居住のシステムに深刻な影響を及ぼした可能性が考えられている〔中塚、二〇一五〕。そのため再生産に窮したり、新天地を目指して移動したりする集団が増え、各地で緊張や競り合いが生じたのであろう。折から本格的な普及段階に入った鉄の資源やその供給ルートの争奪も、それに拍車をかけたとみられる。

(7) 二一世紀に入ってから、樹木年輪中の酸素同位体比《どういたいひ》や海洋の微生物化石など、さまざまなプロキシ(反映要素)を用いて高い精度で過去の気候を復元する手法が発達し、めざましい成果が得られている。たとえば酸素同位体比によって、過去の降水量の相対的変化が一年単位で復元されている。

前方後円墳の秩序形成

しかしながら、以上のような考古学的に把握できる緊張や競り合いの痕跡は、頻繁ではあるが単発的かつ局所的で、特定の勢力による制圧や二大勢力の対決などを示す広域のパターンはみえない。他の証拠からも、二世紀のこの段階で、長い行軍ができる大規模な戦闘組織や、それを支える兵站《へいたん》(行軍中の物資補給)の体制などが整っていたとみるのは難しい。また、墳墓に副葬される武器の量や質、以後も残る鉄鏃などの各地方生産の実態などからみて、この段階で他地域に対して近畿が軍事的に卓越したとは考えにくい。

文字記録には、倭国乱の末に女王卑弥呼が「共立」されたとある。武力による制圧や対決、あるいは特定勢力による軍事的卓越の痕跡を残さぬまま、三世紀に入ると受傷遺体や防御的居住がほとんどみられなくなるという考古学的事実は、文字記録の通り、二世紀後半の緊張や競り合いが、根本的な決着をつけられぬ矛盾を残したまま、相互の妥協と協調の中に抑え込まれたことを意味しよう。そしてこのことは、最後に述べるように、古墳時代から次の律令国家にかけての日本の社会統合の特性、とりわけ地方の組織化のあり方に重大な影響をもったとみられるのである。

矛盾を押し込めたまま協調や妥協が進み、早熟かつ表面的な集権化が急進した背景には、対外的な要件が考えられよう。二世紀後半から三世紀前半は、後漢の衰退と滅亡のかたわら東アジアの周辺諸民族が国家形成に向けて勃興し、その経済の源となる朝鮮半島産鉄素材などをめぐって競合を強めた時期でもある。折から日本列島でも、鉄は広い範囲で石をほぼ駆逐し、普及の最終段階に臨んでいた。鉄の大半を朝鮮半島の原産地に依存していた以上、それを有利に得るためには、各地の有力な集団の対外的な結集が必要であった。

結集の手段として、各地の集団による同じ祭祀の共有が目指されたことは、青銅器祭祀が消えて墳丘墓祭祀が一円化した事実が反映している(図2)。その中心となった近畿では、纒向《まきむく》石塚や勝山《かつやま》のような墳丘長一〇〇メートル近くの前方後円形墳丘墓(纒向型前方後円墳)が奈良盆地東南部に集中し、同じ形でやや小さいものが、千葉県市原市神門《ごうど》四号や岡山県総社市宮山《みややま》のように東西各地に散在する。この中で二五〇年前後に、奈良盆地東南部に、圧倒的な規模と計画性をもった最初の大型前方後円墳・箸墓《はしはか》（墳丘長二七三メートル）が築かれた。これを契機に、その二分の一相似形とされる岡山市浦間《うらま》茶臼山《ちゃうすやま》古墳など、箸墓やそれに続く奈良盆地の大型前方後円墳を頂点とする枠組みに沿って、各地の集団が自らの古墳を営み始めた。

都出比呂志は、この枠組みを「前方後円墳体制」とよび(8)、ヤマト王権（都出は「大和政権」とよぶ）に連合した各地の長が、連合内での地位をそれぞれの墳丘に表示することによって相互に承認し合うシステムとみなした上で、古墳時代初期国家の政治体制と評価したのである［都出、一九九一］。古墳時代を初期国家とみる案については諸論あるが、箸墓を画期に前方後円墳の枠組みができたことを、政権ないし王権の確立の反映とする考え自体は、考古学では広く受け入れられた。

王権と前方後円墳

かたや文献史学からは疑義も出ている。実在した最初の大王《だいおう》と目される崇神《すじん》は、諡号《しごう》(9)などの分析からヤマト王権の初代ともみられ、その墳墓は奈良盆地東縁に築かれた墳丘長二四二メートルの大型前方後円墳・柳本行燈山《やなぎもとあんどんやま》とするのが妥当である。しかしこの古墳は、奈良盆地の大型前方後円墳の中では箸墓から数えて三―四番目、四世紀前半の築造で、最古ではない。吉村武彦がいうように、前方後円墳の枠組み

(8) 本書、下垣仁志「古墳と政治秩序」八一―八三頁参照。

(9) 王や天皇などの君主に対し、死後に奉《たてまつ》る名のこと。おくり名。「崇神」など、ここで用いている大王の名は、八世紀後半に定まった中国風のおくり名（漢風諡号《かんふうしごう》）である。

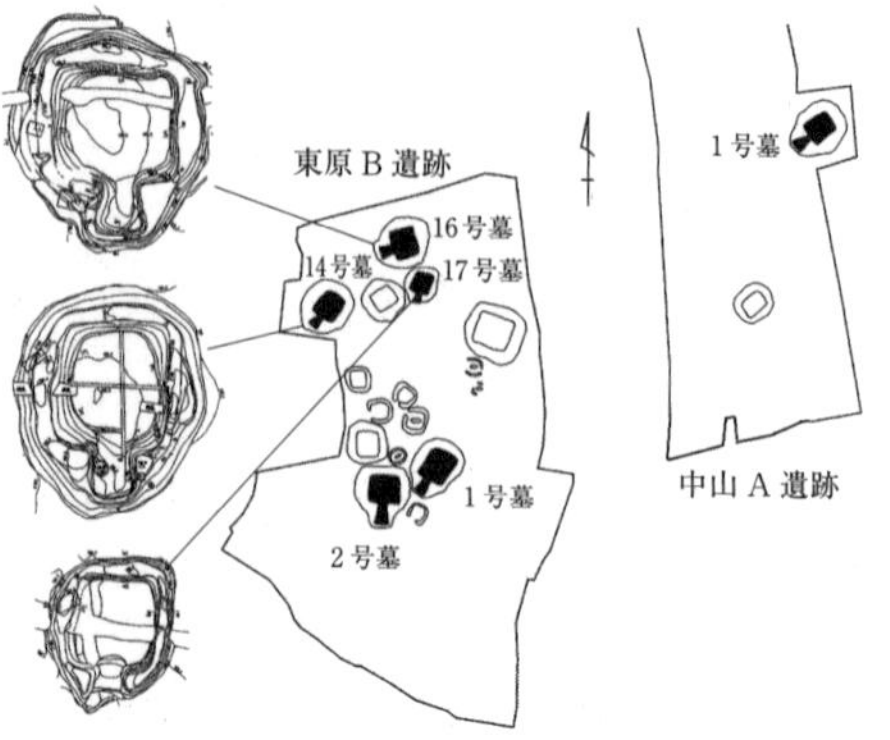

図3　墳丘による序列の表示例，群馬県前橋市荒砥北部遺跡群［深澤，2018］

から考古学的に復元されるヤマト王権の成立と、文献から導き出せるヤマト王権の創始とは、合致しないのである［吉村、二〇一〇］。

はたして前方後円墳の秩序形成は、王権の成立を反映するのであろうか。大型前方後円墳は、真に大王位の表示として現れたのであろうか。弥生時代以来の在地の周溝墓や台状墓の群の中に、突出部（前方部）をもったやや大きなものを作り、それを首位とする被葬者たちの序列を表す行為は、北條芳隆が強調するように、箸墓の出現前後から東西日本の各地にみられる［北條、二〇〇〇］（**図3**）。したがって、箸墓を契機に中央からもたらされた、言い換えれば上から在地に被せられた序列の表現とは考えにくい。むしろ、こうした在地の序列がまず底流にあり、各地から中央へと、つまり上へ上へと架構されるように、纒向型前方後円墳や箸墓を嚆矢とする大型前方後円墳ができあがってきたとみるほうが、資料のあり方にはよく合う。

（10）家族と部族との中間くらいの広がりをもっ

すなわち、基礎的な在地の墓制にこのような序列を表すのは、中央発の制度ではなく、もともと集団の氏族《しぞく》的結合⑩に根ざした在地の慣習として、列島の広域に成立していたと考えられる。人類学でいう円錐《えんすい》クラン⑪のような氏族的結合の祭儀において、「始祖」により近い血筋の主が中心に位置づけられる一般的事例の一つとみるのが妥当であろう。

そうであるとすれば、纒向型前方後円墳やその後の大型前方後円墳も、同じ原理で在地の氏族的結合の上に架構された可能性が高い。その意味で、かつて近藤義郎が、前方後円墳の枠組みの背後に、まずは各地部族の「擬《ぎ》制的《せいてき》同族関係⑫」を想定し、それを国家につながる王権の地位システムに直結しなかったことに、あらためて注意する必要がある〔近藤、一九八三〕。

むろん、各地の氏族的結合の上位者を通じて王権が組織化される局面は多かったと考えられるので、前方後円墳に表示された秩序と王権の構造とが結果として合致することは少なくあるまい。しかし一方では、氏族的結合の上位者として付近最大の前方後円墳に葬られた人物が、王権においても必ず上位であった保証はないし、その逆もありうる。大王墓であるとすれば小規模な大阪府堺市の「反正陵《はんぜい》」（田出井《たでい》山《やま》古墳、墳丘長一四八メートル）や藤井寺市の「仁賢陵《にんけん》」（ボケ山古墳、墳丘長一二二メートル）などの場合、反対に大王墓の可能性が低いにもかかわらず巨大な岡山市造山《つくりやま》

た血縁原理の集団を氏族という。十数基〜数十基の墓（古墳）を一〜数世代にわたって一カ所に築いた集団は、その性質や規模からみて氏族であった可能性が高いが、ここでは氏族的結合と呼んでおく。

(11) 氏族的結合にはいくつかのパターンがあるが、そこに含まれるいくつもの血筋のうち、始祖の人物により近いと目される血筋（たとえば代々の長子の血筋など）ほど上位に位置づけられるものを円錐クラン（クランは氏族の意味）という。

(12) 事実として血縁上のつながりはないが、架空の先祖を共有すると相互にみなし合うことできずなを結びあった関係。

古墳（墳丘長三五〇メートル）のような例、さらには「杖刀人首《じょうとうにん》⑬」として大王を「左治（補佐）」した王権の要人でありながら副次的な埋葬施設に甘んじ、自身の前方後円墳を築かなかったらしい埼玉県行田市稲荷山《いなりやま》古墳の礫槨《れきかく》の主などの例は、古墳の枠組みと王権の構成とを、本質的には別とみる仮説によるほうが説明しやすい。

そもそも王権とは、王の権威のほか、その場所や領域、支える組織などまでを含めた包括的な概念であり、本質としては宗教的記念物にすぎない古墳のみに、王権のすべてが集約的に反映されるものではない。箸墓古墳の出現はヤマト王権確立までの一過程ないし一部分を反映したにすぎず、その後一定の期間をかけて、王権の全体構造が徐々に整えられていったとみるべきであろう。

（13）埼玉県稲荷山古墳後円部の礫槨から出土した鉄剣には、一一五文字の漢字が金象嵌で刻み込まれていて、「辛亥《しんがい》」という紀年に続いて、「乎獲居臣」（ヲワケ臣またはヲワケコ）に至る代々の系譜と、代々「杖刀人首」として仕えてきた旨が記されている。「杖刀人」は大王の政権に仕える武人、「首」はその長と考えられる。

2　前方後円墳とヤマト王権

前方後円墳の展開と財の動き

箸墓出現後、紀元後三世紀後半から四世紀にかけて、前方後円墳は各地に広がった。その中には、先述の浦間茶臼山のように、近畿の大型前方後円墳の企画に則ったものもある。しかし多くは、弥生時代以来の方形を基調とする小墳群の内部や近傍にあり、少し大きく、また前方部をもつことによって、在地の氏族的結合の中での盟主的地位を示した中小墳である。在地墓制に根ざすこれらの中小墳は、主部が方形であったり(前方後方墳)、低平で「周溝墓」的であったりすることも多い(図3)ほか、埋葬施設や外表施設にも近畿起源の企画性が薄い。さらには出雲東部のように、前方後円という墳形すら用いず、在地固有の長方形墳丘の大小でもって氏族的結合内での地位を表示するところもある。

その一方で、この時期は地域を超えた各種の財の動きが活発化した。奈良盆地の東南部、纒向型から箸墓へと相次いで築かれた大型古墳群の傍らに広がる纒向遺跡には、東海、瀬戸内、山陰、北陸などの土器がみられる。これら外来系の土器は、三世紀前半には全体の約一五パーセントを占め、各地から人が集まる中心地であったことを示す。反対に、近畿の土器が他地域に運ばれる場合もあった。朝鮮半島南部からの鉄素材を陸揚げし、各種製品化に向けて一次加工をおこなった場所とみられる福岡市博多遺跡群には、三世紀後半以降、近畿中央部の土器が多くみられ、鉄を求めて近畿の人々が来ていたようすがうかがえる。この例ほど具体的な内容がよくわかるものはないが、労働力も含めた列島規模での財の動きが、近畿中央部への集約指向をみせながら、前方後円墳の成立と同時に本格化したことが推測される。

こうした動きと軌を一にして、鉄や労働力のような実質的な価値よりも、象徴的な意味を盛り込むことで心理的価値を増幅させられた特別な器物が、やはり近畿中

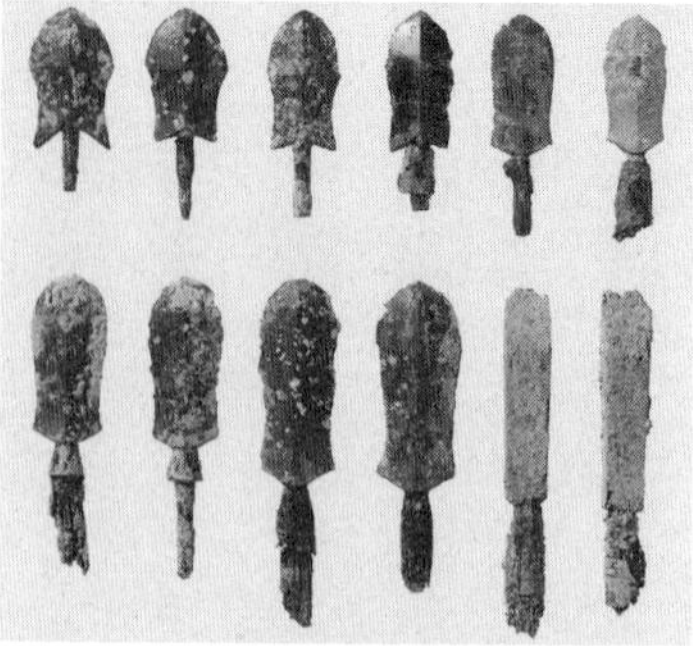

図4　飾り矢の鏃（精製銅鏃），一定のルールに従って決まった形に厳密に作り分けられている．鎬《しのぎ》を立てて美しく磨き上げられる［福永・杉井編，1996］

央部を核として、広くやり取りされるようになる。鏡、飾り矢⑭（**図4**）などの流通がまず本格化し、まもなく玉杖《ぎょくじょう》形や腕輪形の各種石製品が加わる。威信財もしくは象徴財とでもいうべきこれらの器物の多くは、人と一緒に古墳に埋納された。その形や材質の画一性と分布状況とをみる限り、近畿から地方へと動く場合が多かったとみられるが、逆の動きもありうる。さらに、九州固有の有孔大型鉄鏃を付けた特殊な矢が滋賀県雪野《ゆきの》山《やま》古墳から出た例や、瀬戸内固有の長五角形の精製銅鏃が製作地と目される吉備《きび》の周辺のみで流通している例などは、地方同士や地方内部で授受された象徴財もあったことを示す。

　このような象徴財の授受と、鉄などの実質財や労働力の流れとは、どのような関係で結びついていたのであろうか。たがいに対価や報奨としての意味をもったり、前者が後者の象徴となったりしたことが想定されるが、具体的には詳らかにしがたい。しかし、両者が一体の動きであったことは、ともに近畿中央部を中心として同

（14）古墳時代には、異常に大きい鉄鏃や、鏡と同じ良質の青銅製で多面体状に磨き上げられて実用性を失った鏃（精製銅鏃）をつけた矢が発達する。後者はしばしば精緻に編まれた靫《ゆき》（鏃を上に向けて矢を納める矢筒）に納められて副葬されており、有力者の身辺を飾る威儀具《いぎぐ》であったと考えられる。

時に活発化した事実からうかがえよう。さらにそれが、近畿中央部を核とする前方後円墳の枠組みの成立とも軌を一にする点から、実質財の集約、象徴財の供与、古墳の儀礼を三位一体で媒介とした各地の氏族的結合間の結びつきが、近畿を中枢として作られつつあったようすが推測される。

儀礼や象徴財は、人の心理を利用して器物の価値を増幅することにより、対価としての実質財の集約を強化する手段となる点で、武力を利用した強制的収奪とは対極にある。近畿を中枢とする構造化の過程で、儀礼と象徴財の管理がとくに大きな役割を果たしたことと［福永、一九九九／下垣、二〇一八］、先述のように武力の行使やそれによる統制が不徹底に終わったこととは、表裏一体の事象であろう。

武力を象徴する財

こうした結びつきの中に、武力は、どのような形で織り込まれたのであろうか。授受された象徴財の中でも、武力と関わったとみられるのは、先に述べた飾り矢、とくにその先端に付けられる精製銅鏃である。

精製銅鏃は、三世紀の中頃、鏡と同じ精良な青銅で製作が始まり、鏡に次いで一般的な象徴財として授受が始まった［川西、一九九〇／松木、二〇〇七］。分布からみて、奈良盆地にその中核があったとみられる点も、鏡と同じである(**図5**)。

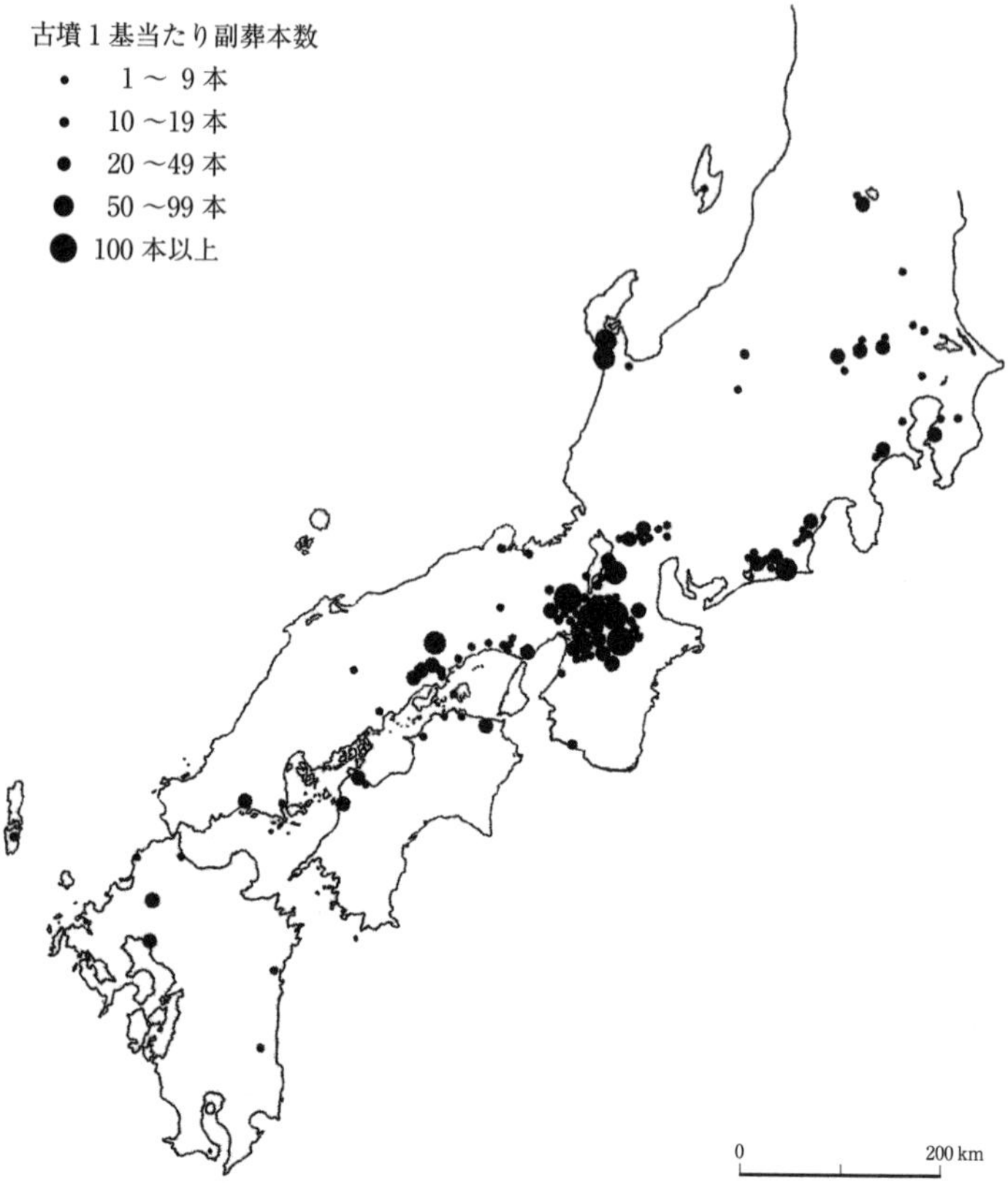

図5　精製銅鏃の分布[松木，2007]

(15) 東大寺山古墳からは約二〇本の大刀が出土し、うち五本には、この時期としては珍しい装飾環頭(端を環状にした別作りの柄《つか》で、環の内側や外側に透彫《すかしぼ》りや浮彫《うきぼ》りの飾りが付く)が装着されただしそれは、鏡と同一のルートで授受されたものではなかった。鏡の多数埋納で特筆される奈良県天理市黒塚《くろづか》・京都府木津川市椿井大塚山《つばいおおつかやま》の両墳の場合、前者に精製銅鏃はなく、後者にはあるが近畿中央部の典型から外れた変則型式で、数もごく少ない。逆に、精製銅鏃の量では突出して一、二位を占める東大寺山《とうだいじやま》・メスリ山《やま》という奈良盆地の二古墳に、鏡を多く入れた形跡は少ない。地方でも同様で、奈良盆地以外で多数の鏡をもつ大阪府茨木市紫金山《しきんざん》、岡山市の備前車塚《びぜんくるまづか》と備前市鶴山丸《つるやままる》山《やま》、および福岡県糸島市の一貴山銚子塚《いきさんちょうしづか》のいずれにも精製銅鏃はないのに対し、精製銅鏃の数で三―六位の京都府向日市妙見山《みょうけんやま》・滋賀県雪野山・岡山県月の輪・石川県七尾市国分尼塚《こくぶあまづか》一号の鏡は、雪野山の五面を最大として少数にとどまる。全体的な分布傾向も、精製銅鏃は北部九州・山陰では乏しく、北陸・関東・中部に多数もつ古墳が目立つという点で、近畿中央部を中心とする鏡と異なる。鏡と精製銅鏃とは、近畿中央部から地方までを通じ、異なった枠組みで授受がなされていた可能性が高い。

さらに注意すべきは、精製銅鏃の授受に主体的にかかわったとみられる古墳が、前方後円墳の枠組みの中でさほど優位でない場合が多い点である。精製銅鏃の数で一位の東大寺山は、長さ一四〇メートルと奈良盆地では二線級の前方後円墳で、棺も略式(粘土槨)であるが、中平《ちゅうへい》年銘大刀《たち》・家形環頭大刀《いえがたかんとうたち》⑮といった類まれな武器群を

ていた。装飾環頭はいずれも青銅製で文様に覆われ、内側下部には三葉《さんよう》(左右対称に並んだ三つの頭部をもつ突起)の飾りが付き、外側上部に突出する飾りは三本が花形、二本が家形であった。これらの装飾環頭はいずれも倭で作られたものとされ、とくに家形は写実的で見事な珍品である。花形の装飾環頭を装着された一本は、刀身に二四字の漢字が金象嵌で施されており、吉祥句《きっしょうく》(めでたい文句)の冒頭に製作の年号を表す「中平」という文字があるので、刀身そのものは中国からもたらされた可能性が高い。注目すべきは、「中平」は後漢の年号で一八四―一八九年を指し、「倭国乱」の時期に当たることである。

もつ点から、その主は武力や軍事の面で王権の中枢に近い立場にあったと考えられる。精製銅鏃の数で三―六位の妙見山・雪野山・月の輪・国分尼塚一号もまた、それぞれ墳丘長一一四メートルと七〇メートルの前方後円墳、円墳、低墳丘の前方後方墳であって、妙見山以外は優位といいがたい。精製銅鏃の授受の枠組みは、墳丘のランクに示された前方後円墳の枠組みとも異なっていたと考えられる。

もとより鏡もまた、三世紀代では九州最大級の前方後円墳である佐賀県唐津市久《く》里《り》双水《そうずい》には一面しかないのに対し、同じ時期で規模は半分以下の小型前方後方墳である岡山市備前車塚には一三面集まるなど、「ねじれ」の例は枚挙にいとまがない。前方後円墳を首位とする古墳の築造、鏡の授受、銅鏃の授受は、別々の枠組みで行われていたのである。

王権の実体と武力のあり方

このような別々の枠組みが、どのようにして相互に構造化され、王権を形作っていたのであろうか。まず、古墳の築造は、すでにみてきたように在地の氏族的結合を示すものであり、一定の領域を占有して農業などを主とする活動のもとに結ばれた氏族的結合の長が、首位の前方後円墳やそれに準じる優位の古墳に祀られた。このような氏族的結合を、領有型の氏族的結合と呼ぶことにしよう。各地の領有型の氏族的結合が広い範囲で結びついた中核に、奈良盆地にひときわ大きな古墳群を築く中央の領有型氏族的結合が成立して、いわゆる擬制的同族関係の枠組みを作った[近藤、一九八三]。この枠組みに沿って、実質財や労働力の中央への集約が始まったことは、先述の纒向遺跡の状況が示すとおりである。

そうした実質財や労働力への対価あるいはそのしるしとして、おもに中央から地方に向け、各種の象徴財が授受された。いまみた鏡や精製銅鏃のほか、鉄の刀剣と甲冑、緑色の石材で作った石製品などがある。これらは、祭祀・儀礼・武装など、中央が管理する各活動を象徴する器物で、それぞれの活動を中央でつかさどる人々が、その授受の中核に立った。この人々の多くが、大型古墳群を営む領有型氏族的結合の長でなかったこともすでに述べた。すなわち、この人々は、王権の各種活動をめぐる特定の職掌をつかさどることによって優位を得た、職掌型ともいうべき別タイプの氏族的結合の長であったとみられる。

擬制的同族関係の核をなす中央の領有型氏族的結合の長らと、それが管理する祭祀・儀礼・武装などの各職掌をつかさどる職掌型氏族的結合の長らが、おそらくは相互の業務連携や婚姻などを通じて中央勢力を形成し、実質財や労働力の中央集約と、それを補償し象徴する象徴財の地方供与を進めつつ、彼ら彼女らの中から大王を輩出・推戴したのであろう。大王を頂きつつも、それが一つのピラミッドをなす強固な階層の頂点となるのではなく、大王のもとにいくつもの種類や系統の階層関係が並立するという多頭的な勢力の結合が、三世紀後半から四世紀にかけてのヤマト王権の実体であったと考えられよう［松木、一九九六］。

王権のこのような多頭的なしくみが地方にも及んだことは、規模が大きな古墳と象徴財をたくさんもつ古墳とがしばしば別で、後者もまた象徴財の種類によって分かれるという先の諸例からうかがえる。墳丘が示す擬制的同族関係、鏡が象徴する祭祀にまつわる職能、精製銅鏃が象徴する武力にかかわる職掌などをそれぞれ軸として、中央の長らと地方の長らとが縦割りの系列関係を結んでいったようすが復元できよう。また、この時期の有力古墳には、後に詳しく述べるように、被葬者が女性とみられる例が少なくなく［清家、二〇一八］、こうした系列には男性のみならず女性を主体とするものもあったらしい。このような多頭的な諸系列に沿って、実質財や労働力が中央に集められ、地方に向けてはその対価として、先に箸墓と浦間茶臼山のあいだに想定したような「墳形」の供与や、各種象徴財の授与が行われた。

こうした中での武力のあり方は、銅鏃の授与の背景に軍事にかかわる労働力の中央集約があったとしても、縦割りに系列づけられた中央と地方の長どうしの人間関係に沿うものにとどまったであろう。近畿で装具を付けた鉄製刀剣が配布されたり［豊島、二〇一〇］、少数の鉄製の冑《かぶと》や甲《よろい》が授受されたりしたが、これらもまた右のような系列に沿って縦割り的に行われたこととみてよく、一円的な武力の集約と組織化には遠かったと推定せざるをえない。

先述のように、古墳出現とともに、受傷遺体や防御施設などの実質的な戦いの痕跡は、列島内からほとんど姿を消した。武器もまた、鉄鏃は弥生時代以来の平べったい木葉《このは》状で、方軸状に強化された朝鮮半島の同時期のものに比べて弱々しい。刀剣などの刺突《しとつ》武器も総じて薄くて短く、断面が分厚く菱形に発達した朝鮮半島のものに比べて力は劣る。このことから、列島内外での実質的な戦いは、武器の実戦的発達を促すような緊張度に達していなかった可能性が高い[松木、二〇〇七]。

3　甲冑の世紀

武装の革新とその年代

武器の実戦的な発達があまり顕著でないというこうした状況は、四世紀後葉に一変する。鉄鏃は、朝鮮半島で発達した方軸状の一群が入り、その影響のもと伝統的な木葉状のものも改良され、実戦性を高めた。刺突武器は、短剣・短刀に替わって長刀《ちょうとう》が主流となった。甲冑は短甲《たんこう》(16)が中心で、それまでは方形の鉄板どうしをじかに接合していたのに対し、この時期以降は、接合部に帯状の鉄板を介することで強化

(16) 日本考古学では、上半身のみを覆う短いよろいに、古代文献に出てくる「短甲」の名を当てている。「挂甲《けいこう》」(注24)とともに、古墳時代に用いられた二種のよろいのうちの一つである。

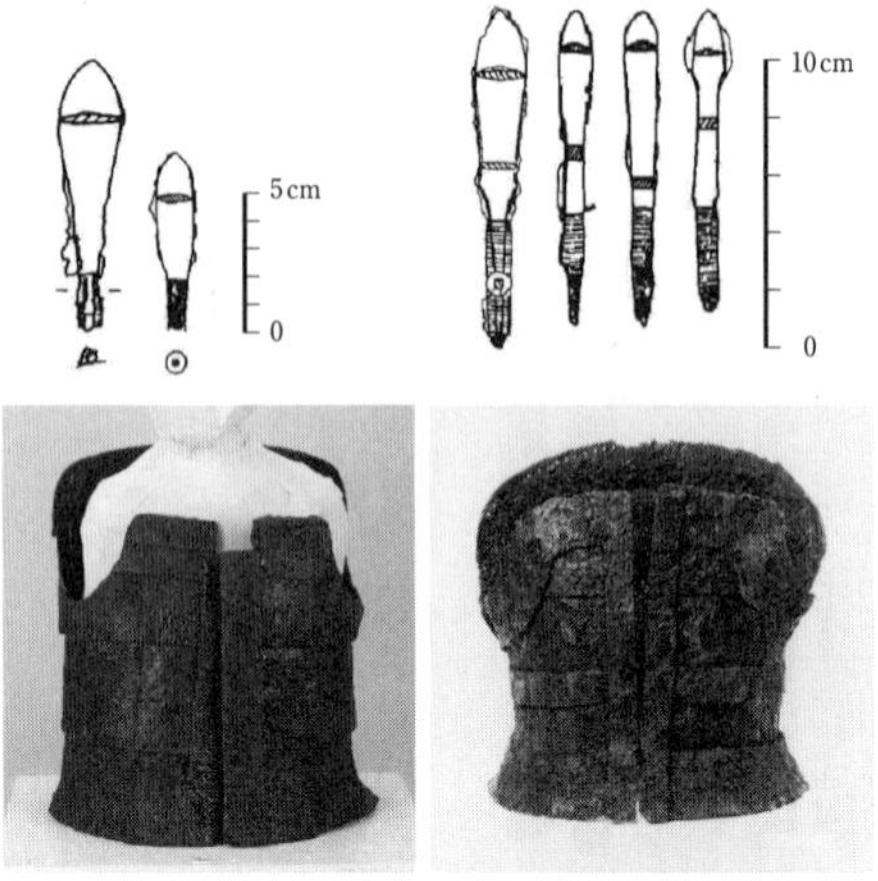

旧い鉄鏃(上)と短甲(下)　　新しい鉄鏃(上)と短甲(下)

図6　武装の革新．鉄鏃は[松木，2005]．短甲は，(左)京都府木津川市瓦谷1号墳(写真提供＝京都府埋蔵文化財調査研究センター)，(右)京都府宇治二子山古墳北墳(写真提供＝宇治市教育委員会)の出土例

と規格化が図られ、量産が始まった。武装が、実戦的な方向に革新され、にわかに発達したのである(図6)。

この武装の革新は、従来の年代観では四世紀末～五世紀初頭のこととされてきた。しかし、その後に年代研究が進み、今は四世紀の第3四半期と第4四半期の交、三七〇年代前後とみる意見が強い。石上神宮七支刀《いそのかみじんぐうしちしとう》(17)の銘文や文献の記述によると、ちょうどこの頃にヤマト王権が百済《くだら》と公的な外交関係を結んだ。『日本書紀』の神功《じんぐう》五二年条にある百済から倭への鉄供給の対価として、倭から百済へは軍事面での労働力が提供された可能性が説かれている[吉田、一九九九など]。鉄鏃の改良に見て取れる朝鮮半島の強い影響などからも、武装革新の契機として、右のような百済との関係の締結を考えることができよう。

(17) 奈良県天理市の石上神宮に伝わる鉄剣(七支「刀」とはいうが、両刃であり、考古学あるいは武器研究上の分類では「剣」となる)で、身の左右にそれぞれ三本、長い枝刃が段違いに付くという特殊な形をしている。

古墳群の再編

注目すべきは、この武装の革新と軌を一にして、それらを入れた古墳の築造状況にも大きな変化が生じた点である。この変化は、次の三つからなる。

第一は、有力な領有型氏族的結合が営んできた、前方後円墳や前方後方墳を盟主とする各地の古墳群の多くが、造営を止めたことである。中央においてそれらの核であった箸中《はしなか》古墳群(纒向古墳群、盟主は箸墓)、柳本古墳群(盟主は行燈山・渋谷向山《しぶたにむかいやま》)、大和《おおやまと》古墳群(盟主は西殿塚《にしとのづか》)は、いずれも四世紀中頃には終息する。地方の例は枚挙にいとまがないが、大阪平野東辺の玉手《たまて》山《やま》古墳群、同じく北辺の弁天山《べんてんやま》古墳群、京都盆地の向日《むこう》古墳群のほか、西方では讃岐《さぬき》平野、岡山平野の旭川下流域、東方では相模湾沿岸、東京湾沿岸の多摩川流域など、全土的な傾向として認められる。このことによって、東北地方南部一円のように、前方後円墳や前方後方墳をもつ古墳群がほぼなくなってしまう地域もある。

それに替わるように、第二として、各地方の数少ない限られた個所にのみ、従来をはるかに超える規模の前方後円墳が現れ、それを盟主とする古墳群が発達する。大阪平野の古市《ふるいち》古墳群と百舌鳥《もず》古墳群が中央での代表格で、墳丘長三〇〇メートルを超える超大型の前方後円墳が連続して築かれた。ほかに、奈良盆地北辺の佐紀《さき》古

両面に六一字の漢字が金象嵌で施され、「泰□四年」(□は未判読文字)の紀年銘を冒頭に吉祥句が続いた後に、百済王と世子(嗣子)、あるいは百済王の世子が倭王のために(この剣を)造った旨の文言がある。紀年銘の「泰□」は、当時中国を広く治めた東晋《とうしん》の年号「太和」とみる説が有力で、「太和四年」は三六九年に当たる。『日本書紀』の神功五二年(三七二)条に百済の使者がもたらしたとある「七枝刀《ななつさやのたち》」に相当する可能性が高い。

墳群東群、西辺の馬見《うまみ》古墳群、京都盆地南部の久津川《くつかわ》古墳群、大阪平野北部の三島《みしま》古墳群などが現れる。地方では、岡山平野の造山古墳群などが典型で、規模は小さくなるが、讃岐平野の富田茶臼山古墳などもこれに当たる。東日本では、関東平野北部の太田天神山《おおたてんじんやま》古墳とその周辺などにこの動きがある。大阪平野西北部の桜塚《さくらづか》古墳群や中部地方の天竜川東岸のように、大型円墳が盟主となる例も少しある。

第三に、これら特定個所の大型古墳を盟主とする古墳群は、それを中心として各種の中小古墳が取り巻く階層構成をとる点で共通する。こうした古墳群の主体を、和田晴吾は「首長連合」と捉え、地域の首長連合と畿内の首長連合とが重層的な秩序を作っていたとみる［和田、一九九四］。白石太一郎は、これらの古墳群の主体を「地域政権」とよび、それらの連合体として「ヤマト政権」を考える［白石、一九九九］。ただし、先述のように、古墳群は一義的には氏族的結合の表示とみられるので、それまでの多くの古墳群が少数の階層的で大規模な古墳群へと集約されたこの動き自体は、まずは氏族的結合の糾合的再編ととらえるべきであろう。

改めてその背景を考えるとき、清家章の研究は重要である。古墳の人骨出土例の性別と副葬品目の相関から、四世紀中葉までは有力な前方後円墳の中心に女性が葬られることも多かったのに対し、階層的な大型古墳群へと統合される四世紀後葉以降、有力古墳の中心埋葬は男性へと限られていくことを、清家は明らかにした。そ

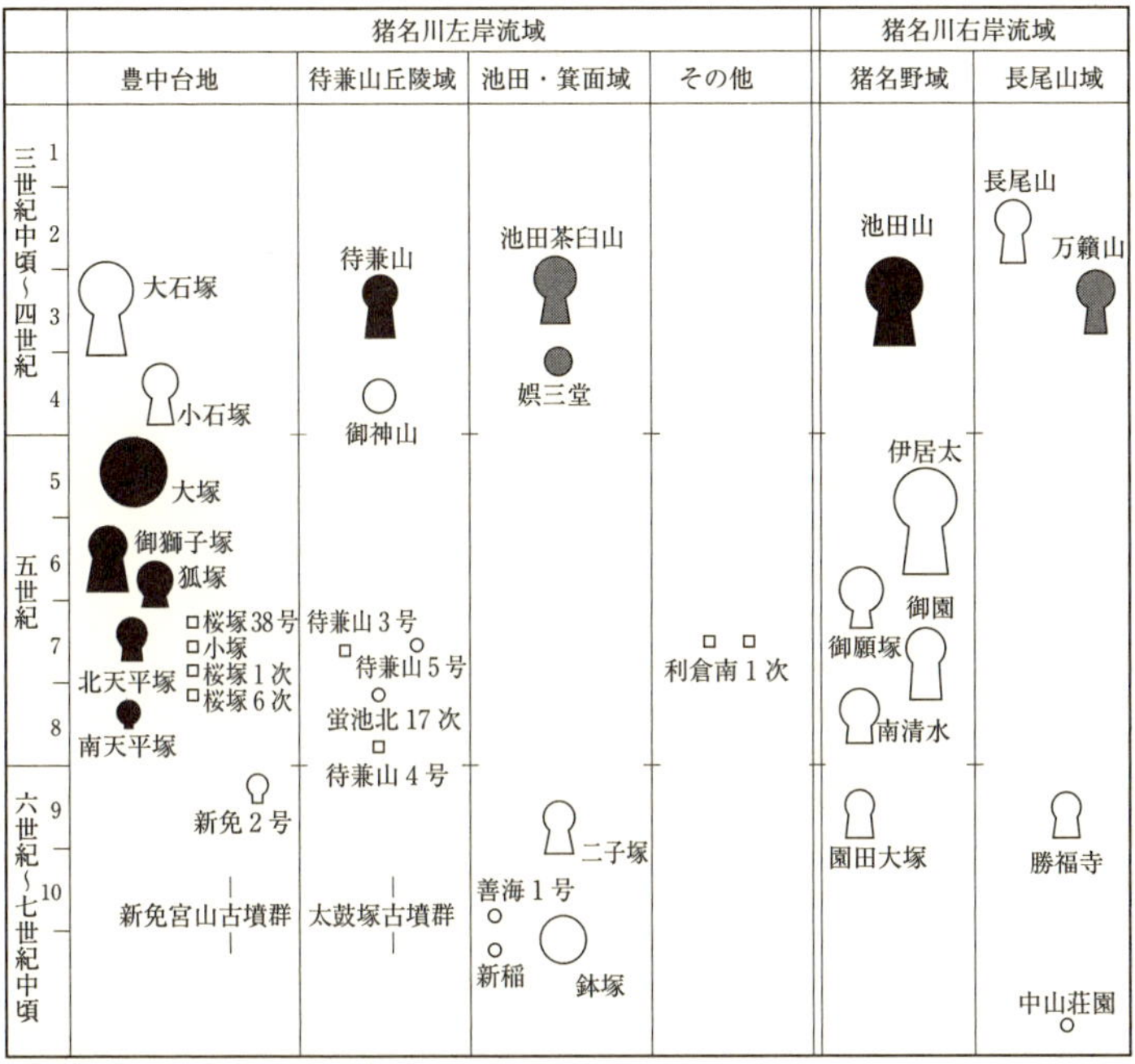

左列数字は『前方後円墳集成』編年[広瀬，1992]の時期を示す．

■ 初葬に鏃・甲冑・鍬形石いずれかあり(男性の可能性が高い)
■ 初葬に鏃・甲冑・鍬形石いずれもなし(女性の可能性が高い)
□ 初葬の内容不明．時期不確定の古墳も含む．

図7 氏族的結合の再編[清家，2018]

大阪平野北西部における古墳の展開を示した．4世紀中頃(図中「3」の時期)までは，各小地域に前方後円墳があり，その中には女性を主とする可能性が高いもの(図中グレーのもの)が含まれていた．5世紀以降，前方後円墳や大型円墳を盟主とする古墳群は特定の小地域に限られ，それを構成する古墳は，ほとんどが男性を主とするもの(図中黒塗りのもの)となる．資料の制約のためこの図では明らかでないが，他地域の例からみてこうした変化は，4世紀後葉(図中「4」の時期)に生じたことが明らかである．

うであれば、氏族的結合の糾合的再編とは、双系的な氏族的結合の林立が、男系を基調とする大規模な氏族的結合へとまとめ上げられる動きであったと理解できる[清家、二〇一八](図7)。「氏」の形成時期には諸説があるが、考古学的にはこの動きがそれに当たる可能性が高いとみて、以降の氏族的結合を「氏族」とよびたい。

甲冑と男系化

氏族が男系を基調としたことは、その古墳群に入る器物が、それまでの鏡・石製品・飾り矢・刀剣などの各種から成り立っていた多彩さを失い、細々と続く鏡のほかは、鉄製甲冑などの武装具へと絞られる事実[松木、一九九六]からも支持される。つまり、女性人骨に甲冑が伴う例はないので、それをもつ被葬者は男性と推測できるのである[清家、二〇一八]。

これら四世紀後葉以降の鉄製甲冑出土古墳は、甲冑をそれまでのように棺の外に置くのではなく、棺の中の遺骸に近いところに納める。葬送儀礼において、甲冑が格別に重んじられるようになったことを示す。この点から、男系氏族(18)への再編は、甲冑が象徴する軍事的イデオロギーで論理づけられた可能性が高い。

四世紀後葉以降のこれらの鉄製甲冑、とりわけ短甲と冑は、先に述べた武装の技術的革新によって量産され、各地の古墳へ行きわたった。これらの短甲と冑は、そ

(18) 氏族の長が、それまでは男女を問わず引き継がれていたのに対し、この時期以降は、代々男子にのみ引き継がれるようになった可能性が高い。

の出現直後より、板金加工技法の進歩による部材の大型化、その結果としての部材枚数の減少と構成の簡素化、部材接合技法の革綴《かわとじ》から鋲留《びょうどめ》への変化などの改良を経ながら、五世紀後葉までに、九州から東北南部にわたって分布し、出土しているだけで短甲約五五〇点と冑三〇〇点近くに達した［橋本・鈴木、二〇一四］。

これらの短甲と冑は、形態や技法が地域を超えて画一的である一方、分布は近畿中央部を中心とする点から、そこで一括製作されて地方へ運ばれたと考えられる。このことは、短甲と冑が、従来の鏡に替わって、中央から地方へもたらされる象徴財の主座を占め、地方から中央へと動く財の対価とされた可能性を示す。短甲と冑が武力の体現物であることよりみて、それはおそらく、地方から中央へと集約される軍事的労働力の対価であったろう。

地域社会の再編

以上にみた武装の革新、武具の供与、階層的大型古墳群の成立に示される男系氏族の編成という四世紀後葉の画期には、地域社会にも激動が生じた。

西日本を中心とする多くの地域で、それまで地域の中核となってきた集落が、この時期には相次いで衰える［古代学研究会編、二〇一六］。王権膝元の大集落であった纒向遺跡も四世紀後葉に衰退したし、岡山平野の中心集落であった津寺《つでら》遺跡も、同じ頃に一時ほぼ途絶した。岡山平野では、四世紀後葉から五世紀初めにかけて各集落の住居数が著しく減ることから、平野全体の人口が縮小した可能性が高い［松木、二〇一八］。人口の縮小か居住地の変転かは地域ごとに吟味すべきであるが、西日本を中心に、人々の居住様式や社会関係に甚大な変化があったことは明らかである。この変化は、古い双系的な氏族的結合が新しい男系氏族へと糾合・再編される動きの、地域社会での表れと考えられよう。

この直後、男系氏族による階層的大型古墳群の近くに、埴輪や須恵器《すえき》(19)の製作、鍛冶、馬の飼育などの新たな生業の拠点ができ、列島外からの移動者や移住者も交えて、新産業区域ともいうべき一帯が作られる。古市・百舌鳥古墳群の近傍は、もっとも大規模なその典型である［菱田、二〇〇七］。地方でも、同様の区域が、やや小規模ながら岡山平野の造山古墳群の近隣や、関東北部などに現れる［若狭、二〇一七］。

なお、階層的大型古墳群と新産業区域は、古市・百舌鳥古墳群のように後の街道に沿ったり、海岸や河川の交通路に面したりなど、物資の流通や外交に有利な場所を占める。このことから、氏族は、外交や物資流通の掌握を前提に導入した新産業を基盤とする、一つの政治経済的単位として機能し、その本拠地となった場所に、階層的大型古墳群は選地されたと考えられる。

(19) 五世紀に入るころ、それまでのような露天でなく、半地下式の登り窯に密閉して焼く新しい土器の生産技術が朝鮮半島から伝わった。それが日本列島で定着したものを須恵器という。高温の還元焰で焼かれるので、青みを帯びた灰色に硬く焼き締まっている。

五世紀のヤマト王権と軍事

以上のように、四世紀後葉以降、男系氏族が新産業を統べる政治経済的単位が、近畿中央部では大規模に、地方ではより小規模に生み出されて並び立った。大きな単位群を中央とし、それを縮小した類似形の諸単位が地方を形成するというこの構図は、古墳群のあり方から和田晴吾や白石太一郎が描き出した姿にほかならない。また、新納《にいろ》泉《いずみ》がA・サウゾールの「環節国家」(20)概念を用い、福永伸哉がS・タンバイヤの「銀河系政体論」(21)などを使ってさらに抽象的にモデル化した古墳時代社会のしくみの、もっとも端的な姿でもある〔新納、一九九一／福永、二〇〇五〕。その意味で、古墳時代社会は、四世紀後葉から五世紀にかけて完成期に達した。

近畿中央部の中央氏族が築いた階層的古墳群の核をなす大型前方後円墳は、一義的にはその氏族長の墓で、かならずしも大王墓とは限らない。文献によると、この時期の大王位の継承は不安定で、大王位を前に落命したり、にわかに大王位を得たりした人物もいれば、混乱の中で在位がきわめて短い大王も少なくなかった。こうした状況下で、築造に一〇年単位の日時を要する巨大な前方後円墳をすべての大王が安定して築くことができたとは考えにくく、生前から大型の古墳を築き始めながら大王位につかなかった人物や、小型の古墳に甘んじた大王なども想定できる。前

(20) イギリスの人類学者A・サウゾールは、東アフリカの首長国や小王国を観察した結果、中央の統治機関と同じ構造が地方でも規模を小さくする形で反復され、全体として統合のごく緩いピラミッド型の政治体系をなしていることを指摘した。このような国家を「セグメンタリー・ステート」(環節国家、あるいは分節国家・分節的国家)と呼んだ。

(21) 人類学者S・タンバイヤは、東南アジアのアユタヤ王朝を分析し、中央王権の周囲をそれよりも小さな王権が取り巻き、互いに合体と分裂を繰り返していることを指摘して、このような構造を「銀河系政体」と呼んだ。

代同様、この段階でも、前方後円墳を首位とする古墳築造の枠組みと、大王を頂点とする王権の構成とは、つねに合致したわけではない。巨大前方後円墳の系列と大王位の継承とは、別であったとみなした方がよい。

とはいえ、古市・百舌鳥の両古墳群を営んだ二大氏族から大王が立てられるのが常であったことは疑いなかろう。また近傍には、鉄製甲冑を十数〜数十組単位で入れる中小古墳がある。その主体者は、軍事という特定の職掌をつかさどって王権に参与する職掌型氏族とみられ、大型古墳群を営み大王を出す領有型氏族とともに王権の中枢を担ったと考えられる。先に推測したように、そこで作られた多量の鉄製甲冑が地方の氏族を通じて広く供与され、その対価としての軍事的労働力が、これも地方の諸氏族を通じて中央の氏族群が営む王権へと集約された。他の器物や財の授受もあったろうが、軍事的な器物と労働力が中央と地方とを結ぶ財の首座を占めていたことは、鉄製武器・武具の著しい出土数や、稲荷山鉄剣銘に記された「杖刀人」の存在などから否定しがたい。

このように、五世紀に完成したヤマト王権は、中央と地方の大小諸氏族が、武器・武具の生産や授受、その副葬の儀礼、武力による奉仕やその見返りとしての身分の授与など、軍事的な事柄を中心とするさまざまな行為や認識を媒介として結びつく体制であった。このような軍事的事柄が、ヤマト王権の存立理念や活動内容の

(22) 高句麗の広開土王(在位三九一—四一二年)の業績を伝え、その墓を守る「守墓人」の規定を明示するために、子の長寿王が四一四年に建てたと伝えられる石碑に刻まれた文。現在の中国・集安市にある。広開土王の業績を伝える中に、三九一年から四〇四年までの間に数回にわたって朝鮮半島に侵入してきた倭を、王がその都度撃退したという記述がある。

(23) 倭の大王の幾人かや、それを名のる有力者の一部は、五世紀を通じ

中心になっていたことは、それが遺した物質資料に、他の何よりも軍事的な事柄に関わるものが圧倒的に多いという事実が示している。では、ヤマト王権のこのような強い軍事性は、どこに対する武力を意識して生み出され、その武力はどの程度現実に行使されたのであろうか。

男系氏族の編成と武装の強化を内実とした四世紀後葉の王権の再編が、百済からの鉄の供給に対して軍事的労働力を提供する三七〇年頃の盟約を契機とした可能性は先に述べた。これを前提として、広開土王碑文《こうかいどおうひぶん》㉒にみえる高句麗・百済の対立と、後者に対する倭の軍事的支援(三九一—四〇四年頃)、およびその後の朝鮮半島情勢に対する倭の介入が行われたと考えられる。

広開土王碑文と、『宋書《そうじょ》』に記された「倭王武《ぶ》」の上表文㉓の内容から、倭・百済と高句麗との間の敵対意識と武力による相克の意志が当時の言説として彼我に実在し、それが四世紀後葉以降におけるヤマト王権の「国体」の軸をなす軍事的な世界観として喧伝されたことは確かであろう。軍事的な世界観の喧伝は、外政を内政に転嫁する際の常套手段で、その世界観を武装という形で可視化したことが、この時期の軍事化の内実であり、社会統合のための施策であった。

この武装が、朝鮮半島に対してどの程度実質的に用いられたかについては、列島製の短甲三〇領ほどと若干の冑が朝鮮半島で出土しているなどの事実はさておき、

て中国の南朝に遣いを送り、そのことが「倭王」の遣使記事として『宋書』などに伝えられている。伝えられる倭王は讃《さん》・珍《ちん》・済《せい》・興《こう》・武《ぶ》の五人であることから「倭の五王」と総称される。彼らは代々、朝鮮半島に対する軍事的統制権と将軍号を南朝の皇帝に求めた。五王の最後である武の上表文(目上の君主に奉る文書)には、祖先による国土統一事業が朝鮮半島にまで及んだこと、それが高句麗に妨害されていること、これを打破するために朝鮮半島に出兵する意思があることなどが主張されており、五世紀のヤマト王権が東アジアの国際動向に臨んだときの外交理念や、その根底にある世界観がよく示されている。

不詳というほかない。その一方で、大王位の争奪や、中央と地方の氏族間対立など、文献が伝える列島内部の抗争にこれらの武装が使われた可能性も低くないが、それがこの時期の武装の著しい発達の主要因になったとは考えにくい。

4　王権から国家へ

古墳の変質

次の大きな変化は、五世紀後葉から六世紀にさしかかる頃に生じた。まず、それまでの「国体」の基盤となった軍事的な世界観を可視化していた鉄製の短甲と冑の製作と供給が、にわかに停止される。その後は、五世紀の中頃から現れていた大陸系の挂甲《けいこう》(24)と特定型式の冑が残るが、数は少なく、製作や供給の組織性は弱まったと考えられる。

この時期のもう一つの変化は、中央の二大氏族による階層的大型古墳群であった古市・百舌鳥の営みが途絶え、近畿の最有力前方後円墳は個別に独立して築かれるようになったことである〔白石、一九九九／土生田、二〇〇六〕。この変化は、古墳に示されるものが、もはや氏族内での地位ではなく、そこから独立した個人的な属性へと転じたことを示す。具体的にいうと、六世紀初めの継体《けいたい》の「擁立《ようりつ》」を契機にし

(24) 魚鱗形や短い帯状の鉄の小札《こざね》多数を、革紐あるいは繊維の紐で縅《おど》した(縅すとは、動くように結びつけること)よろい。上半身からひざ付近までを覆う、短甲に比べて可動性の高い武具で、もとは騎馬用のよろいとして大陸で生み出され、朝鮮半島を経由して、五世紀中頃に日本列島に伝えられた。短甲よりも有力な古墳から出土することが多く、短甲のように一カ所に多数を埋納する例もない。

て、大王を出す血筋としての「大王家」が創り出され、以後、その中での大王位継承者が、代々「大王墓」を築くことになる。すなわち、ここにおいて初めて、大王の身分もまた、単独の大型前方後円墳という形に表示されることとなったのである。継体の真陵とみられる六世紀前半の大阪府高槻市今城塚《いましろづか》古墳（墳丘長約一九〇メートル）以後、「安閑《あんかん》陵」（高屋築山《たかやつきやま》）、「宣化《せんか》陵」（鳥屋《とりや》ミサンザイ）ならびに欽明《きんめい》陵の可能性が高い見瀬《みせ》（五条野《ごじょうの》）丸山《まるやま》をはさんで「敏達《びだつ》陵」（太子西山。ただし、母の石姫皇女との合葬と伝えられる）まで、五代の前方後円墳はいずれも同様の単独立地で、規模は、各大王の伝えられる在位年数とだいたい比例する。

同じように、各地の有力前方後円墳も単独化し、代々同じ場所に築かれるようになった［土生田、二〇〇六］。熊本県宇土《うと》半島基部の野津《のづ》古墳群、関東中部の埼玉《さきたま》古墳群、関東南部の富津《ふっつ》古墳群などは、五世紀後半から六世紀にかけて歴代にわたって築かれた有力前方後円墳の系列である。これらは、地方有力者の地位が、王権から認められて安定的に継承され始めたことの反映であろう。こうした古墳のあり方より、中央と地方との関係が、前代の中央氏族群と地方諸氏族との連合から、大王が中央や地方の有力者を束ねた身分秩序へと整備されたことがうかがえる。鉄製の短甲と冑の製作・供給も、こうした整備の中で廃止の対象になったと考えられる。

ただし、西日本を中心に、前方後円墳そのものが築かれなくなる地域や、反対に群小の前方後円墳が乱立する地域が現れるなど、前方後円墳を首位とする古墳の築造に、普遍的な秩序や枠組みがなくなりつつあるようすが見て取れる。制度がつかさどる新しい社会に向けて、氏族のような社会組織や王権のような政治構造を、古墳やその埋納物がじかに表示する局面は、しだいに減りつつあった。

地方支配と軍事

こうした中で、古墳やその埋納物に軍事的な要素が盛り込まれる最後の動きが、六世紀後半以降の群集墳《ぐんしゅうふん》(25)の造営と、そこへの武器副葬である。

古墳時代初頭の三世紀以来、小古墳群はずっと存在し、一部は群中に前方後円墳や前方後方墳が築かれて氏族的結合の核となったが、多くは微小な方墳や円墳の群で、氏族的結合の末端をなす一般層の墓域として六世紀前半まで続く(古式群集墳)。六世紀後半になると、横穴式石室をもつ群集墳(新式群集墳)が、新たな場所で営まれ始める。狭い区域に数百基が集中する場所もあれば、まったくみられない地域もあるなど、その築造は人為的に統制されたふしがある。この点から、在地の伝統的な氏族の結合などとは別の枠組みによる集団の組織化を契機に、新式群集墳の築造は始まった可能性が高い。

こうした群集墳に多くの武器・武具・馬具が入れられ、しかもその種類や組み合

(25) 前方後円墳・前方後方墳や大型の円・方墳などには葬られない中間的な地位の人々の墓で、小型の墳丘が群をなすことからこの名がある。六世紀後半に横穴式石室をもつようになると、築造数も増し、また石室のおかげで目立つようになるので(新式群集墳)、この時期に古墳を築くことができる中間層が経済的に台頭したとみる説が有力であった。ただし、古墳時代の古い時期から中間層の墳丘の群は営まれており(古式群集墳)、それが六世紀後半の間に横穴式石室をもつようになるとの理解もある。

わせに階層性が見て取れることは［新納、一九八三］、その組織化に働いた軍事的な論理の存在をうかがわせる。とくに、階層の首位を占める装飾付大刀《そうしょくつきたち》(26)は、古くは単独立地の有力古墳に多いが、時期が下るにつれ、群集墳やそれに準じる横穴墓の上位に伴うようになる。このことは、まず地方の有力者を、次には台頭してきた下位の地域集団を、装飾付大刀の供給元である中央が軍事的に組織化していった過程の反映であろう［新納、一九八三］。

この過程は、国造《こくぞう》(27)に代表される地方支配の制度化の過程と、年代上ほぼ重なる。国造については近年、軍事指揮官としての本質を強調する考えがあり［今津、二〇一四］、両者の関係の詳しい解明が待たれよう。ただいずれにしても、ヤマト王権から律令国家への過渡期に進んだ中央支配の制度化に軍事的な論理が働いた痕跡を、考古資料からも文献史料からも明確に認めうることは重要である。

今津勝紀が述べるように、国造の成立背景に朝鮮半島情勢への積極的介入があったとすれば、四世紀後葉から五世紀にかけて男系氏族の編成と武装の強化を促した軍事的な世界観が、六世紀に入っても継続していたと理解できよう。鉄資源や先進技術の源であった朝鮮半島と海をはさんで対峙し、そことの関係を内政に転嫁することを社会の維持と統合の手段としたヤマト王権固有の存在形態が、顕著な武装と軍事的論理に比重を置いた古墳時代社会の特質を作ったのである。

(26) 柄《つか》や鞘《さや》などを、金属製の装具や玉などで飾った大刀を装飾付大刀と総称する。さきにみた東大寺山古墳の例のように、装飾付大刀は遅くとも四世紀にはみられるが、もっとも流行するのは六世紀後半から七世紀初頭にかけてである。環頭（端を環状にした別作りの柄）の環の内側に竜や鳳《ほう》などの透彫りを施したものが代表的である。

(27) 地方を治める官職の一つで、六世紀に成立したと考えられている。当初は軍事権や裁判権などが認められており、本章で領有型としたような在地の有力氏族が任じられていたと考えられるが、七世紀以降しだいに名目化した。

おわりに――ヤマト王権の戦いの特質

佐原真は、戦争の考古学的証拠として次の六つを挙げた。①対人用武器、②防御施設、③受傷遺体、④武器副葬、⑤武器崇拝、⑥戦争を表した芸術［佐原、一九八〇ほか］。これに照らしてヤマト王権の戦争の姿を復元すると、二つの大きな特徴が浮かび上がる。第一は、受傷遺体・防御施設という、六つのうちでもより実質的な戦闘行為を示す証拠が、列島内では微弱であることである。これと裏腹に第二として、対人用武器とその副葬という、いずれかといえば武力の可視化やそれによる身分表示の痕跡は、きわめて顕著に認められた。この不均衡をいかに読み解くかが、ヤマト王権の戦いの歴史的特質を明らかにするために重要であろう。

第一とした戦闘行為の少なさの背景として、本章では、ヤマト王権が、武力による征服や統制によらず、地域に対する権限を残した有力者たちがそのまま系列化されることで生み出された政権であった点を強調した。専制王権であれば、地方の財は中央に直接集約され、その拠点としての都市や、そうしたしくみを権力で維持するための中央軍隊が形成されよう。しかし、右のようなヤマト王権のもとでは、財のほとんどは地方と中央の長どうしの系列関係に吸い上げられる形で集約されるため、都市の形成は進まず、軍事力の中央集中も阻まれたのである。四世紀後葉から五世紀、および五世紀後葉から六世紀という二つの段階を経て、こうした系列関係はしだいに階層構造化したが、ヤマト王権の右のような本質的性格のもとでは、都市や中央軍隊の形成は進まなかった。

第二の、武力の可視化や身分表示として武器が著しく発達した要因もまた、ヤマト王権の専制度の低さに見出すことができよう。力を残した各地有力者を統合して求心力を維持するために必要とされたのは、朝鮮半島をにらんだ外政の矛盾を内政に転嫁することであり、「倭王武」の上表文で叫ばれているような軍事的な世界観の物質的演出と可視化が、その有効な手段として択ばれた。周囲を海に囲まれ、朝鮮半島諸国のようには現実の侵攻や交戦を受動的には経験しないという地理的環境も、このような手段の有効性を増したであろう。

以上のようなヤマト王権の戦争や軍事の特質が、次の律令国家に向けていかに作用し、どのように再編されていったかについては、もはや考古学を軸とした考察のみからでは解明しがたく、文献史学を軸とした検討を待ちたい。

引用・参考文献

赤塚次郎、一九九二年「東海系のトレース――三・四世紀の伊勢湾沿岸地域」『古代文化』44―6
今津勝紀、二〇一四年「文献学から見た古墳時代――古墳時代における政治の様式」一瀬和夫・福永伸哉・北條芳

隆編『古墳時代の考古学9　21世紀の古墳時代像』同成社
川西宏幸、一九九〇年「儀仗の矢鏃――古墳時代開始論として」『考古学雑誌』76―2
古代学研究会編、二〇一六年『集落動態からみた弥生時代から古墳時代への社会変化』六一書房
近藤義郎、一九八三年『前方後円墳の時代』岩波書店
佐原　真、一九八〇年「戦争の考古学」『図書』一九八〇年八月号
下垣仁志、二〇一八年『古墳時代の国家形成』吉川弘文館
白石太一郎、一九九九年『古墳とヤマト政権――古代国家はいかに形成されたか』文春新書
清家　章、二〇一八年『埋葬からみた古墳時代――女性・親族・王権』吉川弘文館
高久健二、二〇一一年「楽浪・帯方郡との関係」設楽博己・藤尾慎一郎・松木武彦編『弥生時代の考古学4　古墳時代への胎動』同成社
都出比呂志、一九九一年「日本古代の国家形成論序説――前方後円墳体制の提唱」『日本史研究』343
豊島直博、二〇一〇年『鉄製武器の流通と初期国家形成』塙書房
中塚　武、二〇一五年「酸素同位体比年輪年代法がもたらす新しい考古学研究の可能性」『考古学研究』62―2
新納　泉、一九八三年「装飾付大刀と古墳時代後期の兵制」『考古学研究』30―3
新納　泉、一九九一年「六・七世紀の変革と地域社会の動向」『考古学研究』38―2
橋本達也・鈴木一有、二〇一四年『古墳時代甲冑集成』大阪大学大学院文学研究科
土生田純之、二〇〇六年「国家形成と王墓」『考古学研究』52―4
菱田哲郎、二〇〇七年『古代日本　国家形成の考古学』京都大学学術出版会
広瀬和雄、一九九二年「前方後円墳の畿内編年」近藤義郎編『前方後円墳集成』中国・四国編、山川出版社
福永伸哉、一九九九年「古墳の出現と中央政権の儀礼管理」『考古学研究』46―2
福永伸哉、二〇〇五年『三角縁神獣鏡の研究』大阪大学出版会
北條芳隆、二〇〇〇年「前方後円墳と倭王権」北條芳隆・溝口孝司・村上恭通編『古墳時代像を見なおす――成立過程と社会変革』青木書店

松木武彦、一九九六年「日本列島の国家形成」植木武編『国家の形成――人類学・考古学からのアプローチ』三一書房
松木武彦、二〇〇七年『日本列島の戦争と初期国家形成』東京大学出版会
松木武彦、二〇一八年「倭王権の地域構造――小古墳と集落を中心とした分析より」『国立歴史民俗博物館研究報告』211
吉田　晶、一九九九年「東アジアの国際関係と倭王権――三世紀後半から五世紀まで」福井勝義・春成秀爾編『人類にとって戦いとは1　戦いの進化と国家の生成』東洋書林
吉村武彦、二〇一〇年『ヤマト王権』岩波新書
若狭　徹、二〇一七年『前方後円墳と東国社会』吉川弘文館
和田晴吾、一九九四年「古墳築造の諸段階と政治的階層構成――五世紀代の首長制的体制に触れつつ」荒木敏夫編『古代王権と交流5　ヤマト王権と交流の諸相』名著出版

挿図引用文献

宇治市教育委員会、一九九一年『宇治二子山古墳発掘調査報告』（宇治市文化財調査報告書第2冊）
京都府埋蔵文化財調査研究センター編、一九九七年『瓦谷古墳群』（京都府遺跡調査報告書第23冊）
深澤敦仁、二〇一八年「上毛野地域における前方後方形周溝墓の地域相」『群馬県立歴史博物館紀要』39
福永伸哉・杉井健編、一九九六年『雪野山古墳の研究』八日市市教育委員会
松木武彦、二〇〇五年『日本列島と朝鮮半島の国家形成期における武器発達過程の考古学的比較研究』（平成13―16年度科学研究費補助金（基礎研究（c）（2））研究成果報告書）岡山大学文学部
松木武彦、二〇一二年「倭国の成立と吉備――「邪馬台国の時代」展によせて」岡山県立博物館『邪馬台国の時代――吉野ヶ里から唐古・鍵、纒向まで』平成二四年度特別展図録

＊図1・2の中の墳丘墓や青銅器の図の原典は、それぞれの報告書であるが、紙面の都合により割愛させて頂く。

コラム　甲冑の型式とデザイン

甲冑は、古墳時代全般にわたって副葬された。有機質製(木や革など)、鉄製、青銅製があるが、有機質性は残存しにくく、青銅製はきわめて稀で、実際の資料としては鉄製が圧倒的に多い。

本文一五三—一五四頁で述べたように、三七〇年頃に武装の大きな変革があり、その一環として甲冑は新しい型式群が登場し、五世紀を通じて量産された。

新型式群は「帯金式《おびがねしき》」と総称される。短甲《たんこう》(上半身の甲《よろい》)と冑《かぶと》からなり、冑は野球帽形の眉庇付《まびさしつき》冑と、正面に船の舳先《へさき》のような角《かど》を立てた衝角付《しょうかくつき》冑がある。いずれも、ベルト状の鉄板(帯金)でまずフレームを組み、その間に内側から、地板《じいた》とよばれる板状の部材を、革紐か鋲かで固定して組み上げていく。

短甲の場合、時期が下るにつれて、帯金最下段の「裾板」と最上段の「押付板」、および地板が広くなる。大きな部材のまま、板金加工の技術で身体にフィットした曲面を作れるようになるのである。部材を固定する手法も革綴《かわとじ》から鋲留《びょうどめ》になる。

こうした技術進歩とともに、短甲は、帯金と同じ長さの大きな地板を鋲で固定する横矧板鋲留式《よこはぎいたびょうどめ》に統合されてゆき、王権のもと、一つないし、相互に密接な関係をもったいくつかの工房で集中的に製作され、各地の有力者に行き渡った。鉄鏃もまた断面方形の軸(一五三—一五四頁参照)が長く伸びた長頸鏃《ちょうけいぞく》に一本化され、各地で大量生産された。

このように、五世紀には倭の武装デザインが統一され、集中生産されて、地方の中小古墳の被葬者層にまで共有された。従来このことは、大王を頂点とする軍事組織形成の痕跡として評価されてきたが、重要さはそれだけにとどまらない。

近年の考古学理論では、人工物を人間行為の単な

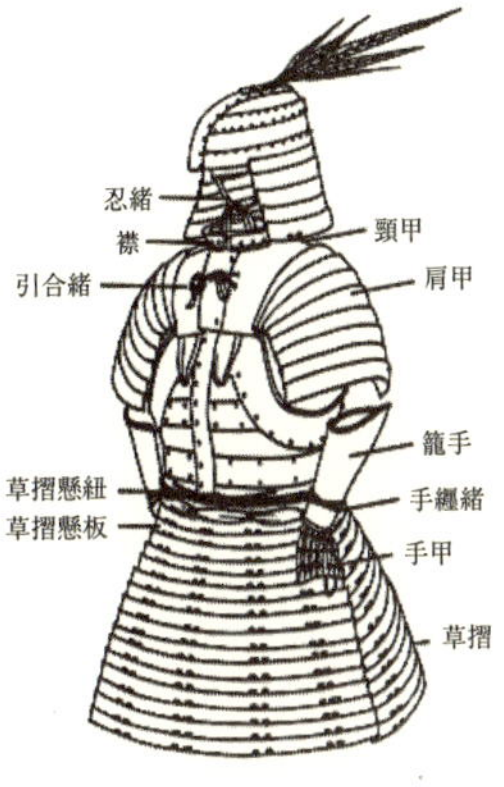

鋲留式甲冑と付属具

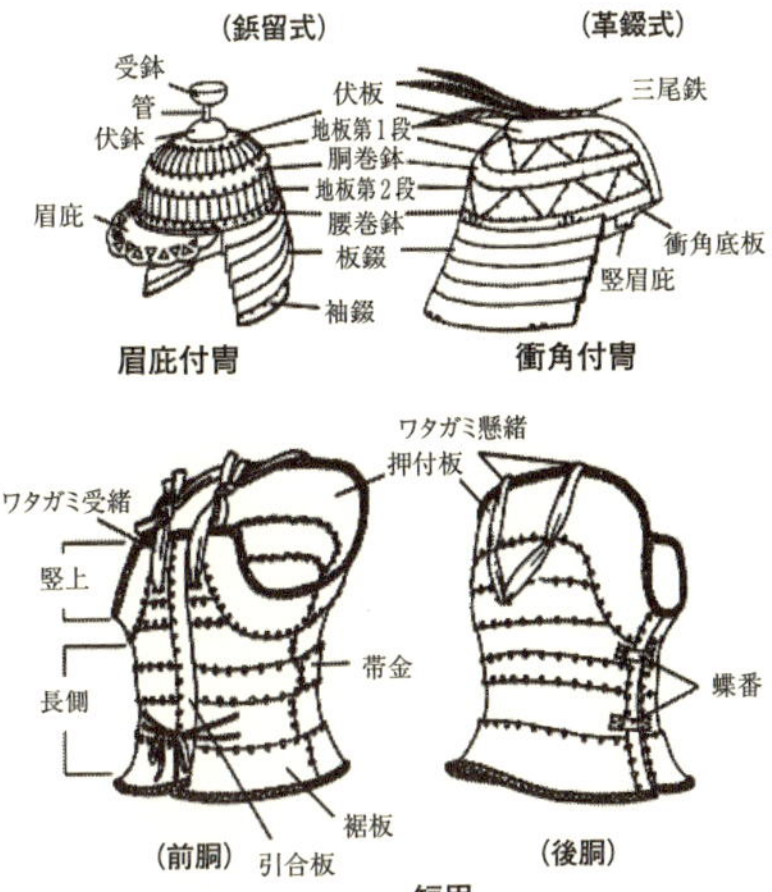

短甲

(大阪府立近つ飛鳥博物館，2009 年『百舌鳥・古市大古墳群展——巨大古墳の時代』大阪府立近つ飛鳥博物館平成 20 年度冬季特別展，70 頁コラム「知っとこ甲冑」図 1 より)

る一方的痕跡とはみなさない。人は、様々な形や色や大きさの人工物を操《あや》って新たな環境や可視的世界を組み上げ(構築された環境《ビルト・エンヴァイロンメント》)、その環境や世界が今度は人の心や生活や社会のしくみを作っていくという双方向性を、昨今の新しい研究では重視している。

この新しい考古学の視点から見ると、武装デザインの統一と共有は、王権の軍事的施策の痕跡というより、それ自体、人工物を操って行う世界観の可視化であり、王権の支配理念、内外に対する武威、倭人という民族集団のアイデンティティ、英雄としての男性性、人としての生き方などが混然となって表示されたものと理解できる。思えば、現代強権国家のミサイル武装も同様かもしれない。

到達点として生み出された横矧板鋲留短甲は、実は重くて運動性が悪く、武器としての機能性は高くない。五世紀の武装技術は、純粋に戦闘に勝利するためというより、王権の世界観を大掛かりに絵解きし、それに沿った社会や人々を作り上げていくために捧げられたのである。

歴史学から見た古墳時代

吉村武彦

はじめに——考古学と歴史学

考古学と歴史学の時代区分

本書のテーマは「前方後円墳」である。これまで考古学の分野で研究が旺盛に行なわれ、様々な視点から研究されてきた。本書のサブタイトルに掲げられている「巨大古墳はなぜ造られたか」という問いは、誰しも尋ねたい事柄であろう。巨大な前方後円墳が生まれた時代的背景を探求することは、古墳時代研究の重要な課題である。

その一方、文字・文献を研究の主対象とする歴史学（狭義に「文献史学」ともいう）の分野では、巨大な前方後円墳を生みだした社会のしくみが問われてきた。しかしながら、前方後円墳が造られた時代は、同時代の文字史料がきわめて少なく、その解明は容易ではない。前方後円墳の時代を扱っている『古事記』や『日本書紀』（以下、『記・紀』とも略す）は、八世紀初頭に編纂された歴史書であり、必ずしも客観的事実を記述したものではない。そのため同時代の史・資料を使って、厳密な史料批判を行なうことが必要である。近年では、地中から出土する木簡《もっかん》などによって、七世紀後半の歴史の一端が徐々に明らかになっている。

当時の政権中枢があった近畿中央部をはじめ、前方後円墳（前方後方墳を含む）が築造された地域に残る伝承が、古墳築造の思想的・政治的意味や理由を正しく伝えているのか、またそれが『記・紀』の記述に反映されてきたのか、必ずしも明白ではない。そうした伝承の一端は、本書冒頭の「〈前方後円墳〉への招待」に記してあるが、古墳関係の記述はけっして多くはない。そうした状況のなかで、本章ではヤマト王権の歴史から古墳時代の特徴を考えてみたい。

「ヤマト王権」という言葉は、律令制国家が形成される以前の政治的社会、ないしその王権をさす学術用語である。歴史学で使用される(1)原始・古代、(2)中世、(3)近世、(4)近代、(5)現代という時代区分にあてはめると、(1)原始・古代の時代に属する。一般的には国家が成立し、文明社会として文字が使用される社会が「古代」とされ、古代以前の社会を「原始」と区分することが多い。少なくとも中学や高校の中等教育では、このような時代区分が用いられている。

一方の考古学では、①旧石器、②縄文、③弥生、④古墳という時代区分が用いられている。道具としての石器（旧石器）と土器（縄文・弥生土器）の使用の意義と、墓制（古墳）の変化を基準として、時代を区分している。かつて①を先土器《せんどき》時代、④を土師器《はじき》時代と呼び、土器（道具）の種類・使用法で一貫させる考え方もあった。ところが、土師器時代は使用の年代差が大きく、この区分は使用されなくなった。

最近の時代区分では、①旧石器時代は列島において石器を使用する生活の開始[1]、②縄文時代は土器による煮沸によって食糧対象が拡大した社会の出現、③弥生時代は採集経済から生産経済へ移行した農耕社会の到来、④古墳時代は定型的な企画で築造された前方後円墳による政治権力のネットワーク形成、という歴史的画期を意味づけて使われている。

本章では、前方後円墳の成立をもって古墳時代の開始とする考え方をとる。そこで古墳時代の終わりの時期が問題となるが、前方後円墳が築造されなくなると古墳時代が終了するという立場となる[2]。

古墳時代の時期区分と文字史料

本章は文献史学の立場から前方後円墳の時代を取りあげるが、あらかじめ古墳時代の時期区分に対し、文献史学ではどう考えるかについて述べておきたい。

考古学の時期区分では、古墳時代前期（およそ三世紀後半から四世紀中葉）、中期（四世紀後葉から五世紀中葉）、後期（五世紀後葉から六世紀末ないし七世紀初頭）の三区分が一般的である。

前期は、定型的な企画で造られた前方後円墳の誕生から始まる。中期になると、主たる王陵が奈良盆地から大阪平野南部へと移動し、軍事的性格が強くなる。後期

（1）人類史では、打製石器が使用される旧石器時代と、磨製石器が用いられる新石器時代とに区分される。しかし日本列島では、新石器時代に土器が使用され、その土器の特徴から縄文時代と呼んでいる。

（2）古墳を前方後円墳の存在に限定して定義すれば、前方後円墳以前の墓は「弥生墳丘墓」となるが、前方後円墳の築造が終了した後の「終末期古墳」も古墳ではなくなり、「飛鳥時代の墳丘墓」ないし「終末期墳丘墓」となる。

には王陵を除く大型前方後円墳がほぼ消滅する一方、新興勢力の前方後円墳と群集墳が出現する。そして、前方後円墳の消滅以降を飛鳥時代とし、この時期の墳丘墓を「終末期古墳」と呼んでいる。王陵の墳形は、前方後円墳から方墳・八角墳へと変化し、規模は縮小していく傾向にある。こうした時期区分を地域単位で考察する場合は、各地における前方後円墳の出現・盛衰と規模、そして立地や移動状況などの特徴を勘案して総合的に評価していく必要がある。

このなかで古墳時代前期が、ヤマト王権の成立期にあたる。ただし文献史学では、考古学の時期区分における標識と対応する史料・素材がなく、その画期が必ずしも一致しない。この時期は、中国文献を含めても同時代史料はほとんどなく、『記・紀』編纂の材料である「帝紀《ていき》」「旧辞《きゅうじ》」(後述)に注目せざるをえない。後述するように、『記・紀』に共通する「はつくにしらすスメラミコト(初めて国を統治する天皇)」は、第一〇代の崇神《すじん》天皇となっている。

次の中期以降になると、少ないながらも内外の文字史料がある。高句麗《こうくり》の広開土《こうかいど》王《おう》(好太王《こうたいおう》)の碑文に、倭《わ》・倭人のことが記述されている。中国史料としては、『宋書』倭国伝に宋と倭国との外交関係の記事が残されている。五世紀の「倭の五王」である。国内からも、千葉県市原市から「王賜《おうし》」銘鉄剣、埼玉県行田《ぎょうだ》市から金錯銘《きんさくめい》鉄剣、熊本県和水町《なごみまち》から銀錯銘大刀など同時代の金石文《きんせきぶん》(3)が出土している。わずかな

(3) 金属の材料に記された金文(象嵌《ぞうがん》などで記す)と、石材に記された石文(石刻などで記す)の史・資料の総称。紙(文書・書籍など)と木簡以外の史・資料をさす。中国大陸・朝鮮半島から将来されたものと、日本列島で作られたものとがあり、弥生・古墳時代の貴重な文字史料である。

文字史料であるが、倭国社会のしくみを復元する手がかりとなる貴重な史料である。

最後となる後期には、倭国では部民《ぶみん》制と国造《こくぞう》制が施行され、全体として氏《うじ》・カバネ(姓)制の社会になる。島根県松江市の岡田山一号墳から出土した鉄剣に「額田部臣」の文字があるが、同時代史料はほとんどない。そのため歴史学においては、『書紀』の記述を厳密な「史料批判」を通して研究する。このように文献史学の研究対象の文字史料はきわめて少ないが、各時代人が残した痕跡が遺物・遺構・遺跡であるので、いずれは考古学研究との接点を見いだせる可能性があるだろう。

なお次の飛鳥時代は、広義には推古《すいこ》天皇の時代を含めて捉えられているが、狭義には飛鳥に王宮が営まれた時期をさす。国家機構を通じて統治する官司(官僚機構)制への動きが始まり、政治と仏教との関係が強くなる。前方後円墳が築造されなくなり、前方後円墳による政治的秩序から、別の標識による序列化への転換期であるが、本書では「終末期古墳」の時期を古墳時代としては扱わない。そのため飛鳥時代については、必要に応じて触れるにとどめたい。

まつりごと(政事)のセンター

考古学研究者の一部には、前方後円墳の所在地を王権の中心地とする考え方がある。しかし、この考え方には無理がある。古代の王権の政治的中枢は、あくまで王が居住する王宮にある。

まずは『古事記』天皇段の冒頭記事に注目したい。『古事記』には神武《じんむ》天皇段を除き、各天皇段の冒頭に、「御真木入日子印恵《みまきのいりひこいにえ》命、師木《しき》の水垣《みずかき》宮に坐《いま》して、天《あめ》の下《した》を治《しらしめ》しき」（崇神段）というような定式化された文章が記されている。崇神が、師木水垣宮で政事（まつりごと）を執り行なった（天の下を治しき）ことを示す。この記述は、第一節で述べる「帝紀」に基づいているが、綏靖《すいぜい》以降を列挙すると、**表1**のようになる。

すべての天皇段の冒頭に、「（名前）、＊＊宮に坐して、天の下を治しき」と書かれている[4]。この「＊＊宮」が王宮であり、そこで政事が執行されていたことを示している。このように王が居住していた王宮において政治権力が発せられたのであり、ここが王権の中枢で、政治的センターであったことは明らかである。

たとえば雄略《ゆうりゃく》（ワカタケル。一八七頁参照）の場合、「長谷《はつせ》朝倉宮に坐して、天の下を治しき」とある。王宮である長谷朝倉宮[5]で政事が行なわれていたのである。このことは埼玉県行田市稲荷山《いなりやま》古墳出土の金錯銘鉄剣から確かめられる。「獲加多支鹵《わかたける》の大王の寺（政府施設）、斯鬼宮《しきのみや》に在る時、吾、天下を左治《さじ》し」とあるように、「乎獲居（ヲワケ）」という人物が斯鬼宮で政事を補佐（左治天下）していた。

長谷朝倉宮と斯鬼宮との関係は、『古事記』垂仁《すいにん》段に、「倭者師木登美豊朝倉曙立《やまとのしきのとみのとよあさくらあけたつ》

（4）ここで注目したいのは、国王称号の表記である。表1に下線を引いたように「命」が二一例（闕史《けっし》八代《はちだい》は、すべて「命」）、「天皇」が五例、「王」が五例、「御子」が一例である。しかしながら、天皇号以前の称号とされている「大王」は、一例も存在しない。「大王」は尊称であり、称号であることは必ずしも証明されていない。

（5）『日本書紀』では「泊瀬《はつせ》（長谷）朝倉宮」と表記する。つまり長谷に所在する朝倉宮である。また、『日本霊異《りょういき》記』には、「泊瀬朝倉宮」と「磐余《いわれ》宮」の二つの宮がみえる（上巻第一縁）。古代では複数の王宮があっても、特に問題視する必要はない。

表1 『古事記』各天皇段の冒頭記事

代数	天皇	記事
2	綏靖	神沼河耳命，坐葛城高岡宮，治天下也．
3	安寧	師木津日子玉手見命，坐片塩浮穴宮，治天下也．
4	懿徳	大倭日子鉏友命，坐軽之境崗宮，治天下也．
5	孝昭	御真津日子訶恵志泥命，坐葛城掖上宮，治天下也．
6	孝安	大倭帯日子国押人命，坐葛城室之秋津島宮，治天下也．
7	孝霊	大倭根子日子賦斗迩命，坐黒田廬戸宮，治天下也．
8	孝元	大倭根子日子国玖琉命，坐軽之堺原宮，治天下也．
9	開化	若倭根子日子大毘々命，坐春日之伊耶河宮，治天下也．
10	崇神	御真木入日子印恵命，坐師木水垣宮，治天下也．
11	垂仁	伊久米伊理毘古伊佐知命，坐師木玉垣宮，治天下也．
12	景行	大帯日子淤斯呂和気天皇，坐纒向之日代宮，治天下也．
13	成務	若帯日子天皇，坐近淡海之志賀高穴穂宮，治天下也．
14	仲哀	帯中日子天皇，坐穴門之豊浦宮，及筑紫訶志比宮，治天下也．
15	応神	品陀和気命，坐軽島之明宮，治天下也．
16	仁徳	大雀命，坐難波之高津宮，治天下也．
17	履中	子，伊耶本和気王，坐伊波礼之若桜宮，治天下也．
18	反正	弟，水歯別命，坐多治比之柴垣宮，治天下也．
19	允恭	弟，男浅津間若子宿祢王，坐遠飛鳥宮，治天下也．
20	安康	御子，穴穂御子，坐石上之穴穂宮，治天下也．
21	雄略	大長谷若建命，坐長谷朝倉宮，治天下也．
22	清寧	御子，白髪大倭根子命，坐伊波礼之甕栗宮，治天下也．
23	顕宗	伊奘本別王御子，市辺忍歯王御子，袁祁之石巣別命，坐近飛鳥宮，治天下捌歳也．
24	仁賢	袁祁王兄，意祁王，坐石上広高宮，治天下也．
25	武烈	小長谷若雀命，坐長谷之列木宮，治天下捌歳也．
26	継体	品太王五世孫，袁本杼命，坐伊波礼之玉穂宮，治天下也．
27	安閑	御子，広国押建金日王，坐勾之金箸宮，治天下也．
28	宣化	弟，建小広国押楯命，坐檜垌之廬入野宮，治天下也．
29	欽明	弟，天国押波流岐広庭天皇，坐師木島大宮，治天下也．
30	敏達	御子，沼名倉太玉敷命，坐他田宮，治天下十四歳也．
31	用明	弟，橘豊日王，坐池辺宮，治天下三歳．
32	崇峻	弟，長谷部若雀天皇，坐倉椅柴垣宮，治天下四歳．
33	推古	妹，豊御食炊屋比売命，坐小治田宮，治天下三十七歳．

王」（倭（大和）の師木（斯鬼）の登美の豊朝倉の曙立王）の名称があり、「師木の豊朝倉」（豊は美称）の言葉から、師木（斯鬼）は広域の地名であることが判明する。(6)「斯鬼宮」は朝倉を含む広義の名称であろう。

一方、雄略の王墓は、河内《かわち》の「多治比《たじひ》高鸇《たかわし》」に所在するが、ここで政事が執り行

(6) 一四世紀後半に編纂された『帝王編年記』には、「泊瀬朝倉宮〈大和国城上郡磐坂谷也〉」と

なわれたような記述はない。やはり長谷朝倉宮が王権の中枢で、王墓（御陵）の所在地は政事の中心地ではない。死者の奥《おく》つ城《き》（墓所）でしかない。王権論は、王宮の位置を意識して組み立てねばならない［吉村、二〇一二］。

記す。「城上」郡は「しきのかみ」郡であり、泊瀬朝倉が磯城《しき》郡（後に上・下に分郡）に含まれていたことはまちがいなかろう。

1　ヤマト王権成立の時代——王宮と王墓から

ヤマト王権の歴史

すでに述べたように、歴史学から見た古墳時代の歴史は、『古事記』『日本書紀』に記されている。『古事記』は七一二年（和銅《わどう》五）、『書紀』は七二〇年（養老《ようろう》四）に撰上されており、ともに最初に神話世界の「神代《じんだい》」があり、続いて「天皇の歴史」となる。『古事記』は神武から推古天皇までの歴史を綴るが、『書紀』は神武から持統《じとう》天皇までの天皇史を編年体で叙述している。

律令制国家を形成した天皇を核とする支配者集団は、国家による支配・統治の正統性と由来を示すにあたり、神代から続く天皇の歴史として描く方法を採用した。その結果が、『記・紀』という歴史書の編纂に結実した。すなわち『記・紀』に基づく歴史は、時の王権が正統とみなす歴史記述であり、日本列島に起こった歴史を客観的に書こうとしたものではない。「天孫降臨《てんそんこうりん》神話」(7)など北方系神話の影響を受

(7)『古事記』では、天照大御神（アマテラス）が孫の日子番能迩迩芸《ひこほのににぎ》（ホノニニギ）に、葦原中国《あしはらのなかつくに》を統治させるために天上の高天原《たかまがはら》から日向の高千穂《たかちほ》の峰に降臨させた。ホノニニギの曽孫にあたるのが、神武天皇である。このように天上世界から山上に降りる神話（山上降臨神話）のモチーフは、朝鮮半島の檀君《だんくん》神話や加耶《かや》の首露《しゅろ》神話などにみられる北方系の建国神話。

けた建国神話から始まる、支配の由来と正統性を述べたものである。これらは、戦前の津田左右吉《そうきち》(8)以来の古代史研究が明らかにした事実である。

文字・文献を主対象とする歴史学においては、王権・国家の起源を説く『記・紀』に対し、それ自体を批判的に検討することが重要な学問的課題であり、かつ道筋である。その『記・紀』が「最初の天皇」として位置づけた天皇の問題から、ヤマト王権の歴史を考えていきたいと思う。

最初にヤマト王権の統治範囲を考えてみよう。その範囲は、『記・紀』の「国生み神話」が表している。国生み神話とは、イザナギ（伊弉諾）とイザナミ（伊弉冉）とが結婚して国を生む神話である。『古事記』では東北地方南部までの本州島、四国、九州と周辺の島々を生む。国生み神話の言葉でいえば、「大八島国《おおやしまのくに》（大八洲国）」という。ただし、ヤマト王権の統治範囲は歴史的に変化しており、国生み神話は律令制国家の版図を意識して作られている。

『記・紀』は、第一代とされる神武天皇から天皇の歴史を始めるが、不思議なことに「はつくに（初国）しらすスメラミコト（天皇）」と呼ばれる天皇は、神武天皇だけに限らない。『書紀』では第一代の神武に「始馭天下之天皇」、第一〇代の崇神天皇に「御肇国天皇」と記す。両者とも、「はつくにしらすスメラミコト」と読んでいる。一方の『古事記』は、崇神だけに「初国知らしし御真木《みまき》天皇」と書く。つま

(8) 一八七三―一九六一年。本名は親文《ちかふみ》で、岐阜県生まれ。東洋史学者の白鳥庫吉《くらきち》らに師事した。日本古代史、中国思想史の研究者。戦後の古代史研究の基礎をつくる。

り『記・紀』ともに「初代の天皇」と呼称しているのは、第一代の神武ではなく、第一〇代の崇神なのである。

ここで注意したいのは、崇神には「初国しらす」というように「初めて国を支配した」という意味の表記が使われていること。神武の場合は「始馭天下之天皇」とあるように、「天下」の統治と関連づけられている。この「天下」の観念には、列島の「夷狄《いてき》」（蝦夷《えみし》・隼人《はやと》）や朝鮮半島の新羅《しらぎ》などの「蕃国《ばんこく》」支配が含み込まれている。最終的には律令制国家の蕃国・夷狄支配の観念になる。

列島の歴史を振りかえれば、初代の王の支配は列島内の一部地域の「国」から始まり、その後に列島全域へと拡がり、やがて蝦夷・隼人などの「夷狄」や、海外の「蕃国」（加耶・百済《くだら》・新羅等）を支配するようになる。したがって、時系列からみれば初代の天皇の統治範囲は、「はつくに（初国）」という「国」の方が妥当である。ゆえに、「国」の文字が使われた崇神の方が、初代の天皇にふさわしい。

一方、王権が全国的に展開し、夷狄や蕃国を支配下におさめるようになると王・天皇が統治する宇宙が「天下」となり、「治天下」（天の下を治《しらし》めしき）の王、ないし「御宇《ぎょう》」（宇内《うだい》を御す）天皇となる。このような夷狄・蕃国支配に対応するのが、「治天下王」「御宇天皇」の観念である。したがって、神武の「始馭天下之天皇」の表記は、後に修飾された語句である。

「帝紀」と「旧辞」

「はつくにしらすスメラミコト」の伝承を含め、『記・紀』が編纂材料としたのが「帝紀」と「旧辞」である。『古事記』序文によれば、「諸家の齎《も》てる帝紀と本辞、すでに正実に違ひ、多く虚偽を加へたり」とあり、各氏族は文字化した「帝紀」・「本辞(旧辞)」を所有していたことがわかる。しかし、誤謬があるため、あらためて稗田阿礼《ひえだのあれ》に命じて、「帝皇日継(帝紀)」と「先代旧辞」とを誦《よ》み習わせたという。⑨

「帝紀」の内容については、武田祐吉が『記・紀』の記載の比較研究から、

(1) 前代の王との続柄
(2) 本人の名前
(3) 居住した王宮と、天下を治めた年数
(4) 后妃とその子ども、および彼らの簡単な事蹟
(5) 王の重要な事蹟に対する簡単な記述
(6) 王の年齢と墓

の六項目をあげた〔武田、一九四四〕。ただし、井上光貞は(4)と(5)の事蹟については疑問をはさみ、「帝紀」には存在しなかったという〔井上、一九六〇/井上、一九六五〕。

「帝紀」の成立に関しては、津田左右吉が、『記・紀』ともに顕宗《けんぞう》天皇までの骨組

(9) また、「帝紀」は「皇祖等之騰極次第」(『書紀』持統二年一一月条)、「旧辞」は「上古諸事」(同天武一〇年三月条)ともいう。

(10) 井上光貞『日本国

みが一致しているので、六世紀前半の継体《けいたい》・欽明《きんめい》朝ころには元の「帝紀」(「原帝紀」という)が成立したと考えた〔津田、一九六三〕。井上も津田説を批判的に継承しているが、武田は五世紀末には「帝紀」の一部ができていると指摘した。

　このようにして「帝紀」については、津田・井上説が有力となっていた。しかし、従来の議論は、基本的に『古事記』と『書紀』との比較研究が重視されており、必ずしも同時代の史・資料から厳密な考察が加えられていない[10]。ところが、同時代の新たな史料が出現している。埼玉県行田市の稲荷山古墳から出土した金錯銘鉄剣[11]である。この銘文によって、同時代史料から津田・井上説に対して再検討が迫られてきた。その金錯銘鉄剣の銘文は、「辛亥《しんがい》の年七月中、記す。乎獲居《ヲワケ》臣。上祖、名は意富比垝《オホヒコ》。其の児、〔名は〕多加利足尼《タカリスクネ》。其の児、名は弖已加利獲居《テヨカリワケ》。其の児、名は多加披次獲居《タカハシワケ》。其の児、名は多沙鬼獲居《タサキワケ》。其の児、名は半弖比《ハテヒ》。其の児、名は加差《カサ》披余《ハヨ》。其の児、名は乎獲居《ヲワケ》臣。世々、杖刀人の首と為り、奉事し来り今に至る。獲《ワ》加多支鹵《カタケル》の大王の寺、斯鬼宮に在る時、吾、天下を左治し、此の百練の利刀を作らしめ、吾が奉事の根原を記す也」となる[12]。

　銘文にある「辛亥年」の干支は、西暦では四七一年。「獲加多支鹵(ワカタケル)」は、『書紀』に「大泊瀬幼武(オホハツセノワカタケル)」、『古事記』に「大長谷若建」とある、雄略天皇のことである。「意富比垝(オホヒコ)」は、『書紀』に「大彦」(崇

家の起源』では、同時代史料として江田船山《えたふなやま》古墳出土の銀錯銘大刀があげられているが、時代的制約で「獲□□□鹵大王」を反正《はんぜい》天皇に比定したほか(「獲加多支鹵《わかたける》」と読んで雄略天皇が正しい)、隅田八幡《すだはちまん》神社所蔵の人物画像鏡銘「癸未年」を四四三年(正しくは五〇三年)と捉えるなど問題がある。正確なのは「倭の五王」の系譜であるが、この血縁関係だけでは「帝紀」の信憑性は語れない。

(11) 金錯銘鉄剣という名称は、国宝指定の際の正式名称。「錯」とは地金を象嵌し、文字を磨き出すことをいう。

(12) 原文は二一二頁参照。

神一〇年条)、『古事記』に「大毘古」とみえる人物であろう。いわゆる「四道将軍《しどう》」の一人[13]である。ただし、オホヒコの名前があるからといって、オホヒコが実在したことにはならない。これはあくまでオホヒコに関する伝承にすぎず、確かなことは五世紀後半にオホヒコの名前が伝えられていたことである。

銘文の趣旨は、ヲワケが「杖刀人首《じょうとうにん》」としてワカタケルに奉事(仕え奉ること。仕奉《しぶ》)する理由が、始祖とするオホヒコから受け継いできた八代の系譜で示されている。系譜が成文化されていることから、当時すでに系譜作成の意識が一般化していたとすれば、王の系譜(王統譜)が存在してもおかしくない。五世紀後半に王統譜が存在していたとなれば、おそらく「帝紀」にも影響を与えていただろう。

次に、銘文の内容から「帝紀」の内容を考えてみよう。銘文に名前と系譜が記されているところをみると、「帝紀」に(1)の前王との続柄、(2)の名前は含まれていただろう。王宮については「斯鬼宮」の記載があるので(3)も存在していた。ただし、年数は不明である。ただ、既述したように、『古事記』の崇神天皇段の冒頭には「御真木入日子印恵命(崇神天皇)、師木の水垣宮に坐して、天の下を治しき」と記載されている。銘文にもワカタケル大王の寺が斯鬼宮に在る時、「吾(ヲワケ)、天下を左治」とある。すでに「天下」統治の意識が、現実に存在していたことがわかる。(4)の后妃や子どもについては、先述したように系譜が存在しているので、少なく

(13)『記・紀』において、崇神天皇の世に四方の征討に派遣されたと伝えられる四人の将軍のうちの一人。

とも「帝紀」に記されていた可能性がある。さらに(5)の王の事蹟と(6)の王墓については、銘文に記載がなく不明である。(14)

このように比較検討していけば、五世紀後半には「帝紀」に発展する「原帝紀」が存在しても不思議ではないことがわかる。この「原帝紀」は、まだ成文化されていなかったと思われるが(「原旧辞」も同じ)、遅くとも五世紀後半には、天皇系譜に関する意識が存在し、「治天下」の統治意識が生まれていただろう。

『記・紀』において、「帝紀」「旧辞」がどのように利用されているかは、**表2**に示しておいた。

(14) これまでの研究では、さらに「帝紀」に王位継承に関係する伝承が含まれていたと指摘されている[粕谷、一九七八]。「帝紀」には続柄が記されているので、王位継承をめぐって争いがあった場合、伝承が残されていた可能性がある。

ヤマト王権の成立と卑弥呼

以上みてきたように、『記・紀』によれば、ヤマト王権の初代の王は、第一〇代とされる崇神天皇である。しかし、崇神が実在していたことを証明する手立てはない。いまだ「帝紀」から想定した仮説の域を出ない。中国の歴史書も、三世紀の邪《や》馬《ま》台国《たいこく》以降、五世紀の「倭の五王」の時期まで外交が途絶えていたので、この時期の倭国伝の記載がない。『古事記』における崇神の没年干支は、「戊寅年」で西暦二五八年にあたるが、没年干支が正しいとする確証もない。つまり今のところ、ヤマト王権の成立時期を明示する証拠は残されていない。

表2『古事記』『日本書紀』の天皇表と「帝紀」「旧辞」(□は存在を推定，■は皇后)

漢風諡号	名	古事記		書紀巻数	備考
		帝紀	旧辞		
(神代)			□	1・2	
1 神武	カムヤマトイハレビコ	□	□	3	はつくにしらすスメラミコト
2 綏靖	カムヌナカハミミ	□		4	
3 安寧	シキツヒコタマテミ	□		4	
4 懿徳	オホヤマトヒコスキトモ	□		4	
5 孝昭	ミマツヒコカヱシネ	□		4	
6 孝安	オホヤマトタラシヒコクニオシヒト	□		4	
7 孝霊	オホヤマトネコヒコフトニ	□		4	
8 孝元	オホヤマトネコヒコクニクル	□		4	
9 開化	ワカヤマトネコヒコオホビビ	□		4	
10 崇神	ミマキイリヒコイニヱ	□	□	5	はつくにしらすスメラミコト
11 垂仁	イクメイリビコイサチ	□	□	6	
12 景行	オホタラシヒコオシロワケ	□	□	7	
13 成務	ワカタラシヒコ	□		7	「定レ境開レ邦」
14 仲哀	タラシナカツヒコ	□	□	8	
(神功)	オキナガタラシヒメ(皇后)	■	■	9	
15 応神	ホムダワケ	□	□	10	
16 仁徳	オホサザキ	□	□	11	「聖帝」
17 履中	イザホワケ	□	□	12	
18 反正	ミヅハワケ	□		12	
19 允恭	ヲアサツマワクゴノスクネ	□	□	13	「正レ姓撰レ氏」
20 安康	アナホ	□	□	13	
21 雄略	オホハツセノワカタケル	□	□	14	金錯銘鉄剣・銀錯銘大刀
22 清寧	シラカノオホヤマトネコ	□	□	15	
23 顕宗	ヲケノイハスワケ	□	□	15	
24 仁賢	ヲケ	□		15	
25 武烈	ヲハツセノワカサザキ	□		16	
26 継体	ヲホド	□		17	応神五世孫
27 安閑	ヒロクニオシタケカナヒ	□		18	勾大兄
28 宣化	タケヲヒロクニオシタテ	□		18	
29 欽明	アメクニオシハラキヒロニハ	□		19	
30 敏達	ヌナクラフトタマシキ	□		20	
31 用明	タチバナノトヨヒ	□		21	
32 崇峻	ハツセベノワカササギ	□		21	
33 推古	トヨミケカシキヤヒメ	□		22	
34 舒明	オキナガタラシヒヒロヌカ			23	
35 皇極	アメトヨタカライカシヒタラシヒメ			24	譲位
36 孝徳	アメヨロヅトヨヒ			25	
37 斉明	アメトヨタカライカシヒタラシヒメ			26	皇極重祚
38 天智	アメミコトヒラカスワケ			27	
39 天武	アマノヌナハラオキノマヒト			28・29	
40 持統	タカマノハラヒロノヒメ			30	オホヤマトネコアマノヒロノヒメ

そのため、「帝紀」に記載された王墓から推測する方法をとりたい。崇神陵は「山辺道勾之崗上《やまのへのみちのまがりのおかのへ》」にある。現在、崇神陵は奈良盆地南部の柳本《やなぎもと》古墳群に所在する行燈山《あんどんやま》古墳に比定されており、考古学界では、ほぼ共通した見解になっている。墳丘長は二四二メートル、周濠を含めると約三六〇メートルという巨大な前方後円墳である(**図1**)。古墳の築造年代は、四世紀前半であろう。

古墳の築造が、生前に造られた陵墓である寿陵《じゅりょう》か没後の造営かは、考古学上では決めがたいといわれる。『書紀』の記述からは、「〈前方後円墳〉への招待」で述べたように、天皇陵は寿陵の可能性がある。いずれにせよ行燈山古墳の築造年代から推測すると、崇神は四世紀前半の人物であり、ヤマト王権の成立は四世紀前半ごろと推定できる。

崇神が列島内でどのような称号を使っていたか、直接の史料はないが、中国正史の『魏志』から『宋書』までの倭国記事では、「倭王」ないし「倭国王」となっている。崇神も、「王」を名のっていた可能性が高い。

このヤマト王権と邪馬台国を盟主とする倭国との政治的関係は、どのようなものだったのであろうか。ヤマト王権の成立は四世紀前半と推測されるので、三世紀半ばの邪馬台国とは直接的な関係はない。仮に邪馬台国が奈良盆地の東南部に位置したとしても、邪馬台国連合(倭国)の解体ないし変質の後に、ヤマト王権が形成されたことになる。

おもしろいことに『書紀』編者は、『魏志』倭人伝の記事を見ており、倭国の女王卑弥呼《ひみこ》のことを知っていた。『書紀』神功摂政《じんぐうせっしょう》三九年条に「倭女王」の注記があり、卑弥呼を神功皇后に比定している。つまり、邪馬台国の時期を神功皇后の時代

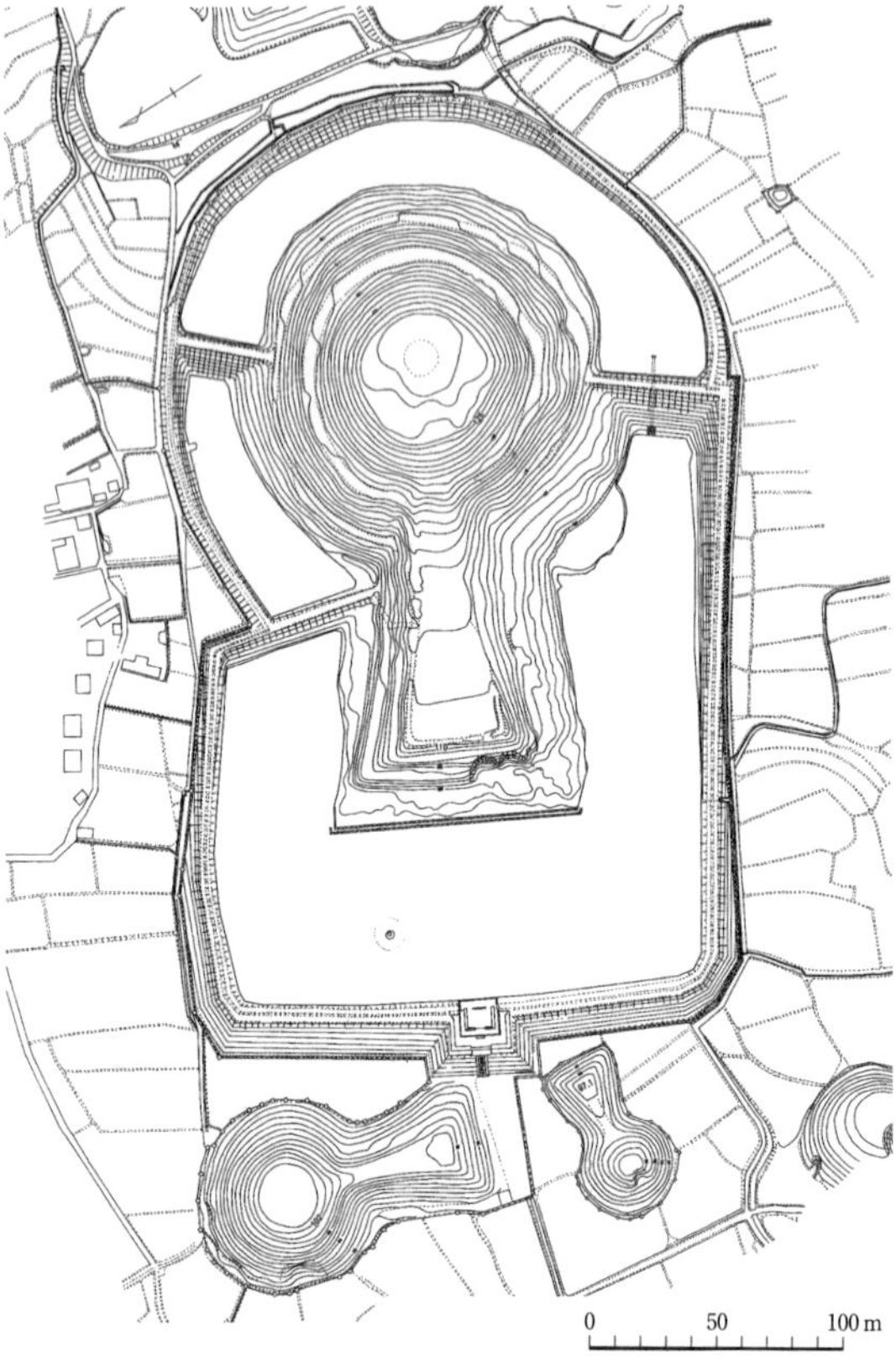

図 1　崇神陵(行燈山古墳)[奈良県立橿原考古学研究所編, 2001]

にあてていた。しかしながら、神功皇后は文字どおり「皇后」であって、「倭王」ではない。しかも、倭人伝に「夫婿《ふせい》なし」とされた卑弥呼は独身であるが、神功皇后は正妻で子どももいる。二人の人物は、境遇がまったく異なっている。

このように『書紀』編者は、『魏志』倭人伝を通じて卑弥呼についての知識をもっていた。ところが、『書紀』に記されたヤマト王権の王は男性であり、女性の王は存在しない。やむをえず卑弥呼を、政務を執行した神功皇后に比定したのであろう。こうした事情から考えると、『書紀』のヤマト王権の伝承には卑弥呼が含まれていなかったと考える方が妥当であろう。『記・紀』編纂時には、すでに推古・皇極《こうぎょく》（斉明《さいめい》）・持統天皇という女性天皇を経験していたことから、過去に女性首長が存在したことを隠す理由は、まったくなかったはずである。

ヤマト王権と王宮・王墓

それでは、ヤマト王権の政治的中枢は、どの場所にあったのだろうか。私は、王宮を政治的センターとして捉えているが、古代の政事意識において、王宮と王墓はどのように考えられてきたのであろうか。『古事記』では、神武天皇が「何地《いずれのところ》に坐《いま》さば、天下の政《まつりごと》平けく聞《きこ》し看《め》さむ」と問うことから始まる。つまり天皇自身が、どの場所で政事を執り行なうのか、探求の問いを発しているのである。

表3　ヤマト王権の王宮と王墓

天皇名	王宮『古事記』		王宮『日本書紀』		王墓『古事記』	
10 崇神	師木	水垣宮	磯城	瑞籬宮	山辺道	勾之岡上
11 垂仁	師木	玉垣宮	纒向	珠城宮	菅原	御立野
12 景行	纒向	日代宮	纒向	日代宮	山辺道上	
13 成務	志賀	高穴穂宮			沙紀	多他那美
14 仲哀	穴門 筑紫	豊浦宮 訶志比宮	穴門	豊浦宮 橿日宮	河内	恵賀之長江
(神功)			磐余	若桜宮	狭城	楯列陵
15 応神	軽島	明宮		明宮	川内	恵賀裳伏岡
16 仁徳	難波	高津宮	難波	高津宮	毛受	耳原
17 履中	伊波礼	若桜宮	磐余	稚桜宮	毛受	
18 反正	多治比	柴垣宮	丹比	柴籬宮	毛受野	
19 允恭	遠飛鳥宮				河内	恵賀長枝
20 安康	石上	穴穂宮	石上	穴穂宮	菅原	伏見岡
21 雄略	長谷	朝倉宮	泊瀬	朝倉宮	河内	多治比高鸇

その答えは、既述したように、雄略の場合は「大長谷若建命〔雄略〕、長谷朝倉宮に坐して、天の下を治《しらしめ》しき」とあるように、長谷朝倉宮〔王宮〕において、天下を治めたと記されている。しかも、稲荷山古墳出土の金錯銘鉄剣によれば、ヲワケが「斯鬼宮〔斯鬼は朝倉を含む広義の名称〕」において、杖刀人首として雄略に仕え奉り、天下の政事を補佐していた。明らかに天皇が統治を行なう場は、居住する王宮である。

これに対し、王墓はどうであろうか。王墓は、「御陵は河内之多治比高鸇に在り」〔雄略段〕とあるように、各天皇段の末尾に「御陵は＊＊に在り」と記される。文章としては、奥つ城の場所を示すにすぎない。つまり『古事記』は王宮を統治の場、王墓を遺体の安置場所として示す。誤解のないようにいえば、この考え方は必ずしも『記・紀』中心史観ではない。ヤマト王権論の素材を「帝紀」に求めるかぎり、必然的な結論である。

「帝紀」の王墓（御陵）記載について、白石太一郎は崇神から仲哀《ちゅうあい》天皇までは信憑性がきわめて高いと指摘している[15]〔白石、二〇〇〇〕。白石説によれば崇神以降の「帝紀」の王墓記載は、事実の伝承として評価することになる。これにならい、おそらく王宮の記載も同じだと認めていいだろう。初期のヤマト王権の王宮と王墓の所在地は、**表3**の通りである。

(15) ただし、個々の王墓の比定については別の問題と捉え、現行の比定説に疑問も投げかけている。

王墓の所在地とヤマト王権論

ところが先述のように、考古学研究者の一部には、王墓が国王の政治勢力の本拠地に造られるとする議論がある。古墳の所在地について、白石は、古墳は被葬者の本貫地に営まれ、王権の氏族的基盤を示す〔白石、一九九九〕、古墳は政治勢力の本拠地に造られる〔白石、二〇〇四〕といった考え方である。また、「巨大前方後円墳の所在地に王権の本拠地を想定することについては、無条件で成り立つはずはなく、不明というほかないのであるが、一応の仮説として承認してさしつかえないし、状況証拠もある」とする意見もある〔北條、二〇〇〇〕。事実上、被葬地を王権の本拠地として認める立場であろう。

古墳の所在地は、はたして政治勢力や王権の本拠地となるのだろうか。古墳の王権本拠地説は、史料的にも疑問がある。繰り返しになるが、雄略の墓は「河内之多治比高鸇」（名称は『古事記』による。『書紀』は丹比高鷲原陵）である。河内国古市《ふるいち》郡（現、大阪府羽曳野《はびきの》市・藤井寺市）にある古市古墳群中の古墳である。しかし、同時代の金錯銘鉄剣によれば雄略の王宮は「斯鬼宮（朝倉宮を含む）」であり、これは奈良盆地の東南部になる。この王宮において、雄略は統治していた。古墳の場所とは、まったく関係しない。

雄略の父は允恭《いんぎょう》天皇で、「遠《とおつ》飛鳥《あすか》宮」（大和国高市郡）で王宮を営んだ。墓は、「河内之恵賀長枝《えがのながえ》」で古市古墳群に属す。母は忍坂之《おしさかの》大中津《おおなかつ》比売《ひめ》で、若野毛二俣《わかぬけのふたまた》王（応《おう》神《じん》の子）と百師木伊呂弁《ももしきいろべ》（弟比売《おとひめ》真若比売《まわかひめ》）の子どもである。出身地域をたどっていっても、河内にはいきつきそうもない。このように、そもそも王墓の所在地についていまだ十分に解明されていない。王権の本拠地とする根拠は、示せないのではなかろうか。

ヤマト王権初代の崇神陵については、王宮と王墓が比較的近い距離にある。しかし、次の垂仁の王宮は奈良盆地東南部の「師木玉垣宮」であり、垂仁陵は盆地北部の「菅原之御立野《みたちの》」になる。両者の距離はかなり離れている。菅原の地は、少なくとも政治の中枢の地点ではない。

初期の王陵が多く存在するのは、奈良盆地東南部のオオヤマト古墳群（大和《おおやまと》古墳群・柳本古墳群・箸中《はしなか》古墳群を含む古墳群の総称）である（図2）。オオヤマト古墳群には、

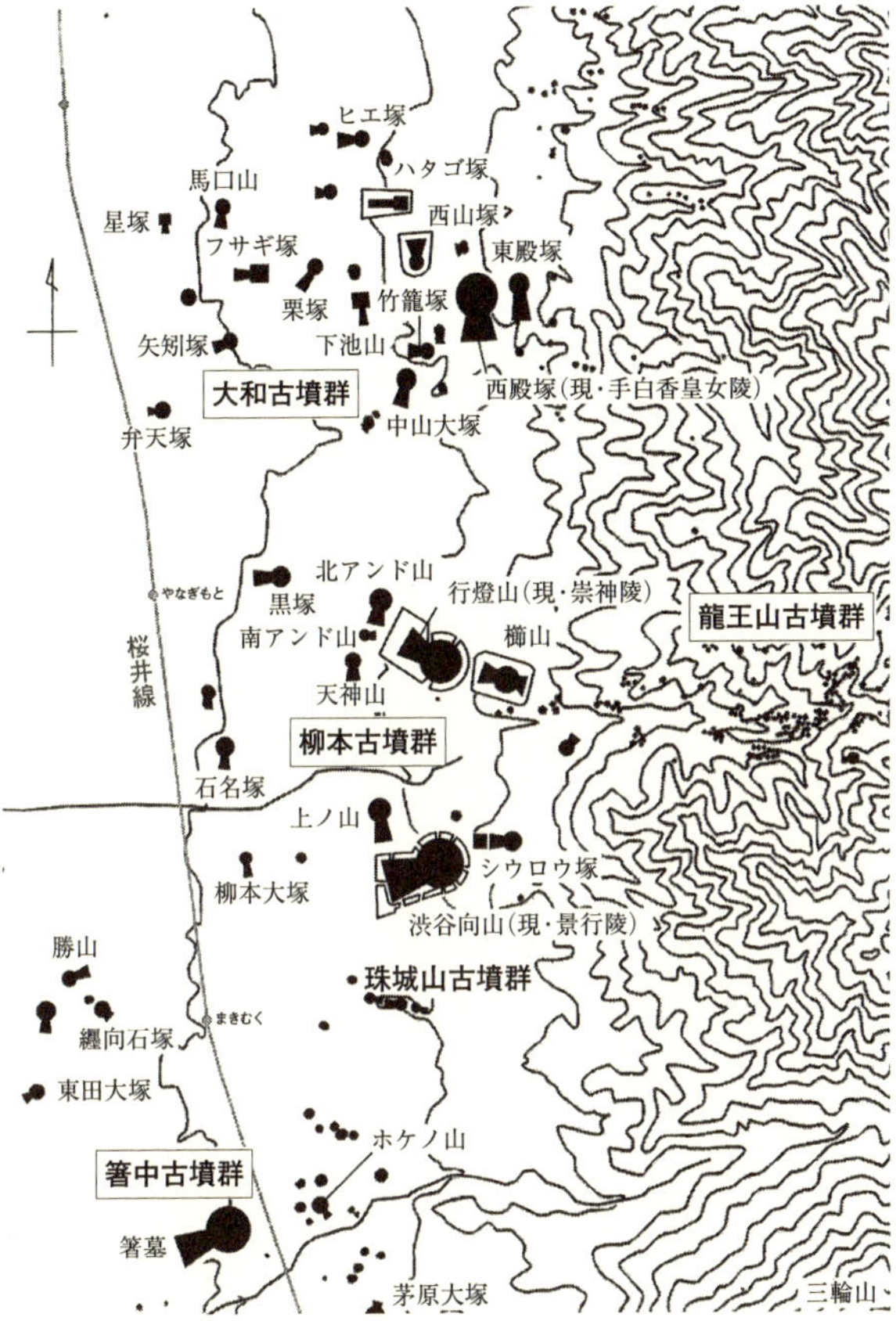

図2　奈良盆地東南部の古墳［白石，2013］

後円部径五〇メートル以上の古墳が二二基もあり、そのうち一〇基前後の後円部径が一〇〇メートルを超える。松木武彦によれば、ここに六―七の首長の系譜に符合する古墳の集合が確認できるという。この地域に、なぜ首長系譜がそれほど多く存在したのだろうか。松木は人口や生産力からみて、この地域だけで多くの首長系譜が存在することはできないので、奈良盆地の他地域にかぎらず、近畿各地の首長系譜を想定した方がいいという［松木、二〇一一］。この説には、ヤマト王権の成立や構造を解くカギが含まれているように思われる。

四世紀末に王墓が奈良盆地（大和地域）から大阪平野（河内・和泉地域）に移動するが、当初は王宮も摂津地域に移っていた。王墓の移動には、遷宮《せんぐう》も関係していただろう。この意味では、ヤマト王権の展開と王墓の設営地は関係があると思われる。ヤマト王権初期に、奈良盆地東南部に王墓が造営されていたのは、まだ王権が盆地東南部との有機的なつながりを有していたからであろうか。

その後、ヤマト王権の政治的基盤が強化され、巨大古墳がオオヤマト古墳群以外の佐紀《さき》古墳群・古市古墳群・百舌鳥《もず》古墳群で造営されていくのではなかろうか。近藤義郎は、「大和連合を盟主とする畿内および周辺諸部族、瀬戸内沿岸諸部族、北東九州および山陰の諸部族の政治的・祭祀的結集、つまり擬制的同祖同族の大連合の形成を、前方後円墳（中略）の成立の背後」にみている［近藤、一九八三］。また、大和・河内連合を想定する考え方もある。ただし、文献史料がなく、考古学研究の進展をまたざるをえない[16]。

それはともかく、ヤマト王権論は政治センターである王宮から考察すべきである。

(16) 考古学研究の現状は、[下垣、二〇一八]が詳しく説明している。

ヤマト王権と前方後円墳

次に取りあげたいのは、ヤマト王権の成立イコール前方後円墳の成立とする考え方である。考古学研究者の一部にある、前方後円墳という可視的なモニュメントから、王権論を唱える議論である。そのなかには、王墓の所在地から王権論を立てていく説もある。

かつて小林行雄が、古墳に埋葬された鏡(それまでは伝世されていた中国製の鏡)に「貴族の権威の革新」を認め、「大和政権」の地域的伸張・拡大の結果と解釈した[小林、一九六一]。その後、論拠は変わっても古墳の成立をヤマト王権の成立と結びつける研究者もいる。最近では、前方後円墳が「初期ヤマト政権」と呼ばれる首長連合の政治秩序を表現するものと主張されている[白石、二〇一三]。

しかしながら、こうした説では、前方後円墳の成立が『記・紀』でいう王権の成立を意味するとは、説明されていない。前方後円墳の形成が、倭国の統合プロセスの一段階に位置することはまちがいない。それがヤマト王権とは必ずしも結びつかない。『記・紀』に描かれたヤマト王権は「帝紀」に基づいて考察すべきであり、「旧辞」にも前方後円墳の築造を王権の起源と説明するような伝承はない。ヤマト王権の由緒は、『記・紀』にみられる政治権力(王権や国家)の伝承から考察すべきであり、それは「はつくにしらすスメラミコト」の記述に求めるしかないだろう。

「初代の王」である崇神の王墓(崇神陵)は「山辺道の勾《まがり》の崗《おか》」にあり、それは行燈山古墳に比定されている。この説が正しければ、崇神陵は前方後円墳であり、前代の前方後円墳の形態を継承して築造されたことになる。時系列で述べれば、前方後円墳が成立して、全国的な政治的秩序が形づくられ、その次の政治体制としてヤマト王権が形成されたことになる。こうした視点から、日本列島の政治的統合のプロセスを段階づけると、次のようになる。

(1) 中国から、政治的統合を果たした国として外交関係を結ぶ対象とされる倭国の段階

(2) 近畿中央部を中心とする前方後円墳の政治的秩序がつくられた時期

(3) ヤマト王権の成立

の三段階である。

(1)では、邪馬台国を盟主国とする倭国がまとまっており、中国から「親魏倭王」の印を授与された。そして(2)の段階において、統一的な企画で前方後円墳を築造す

るという政治体制が形成される。ヤマト王権は、(1)と(2)の歴史的段階を踏まえて、形づくられたことになる。

それでは、ヤマト王権の王墓が前方後円墳であることは、どのような意味をもつのだろうか。これまでの古墳研究によれば、同じ墳形の採用は、同一儀礼をともなう政治文化のネットワークに参加することを意味する。これを直接物語る文献史料はないが、王宮の事例は参考になるだろう。

雄略天皇の伝承に、天皇が大和から河内に向かう途中、山上で国の内を望んだところ、建物に堅魚《かつお》(鰹木《かつおぎ》)をあげた家があった。そこで雄略は、「奴や(こいつめ)、己が家天皇の御舎《みあらか》に似て造れること」と述べ、人を遣わして家を焼こうとしたという話がある(『古事記』雄略段)。天皇に無断で、鰹木を載せた家を造ることはできなかった。この伝承を墳墓に援用できるかどうかは、速断できない。ただし、王墓は一面では死後の生活の場であり、同じように意識されたと考えても特に不都合はなかろう。

なお、『書紀』崇神紀にヤマトトトヒモモソヒメ(倭迹迹日百襲姫)とオホモノヌシ(大物主神。三輪の大神)との神婚譚がある。自死したモモソヒメの墓が、「箸墓《はしはか》」である。三輪山の麓にある箸墓古墳を神婚譚に結びつけたものであろうが、崇神紀の伝承が最古級の前方後円墳である箸墓古墳とつながることは興味深い。箸墓古墳の造営を崇神紀に記載したのは、ヤマト王権と前方後円墳とを結びつけた伝承の可能性もある。

私はヤマト王権成立以前の前方後円墳の時期を、「プレ・ヤマト王権」の時代と呼ぶことにしている[吉村、二〇一〇]。

2 倭国と朝鮮半島・中国大陸——「倭の五王」の時代

広開土王(好太王)碑の語るもの

四世紀末における倭国の対外関係を示すのが、広開土王(好太王)碑[17]である。広開土王(尊号は永楽太王《えいらくたいおう》で、諡号《しごう》は正式には国岡上広開土境平安好太王)は、高句麗第一九代の王で、碑文には軍事的勲績が記されている。碑文は広開土王の勲績を讃える頌徳碑であり、三つの内容が記載されている。(1)始祖の伝承から始まる広開土王の功徳と立碑の目的、(2)広開土王の編年的戦績、(3)墓の維持体制(守墓人烟戸制)と広開土王の遺訓、である。(2)の編年的戦績のなかの、永楽六年(三九六)・九年・一〇年・一四年条に倭に関する記述がある。

永楽六年条には、広開土王が百済に行って征服活動を行なう理由が、前置き文として記されている。その文章は、「倭以辛卯年来渡□破百残□□新羅以為臣民」(□

(17) 碑文は、四一四年に高句麗の首都、国内城(現在は中国吉林省《きつりん》集安《しゅうあん》市)に建てられた。碑は風雨により劣化したので、正確な釈読は難しい。拓本のなかでは初期の原石拓本が貴重であり、武田幸男『広開土王碑との対話』(白帝社、二〇〇七年)や中国の徐建新『好太王碑拓本の研究』(東京堂出版、二〇〇六年)の研究によって、正確な碑文の釈読が進められてきた。この時代の倭国を知ることのできる、同時代の一級史料である。

の三文字が釈読不可能）であるが、この語句の解釈が問題になってきた。この文章の前に、従来の高句麗と百済・新羅との外交関係について書かれている。「百残（百済の蔑称）と新羅、旧より是れ（高句麗の）属民にして、由来、朝貢」という文章である。かつて百済・新羅の民衆を高句麗が「属民」として扱っていたが、その関係が途絶えた。その理由が、前置き文に記されている。

前置き文の内容は、高句麗と百済・新羅との政治的関係の破綻であろう。文章にそって説明していけば、倭が辛卯《しんぼう》年（三九一）に渡海して、百済を破り、おそらく百済と新羅の民を「臣民」にした、という内容であろう。そのため、高句麗の広開土王が百済を自ら征討し、あらためて元の関係に戻したのである。おそらく百済は、高句麗と旧来の関係になったのであろう。

また、永楽九年条には「百残、誓いに違き、倭と和通せり」とあり、百済はふたたび高句麗を裏切って、倭と通好した。『三国史記』百済本紀の阿莘《あしん》王六年（三九七）条に「王、倭国と好を結ぶ。太子腆支《てんし》を以て質とす」とあり、百済は倭に太子を人質として提供したことがわかる。以上のように、ヤマト王権による半島への軍事的進出は、否定できない。

半島へ軍事的に進出し、一時的にせよ百済・新羅を「臣民」としたことは、倭国の軍事的戦闘能力の発展や、半島からの文物の輸入と無関係ではない。この点では、松木武彦が述べるように（本書「国の形成と戦い」）、四世紀後葉の武器・武装の革新とは密接な関係にあるだろう。列島・半島間の交通路の問題としては、難波《なにわ》や筑紫《つくし》の港湾の整備が問題となる。

五世紀における列島支配

五世紀の倭国の状況は、『宋書』倭国伝に書かれている。倭国伝には、宋と倭国との外交交渉が記載されており、そこに五人の倭国王が登場する。当時の倭国王は、即位すると使者を宋に派遣し、倭国王の称号を承認されるように努めていた。これを冊封関係という。同時代の記録であるから、重要な史料である。

最初の倭国王は、「倭讃《わさん》」と記されている。これは高句麗や百済の例に学び、国名の「倭」を姓の名称とし、「讃」という個人名をつけたのである。つまり「倭（姓）讃（名）」という名前である。二人目は「弟珍《ちん》」（弟である珍）とあるので、二人が兄弟関係にあったことがわかる。

ところが、三人目は「倭国王済《せい》」とあり、珍との続柄が書かれていない。これは、どういうことなのだろうか。その理由は後回しにして、四人目は「世子興《こう》」である。「世子」とは、天子の後継ぎのこと。おそらく正式に即位していない時期に、宋に使者を遣わしたのであろう。最後の五人目が、「弟武《ぶ》」である。興と武は兄弟である。武が宋の順帝宛に出した上表文が、倭国伝に残されている。上表文には「亡考(亡き父)済」とあるので、済と興・武とは父子の関係である。

さて、問題は珍と済の血縁関係の有無である。一部に、珍と済とは血縁関係がないという指摘もあるが、本当なのだろうか。運のいいことに『宋書』文帝本紀に「倭王倭済」(二八年条)と記されており、済は「倭王」で「倭(姓)済(名)」を名のっていたことがわかる。珍と済の血縁関係は不明であるが、倭の五王はすべて「倭国」の「倭」を姓としていた。つまり、「倭」姓の氏族集団ということになる。また倭国伝には、「倭隋《わずい》(18)」ら一三人が「平西将軍等」に任用されたことが記されている。

以上のように、倭国伝によると倭国王の王位継承は「倭」姓の氏族集団で行なわれていた。そのなかでは讃と珍は(a)兄弟継承、済と興・武は(b)父子継承で、興と武が(a)の兄弟継承である。つまり、同時代史料で確実にいえることは、王位は父子と兄弟継承という原理で行なわれていた、ということである。珍と済とは、(1)『日本書紀』に記されている父子継承か、(2)血縁関係が父子や兄弟とは異なる親戚間の継承、のどちらかであろう(**図3**)。

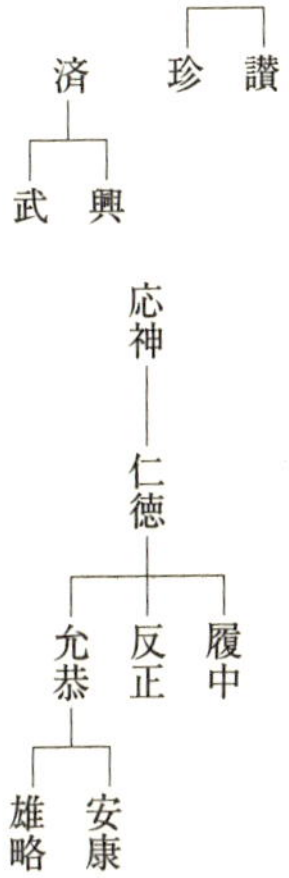

図3 「倭の五王」の血縁関係と『書紀』の系譜

なお、五王の比定について

(18) 倭隋の「倭」は、「倭王倭済」の「倭済」と同じく、倭国名の「倭」を姓としている。王族将軍と想定される。『古事記』のヤマトタケルなど、『記・紀』では王族将軍が活躍する物語がある。

は、「武」が個人名ワカタケルから漢字一字を選んだもので雄略であろう。このほかでは、「珍」がミヅハワケ（反正）であろう。そのほかの「讃・済・興」については、現在のところ納得のいく比定ができていない。倭国王の実名（諱《いみな》）が正しく伝承されているとは限らないこと、また五世紀では、漢字と日本語の意味言葉（訓読の使用）がまだ明確ではないことから、むしろ比定は難しいと考えた方がいいのではなかろうか［吉村、二〇一九］。

次の問題は、倭国王と王権構成メンバー（群臣）との関係である。四三八年（元嘉一五）には、倭隋ら一三人に「平西・征虜・冠軍・輔国将軍号」を要請して、宋に承認された。また、四五一年（元嘉二八）には、二三人が「軍郡」に任命されている。

「軍郡」は、この字のとおりだとすれば、「軍」は平西将軍号のような将軍号、「郡」は帯方郡のような地域行政名を意味する。「郡」の設置を意味するかどうかは疑問であるが、列島内でも何らかの地域的支配が行なわれていた可能性はある。このように群臣を中国宋の官位秩序に組み込む必要があったのは、むしろヤマト王権の権力構造が脆弱だったことを示唆している。

歴代遷宮とは

次に、「帝紀」に記載されている王宮の場所について考えてみよう。**表1**を見てほしい。即位した新帝ごとに、王宮[19]は異なっている。これを「歴代遷宮《れきだいせんぐう》」と呼んでいる。実在した王と推定できる崇神から景行天皇までの王宮は、奈良盆地東南部に位置している。王宮の場所は師木《しき》（磯城）・纒向《まきむく》にあり、後の大和国磯城郡を中心とした地域である。

さて、王宮に関する最古の同時代史料は、「辛亥年」（四七一）の銘をもつ金錯銘《きんさくめい》鉄剣に記されたワカタケル（雄略）の「斯鬼《しき》宮」である。これは『記・紀』の「長谷（泊瀬）朝倉宮」の汎称と思われるが（一八一頁）、少なくとも雄略の場合、「帝紀」の記載は同時代史料で確認できる。

雄略以外では金錯銘鉄剣のような同時代史料はないが、「帝紀」に記された崇神以降の王宮記載は事実として認めていいだろう。問題は、なぜ歴代遷宮が行なわれたのかであろう。その理由として、ヤマト王権の首長は、第一に特定の地域を政治的・経済的基盤にしていないこと。第二に、王権を構成する各氏族集団を統合する代表者であるため、特定地域に固執することなく、王権にとって必要と判断される場所に王宮を建設することができたからだと考えられる。

これまで歴代遷宮の理由としては、(1)父子別居による慣習（王子宮の王宮化を含む）、(2)宮殿建築の耐用年数の問題、(3)天皇の死去による死の穢れ、(4)各時期の政治的課題の解決、(5)地理的・経済的な理由、(6)新天皇即位時の慣行などが指摘されていた

(19) 宮とは、建物の「や（屋・家）」に、尊敬を表す「み（御）」が形容されたもので、王・天皇や妃・王子が居住する建物の「宮」を意味する。宮が設置された場「こ（＝ところ。処）」が、都（宮処）となる。つまり、宮のある場所が都であり、古代では天皇が居住する所在地である。

［八木、一九七四］。このなかでは、(4)と(6)の可能性が高い。

七世紀半ばの大化《たいか》改新以前の王位継承では、前帝が没すると群臣の推挙によって新たな国王（新帝）が決められた（後述）。ここで群臣の意向によって、新しい王宮の所在地が決まることもあっただろう。また、七世紀代に飛鳥に王宮が集中するのは、当時の権力者である蘇我氏の影響も無視できない。こうした新帝即位の歴史的事情を考慮すれば、新天皇の誕生を契機に新たな王宮が選定される歴代遷宮が起こったのだと考えられる［舘野、二〇一〇］。

兄弟継承と選出手続き

五世紀における王位継承は、父子間のみならず、兄弟間でも行なわれていた。ふつうは兄から弟という年齢順である。しかし、弟から兄という顕宗・仁賢《にんけん》の事例もあり、必ずしも年齢順とはかぎらない。

また、『書紀』には「兄殺し」の伝承もある。允恭の没後、「太子」[20]とされた長男の木梨軽《きなしのかる》皇子と第三子の穴穂《あなほ》皇子（後の安康《あんこう》天皇）との争いがあった。安康が眉輪《まよわ》王に暗殺された後、允恭の第五子の大泊瀬《おおはつせ》皇子（後の雄略天皇）が、兄の第四子八釣白《やつりのしろ》彦《ひこ》皇子と第二子 境《さかいのくろひこ》黒彦皇子、そして眉輪王を殺す記述がある。『古事記』でも、ヤマトタケル（倭建）物語において、兄殺しの記事がある。このように年齢順で兄の

(20)「太子」には嫡子の意味もあるが、ここでは「ひつぎのみこ」すなわち皇嗣の意味として使われているだろう。

次に弟が即位するとはかぎらず、兄殺しの伝承も残されていた。

王位継承に際して兄弟争いが起こるとすれば、兄弟はどのような立ち位置にいたかが問題となる。そもそも兄弟は、一緒に生活していたのであろうか。七世紀後半の天武の諸皇子の住居は、大津《おおつ》皇子宮・忍壁《おさかべ》皇子宮・佐紀《さき》宮(長皇子)などと呼ばれ、王宮とは別の「皇子宮」に住んでいた。

天武朝以前においても「大草香《おおくさか》皇子家」(『書紀』安康元年条)、「太子の宮」(武烈《ぶれつ》即位前紀)、「海部王家」(敏達《びだつ》四年条)、「穴穂部《あなほべ》皇子宮」(崇峻《すしゅん》即位前紀)、「泊瀬王宮」(舒明《じょめい》即位前紀)、「皇太子宮」(大化三年一二月条)などという皇子宮が存在する。太子・大兄《おおえ》や皇子は、本人独自の「宮」「家」に居住していたのである〔荒木、一九八五〕。皇子宮が五、六世紀までさかのぼることを示す史料はないが、王族が共同生活を営んでいたという史料もない。

むしろ当時の婚姻や子どもの養育から考えれば、誕生時には母親の実家で生活し、場合によっては養育氏族に育てられ、成人すれば独立の家を営むのではないだろうか。皇子については、母親の氏族と養育する氏族が関係することになる。皇子宮の経営にも、これら氏族が関与した可能性があるだろう。このように皇子宮が営まれたとすれば、王位継承に際して各氏族の政治的思惑や利害が関係することになる。

次に、王位継承が年齢順の兄弟継承でないとすれば、どのような順であろうか。

また、王はどのような手続きで選出されたのであろうか。
先の木梨軽皇子と穴穂皇子の争いを振りかえってみよう。軽皇子に対し、「群臣従《つか》へまつらず。悉《ふつく》に穴穂皇子に隷《つ》きぬ」(安康即位前紀)と書かれている。王の選出にあたっては、群臣が関与していた。大化前代(大化改新以前の時代)では、たとえば推古の場合、

天皇崩《かむあが》りましぬ。九月に、葬礼畢《おわ》りぬ。嗣位《ひつぎのくらい》未だ定らず。是の時に当りて、蘇我蝦夷臣《おみ》、大臣《おおおみ》たり。独《ひと》り嗣位を定めむと欲《おも》へり。顧《かえり》みて群臣の従はざらむことを畏《おそ》る。すなはち阿倍麻呂臣と議《はか》りて、群臣を聚《つど》へて、大臣の家に饗《あえ》す。*

とあるように、次の後継者が自動的に決まっていたわけではない。独裁者といわれる蘇我蝦夷にしても、群臣の動向には逆らえない。そこで群臣を自宅に集めることになる。実際には、群臣の意見が田村《たむら》皇子と山背《やましろ》大兄に分かれ、政治的争いになった。最終的には、「大臣及び群卿、共に天皇の璽印《みしるし》を以て、田村皇子に献《たてまつ》る」とあるように、群臣がレガリアである「璽印」を田村皇子に献上し、田村が即位した。舒明天皇である。つまり前帝が没すると、大臣をはじめとする群臣の推挙によって、次の新帝が決定されていた[吉村、一九九六]。

***(大意)** 推古が没して葬礼も終わったが、新帝が決まっていなかった。蘇我蝦夷は自分で決めたかったが、群臣が従わないことをおそれて、群臣を集めて宴を開いた。

3　氏姓制・国造制の成立と古墳の政治秩序

金石文から読み解く列島の人制社会

さて、日本列島において五世紀の金石文が三点出土している。すでに「帝紀」の考察で、金錯銘鉄剣については説明したが、あらためて掲げてみると、

(1)　千葉県市原市の稲荷台一号墳出土の「王賜」銘鉄剣
(2)　埼玉県行田市の稲荷山古墳出土の金錯銘鉄剣（**図4**）
(3)　熊本県和水町の江田船山古墳出土の銀錯銘大刀[21]

である。

(1)の銘文は、（表）「王賜□□敬□（安か）」、（裏）「此廷□□□□」。後の上総国にあたる東国出身の人物（おそらく武人）が、中央に出仕して大きな勲功をあげ、当時の倭国王から賜与された「下賜刀」であろう。五世紀中葉のものとみられ、倭国王は対中国関係の際と同じように「王」を名のっていたことがわかる。ちなみに、右の三つの銘文には「王」「大王」の文字が刻まれている。当時の列島では、文字の使用が特別な意味をもち、倭国王との政治的関係によって使われたので、「王」「大王」の文字が現れる。

(21)　銀錯銘大刀の銘文の訓読は、「天の下治しし獲□□□鹵大王の世、典曹に奉事せし人、名は无利弖、八月中、大鉄釜を用い、四尺の廷刀を并わす。八十たび練り、九十たび振《う》つ。三寸上好の刊刀なり。此の刀を服する者は、長寿にして子孫洋々、□恩を得る也。其の統ぶる所を失わず。刀を作る者、名は伊太和、書する者は張安也」である。

(表)

辛亥年七月中記乎獲居臣上祖名意富比垝其児(名脱カ)多加利足尼其児名弖已加利獲居其児名多加披次獲居其児名多沙鬼獲居其児名半弖比

(裏)

其児名加差披余其児名乎獲居臣世々為杖刀人首奉事来至今獲加多支鹵大王寺在斯鬼宮時吾左治天下令作此百練利刀記吾奉事根原也

辛亥の年七月中、記す。ヲワケの臣。上祖、名はオホヒコ。其の児、(名は)タカリのスクネ。其の児、名はテヨカリワケ。其の児、名はタカヒ(ハ)シワケ。其の児、名はタサキワケ。其の児、名はハテヒ。其の児、名はカサヒ(ハ)ヨ。其の児、名はヲワケの臣。世々、杖刀人の首と為り、奉事し来り今に至る。ワカタケ(キ)ル(ロ)の大王の寺、シキの宮に在る時、吾、天下を左治し、此の百練の利刀を作らしめ、吾が奉事の根原を記す也。

図 4 埼玉県行田市の稲荷山古墳出土の金錯銘鉄剣銘文
[埼玉県教育委員会, 1979]

ところで、これらの銘文には、まだ部民制と関係する「部」字がなく、(2)「杖刀人」、(3)「典曹人」の用語が刻まれている。これは、どういう意味なのだろうか。結論的にいえば、まだ部・部民制が施行されておらず、倭国王とのつながりが「杖刀人(刀を杖《も》つ人)」「典曹人(曹を典《つか》さどる人)」のような「**人」という「人制《ひとせい》」の段階であった。杖刀人は武器を持つ武官、典曹人は曹(役所)を掌る文官であろう。両者とも漢語表記の職名であり、中国の制度の影響が強いと思われる。

表4　『日本書紀』の主な人制史料

雄略即位前紀	大舎人，舎人
雄略 2 年 10 月	宍人部，厨人，河上舎人部，史《ふみひと》部
3 年 4 月	湯人
7 年	漢手人部，宍人部
8 年 2 月	典馬(人)
9 年 5 月	家人
10 年 9 月	養鳥人
11 年 5 月	川瀬舎人
14 年 1 月	手末才伎(たなすえのてひと)
23 年 8 月	船人

さて、(2)(3)は獲加多支鹵(雄略)の時期の銘文であるが、『書紀』雄略紀にも、この人制の史料がみられる。**表4**にあるように、「養鳥人」や「典馬(人)」である。また、一字の漢字表記には、「湯人《ゆえ》・宍人《ししひと》・船人《ふなひと》」などの職名がある。後の部民制では、養鳥人は鳥養《とりかい》(鳥飼)部、典馬人は馬養《うまかい》(馬飼)部と関連する可能性が高い。このように五世紀後半の雄略朝には、漢語表現で職名を記す社会分業のシステムが存在しており、これを人制と呼んでいる。

これら二字の人制は、その漢語が具体的な職務行為を示している。しかし、「船人」などの一字で表す職能は、職務内容の詳細が必ずしもわからない。たとえば「舎人」(雄略即位前紀)は、王宮(舎)の雑務に従事する、後のトネリ(舎人)と関係すると思われる。さらに、「杖刀人首」という語句からすると、人制の職能集団には「首」と称される首長(責任者)がおり、杖刀人集団を管理していたことがわかる。

ここで注目したいのは、杖刀人首のヲワケが「獲加多支鹵の大王の寺、斯鬼宮に在る時、吾、天下を左治し」と記している政治意識である。東国出身のヲワケは、ワカタケルの「治天下(天の下を治しめす)」という統治意識に対し、補佐するという「左治天下」の意識をもっていた。五世紀後半は、まだ国造制が成立していない人制の時期である。ヤマト王権のもとに出仕していた杖刀人首は、王に奉事(仕奉)しながら補佐していた。必ずしも支配―隷属関係ではなく、臣従関係である。

なお、「新漢陶部高貴《いまきのあやのすえつくりこうき》」(雄略七年条)とみえる人物は、「新漢(今来漢人《いまきのあやひと》)」であり、新しい技術・技能をもつ工人が移住していた。硬質土器が大規模に生産された陶邑窯跡群(大阪府の泉北丘陵で、堺市・和泉市・岸和田市付近)との関係が想定される。「近江国鏡村谷陶人《はさまのすえびと》」(垂仁三年三月条)の陶人は、垂仁朝かどうかは別として、人制段階の須恵器生産に関わった集団であろう。

以上のように、同時代史料に杖刀人・典曹人が存在していたことが確認できる。

(22) ウヂ(氏)とカバネ(姓)の正確な成立時期は、まだ不明である。歴史を振りかえると、氏族には、連(ムラヂ)のカバネを持つ大伴《おおとも》・物部《もののべ》・中臣《なかとみ》・忌部《いんべ》氏らがいる。彼らは、王に仕え奉る(仕奉)自らの職掌を氏の名として背負う「名負いの氏」といい、伴造(トモノミヤツコ)の氏である。たとえば中臣氏は、神と人との中を執りもつ祭祀に関係する氏で、中臣・中臣部の部民を管轄する。具体的にいえば、中央の伴造である中臣氏は、地域の中臣部を管掌する地方伴造の中臣氏を通して、全国の中臣・中臣部を管理して祭祀の職掌を勤める。したがって、日本の氏は王権との政治的関係で結ばれている。

一方、蘇我・巨勢《こせ》・平《へ》

さらに、人制の史料が『書紀』雄略紀に集中していることは、人制を雄略朝に結びつける何らかの伝承があったと思われる。

氏・カバネの形成

五世紀代の列島史料では、銘文には氏(ウヂ)・カバネ(姓)㉒は一つも記載されていない。同時代史料として氏・カバネが確実にみえるのは、島根県松江市の岡田山一号墳出土の大刀㉓である。

大刀の銘文には「各田ア臣」という人物の名が書かれている。これは「額(各)田部臣」であり、「額田部《ぬかたべ》」という部の名称と「臣」のカバネ(姓)が記入されている。まちがいなく額田部氏との関係が想定される。部・部民の種類には、(1)王や王族に仕える「名代《なしろ》・子代《こしろ》」、(2)王権を維持する職務の社会的分業を担う「職業部」、(3)豪族が所有する「部曲《かきべ》」の三種類㉔があるが、額田部は(1)の名代・子代にあたる。

こうした部民制では、やがて中央にはそれぞれの部民を統括する伴造(トモノミヤツコ)、地方にも地域の部民を管理する地方伴造が置かれるようになる。額田部臣は、その地方伴造であろう。部民制の形成とともに、平群・蘇我などの地域名を名のる氏が誕生したと思われる。最終的には中央の伴造は「連」、地域名を名のる氏は「臣」のカバネを賜与された。氏・カバネの賜与・改定は王権固有の権限であり、

群《ぐり》などのように地名を氏の名とする氏族は、臣(オミ)のカバネを持つ。ウヂ名である、それぞれの地域名を名のる地域代表の在地首長であったと思われる。中央の臣系氏族は、ヤマト王権を構成するメンバーで、大臣の建内(武内)宿祢系譜に繋がることによって、建内宿祢のように代々ヤマト王権に仕奉するという性格を有していた。建内宿祢は、成務から始まり、仲哀・応神・仁徳天皇にいたる四代にわたり大臣として仕奉したという伝承がある。

連系の最高執政官が大連であり、臣系氏族の最高執政官が大臣となる。

(23) 銘文は、「各田ア臣□□□□□(素か)大利□」。

列島の場合、王・王族は氏・カバネを持つことがなかった。

この岡田山一号墳は前方後方墳であり、六世紀半ばから後半の築造とされる。したがって、部やカバネは六世紀前半には成立していたと思われる。おそらく百済などの朝鮮諸国の部制の影響を受け、五世紀末から六世紀前半の間に成立したのであろう。遅くとも六世紀半ばの欽明朝には、氏・カバネは成立していた。

ちなみに「中臣氏系図(大中臣本系帳)」には、中臣常磐大連が「磯城島宮御宇天国押開広庭天皇之世」(欽明朝)に「中臣連姓」を賜ったとある。一〇世紀初めに作成された「大中臣本系帳」には必ずしも信憑性がないが、一つの参考史料である。

なお、大刀の銘文以前で問題になる史料は、和歌山県橋本市の隅田《すだ》八幡神社所蔵の人物画像鏡銘(25)である。「癸未《きび》年」(五〇三)の紀年をもつ仿製《ぼうせい》鏡(列島で製作した鏡)であるが、出土地は不明である。銘文には「意柴沙加《おしさか》宮」の宮名のほか、「日十大王」「斯麻《しま》」の人名がみえる。仿製鏡の性格からみて、列島に居住する人物名であろう。

銘文には「開中費直穢人今州利」の語句がある。「開中費直」と「穢人今州利」は、二人の人物の名前の可能性が高い。「開中費直」は、『書紀』所引の「百済本記」にみえる「加不至費直《かふちのあたい》」(欽明二年七月条。本文では「河内直」)と同族であろう。後の「河内直」に関係する氏族名で、百済系の移住民と思われる。また、「穢」は朝鮮半島の地名をさし、穢人の今州利という人物名であろう。したがって、在来系

(24) (1)名代・子代には白髪部・穴穂部・小長谷部など、(2)職業部には海部・山部・忌部など、(3)部曲には蘇我部・中臣部・巨勢部などがある。

(25) 人物画像鏡の銘文を書き下せば、「癸未年の八月、日十大王の年、男弟王、意柴沙加宮に在りし時、斯麻、長寿を念じ開中費直・穢人今州利の二人等を遣わし、白上同二百旱を取りて此の竟(鏡)を作る」である。

にはまだ氏の名称はないということになる。「費直」も明確なカバネにはなっていない。

このように氏・カバネは遅くとも六世紀前半には成立した。この時期は古墳時代後期であり、すでにワケ・スクネなどの敬称は存在していただろう。これまで前方後円墳や前方後方墳など古墳の形態で、政治的身分が表示されていた。しかし、古墳はある意味で被葬者の序列であり、その子孫は被葬者から地位・身分などを継承したのであろう。

新たに設けられた氏・カバネは、ヤマト王権とつながった人物の政治的ないし職務的な地位を明白に表す。氏・カバネ制の出現は、それまでの古墳築造の原理を大きく変化させる起因になったはずである。遅くとも欽明朝には氏・カバネ制度が成立したことと、欽明陵（見瀬丸山古墳）が最後の巨大な前方後円墳であること（「〈前方後円墳〉への招待」参照）とは、密接な関係があると思われる。

国主（クニヌシ）から国造へ

『先代旧事本紀』（九世紀半ばの編纂か）の巻一〇「国造本紀」に記されている国造は、六世紀前半を上限とし、六世紀中葉から七世紀後半までの期間に実在したといわれる〔吉田、一九七三〕。地域によって国造の出現時期は異なるが、六世紀中葉までには国造制は形成されていた。「国造本紀」は、国造数を一二六前後とする。このように国造制は、古墳時代後期には成立していた。

一般的にいえば、国造の前身は在地首長の「国主（クニヌシ）」である。国の首長である「クニヌシ」は、『記・紀』においては「大穴牟遅《おおあなむち》」「葦原色許男《あしはらのしこお》」「八千《やち》矛《ほこ》」「宇都志国玉《うつしくにたま》」など、地域特有の名前を持っている。その象徴ともいうべき名称が、「大国主（オホクニヌシ。偉大な国の主）」である。このクニヌシが、ヤマト王権に政治的に従属して「国造」に任命される。

なお、『古事記』には国譲り神話がある。その背景としては、クニヌシが支配していた「国」を、ヤマト王権に献上するかたちをとったことからであろう。オホクニヌシの国譲り神話とは、国主が国造に就任することの神話的な表現である。

古墳時代後期に国造制が形成されたということは、在地首長はクニヌシの段階で前方後円（方）墳（以下、前方後円墳と総称する）を築造していたことを示唆する。国造制が成立する以前、仮に伴造あるいは国造より下位に位置づけられる県主（アガタヌシ）や県稲置(26)（コホリのイナギ）などはどうであろうか。ヤマト王権に従属し、アガタヌシやイナギなどの地位を保持する人物しか前方後円墳を築造できないとすれば、古墳時代前・中期の数多くの前方後円墳の存在を説明することは困難である。ただし、クニヌシとして前方後円墳を築造し、ヤマト王権の政治的連合体制に参加して

(26)『古事記』成務天皇段に国造と県主制を制定したという伝承があり、『書紀』成務紀に国造とともに「県邑に稲置を置《た》つ」とある。「県邑の稲置」が「県稲置」にあたるが、実際には成務の時期の制定とは想定できない。小首長レベルの「県」で稲置という職制が設定された事実はまちがいなかろう。

いた在地首長は多いだろう。

ところで、前方後円墳の分布と「国造本紀」の国造の支配地域とを対応させると、興味深い事実が判明する。たとえば千葉県などの「ふさ(総)」の地域では、海上《うなかみ》・馬来田《まくた》国造などと後期古墳・古墳群が対応しているといわれる[吉田、一九七三]。

ところが、越後・佐渡地域では、必ずしもこのような特徴は見いだせないという。佐渡には佐渡国造が存在し、「国造本紀」には「志賀高穴穂朝(成務朝)」の成立とする。越《こし》関係では、高志《こし》国造・角鹿《つぬが》国造・能等《のと》(能登)国造・伊弥頭《いずみ》国造などが同じ成務朝である。ただし、成務朝に成立したという記述の信憑性はない。現在のところ、佐渡には前方後円墳が見つかっていない。要するに国造に就任しても、前方後円墳を築造しない首長も存在した。また、越地域の高志国造を後の古志《こし》郡関係の国造とすると、この地域にも前方後円墳が存在しない。このように国造の就任と前方後円墳の営造とは、必ずしも一致しない(27)[菊地、二〇一〇]。

こうした事実を、どのように考えたらいいのであろうか。前方後円墳の築造も、国造への就任も、ヤマト王権の政治的秩序への参画である。しかし、厳密にいえば両者は原理が異なっていた。多くの国造は先祖の代から、あるいは新規に、前方後円墳を築いたが、構築しなかった国造もいたことになる。

古墳時代後期に国造制が成立し、ヤマト王権の地域支配がいっそう強化されたこ

(27) 古墳と国造制についての研究史を検討した論文に、小森哲也「古墳研究は国造制に言及できるか」(『栃木県考古学会誌』38、二〇一七年)がある。なお、小森は古墳時代についても網羅的な研究史の整理を試みている(『東国における古墳の動向からみた律令国家成立過程の研究』六一書房、二〇一五年)。

とはまちがいない。ところが、国造制の内容については、不明な点が多い。かつて石母田正が、国造権限として⑴裁判権または刑罰権、⑵軍役を含む徴税権、⑶行政権としての「勧農」、⑷祭祀権という支配内容を提起した〔石母田、二〇一七〕。また、後の『延喜式《えんぎしき》』臨時祭式寿詞条に、出雲国造が補任《ぶにん》（任命）される前後に必要な潔斎《けっさい》期（忌み籠もる期間）に、重刑を決定できず、校田《こうでん》・班田《はんでん》の停止が記されている。これは出雲国造が律令制下で意宇《おう》郡領を兼務することとも関係するが、国造が裁判権・刑罰権とともに、校田・班田権を持っていたことの反映とも考えられる〔吉村、一九七八〕。

このように国造は、支配領域の民衆に対し直接、ないし村落首長を介して強い権限を保持していたと思われる。

王陵と前方後円墳の終焉

古墳時代の開始を前方後円墳の築造に求める立場では、前方後円墳の終了をもって古墳時代の終わりとするのが原則的であろう。『書紀』では、大化《たいか》の薄葬令《はくそうれい》（後述）を除いて、古墳築造に関係する法令は出ていない。ただし、個々の天皇については、推古天皇が「比年《としごろ》、五穀登《みの》らず。百姓大きに飢《う》う。それ朕《わ》が為に陵を興《た》てて厚く葬《はぶ》ることなかれ。便《ただ》に竹田皇子の陵に葬るべし」（『書紀』推古三六年九月条）とした指示は書かれている。

さて、欽明以降の王陵は**表5**のように想定されている。六、七世紀の王陵は、奈良県橿原市の見瀬丸山古墳(五条野丸山古墳とも。墳丘長三一〇メートル)(28)を頂点に、その後は規模が縮小していく。そして、敏達陵(太子西山古墳。墳丘長一一三メートル。大阪府太子町所在。一部に被葬者比定への批判もある)(29)が、王陵として最後の前方後円墳といわれる。敏達は、『書紀』崇峻四年四月甲子《かっし》条に「訳語田《おさだ》天皇(敏達)を磯長《しなが》陵に葬りまつる。これその妣《いろは》皇后(欽明皇后の石姫《いしひめ》)の葬られたまひし陵なり」(改葬の可能性がある)とあり、すでに築造されていた古墳への埋葬である。したがって、敏達のために前方後円墳が築造されたわけではないが、埋葬されたのは前方後円墳である。

そして敏達以降は、墳形は方墳・八角墳へと変化し、規模が小さくなっている。

表5　欽明以降の王陵と墳形

天皇名	古墳名	墳形	所在地	備考
欽明	見瀬丸山古墳	前方後円墳	大和国高市郡	
敏達	太子西山古墳	前方後円墳	河内国石川郡(磯長谷)	
用明	春日向山古墳	方墳	河内国石川郡(磯長谷)	改葬
崇峻	赤坂天王山古墳か	(方墳)	大和国十市郡	
推古	山田高塚古墳	方墳	河内国石川郡(磯長谷)	改葬
舒明	段ノ塚古墳	八角墳	大和国城上郡	改葬

(28) 見瀬丸山古墳［奈良県立橿原考古学研究所編、二〇〇二］

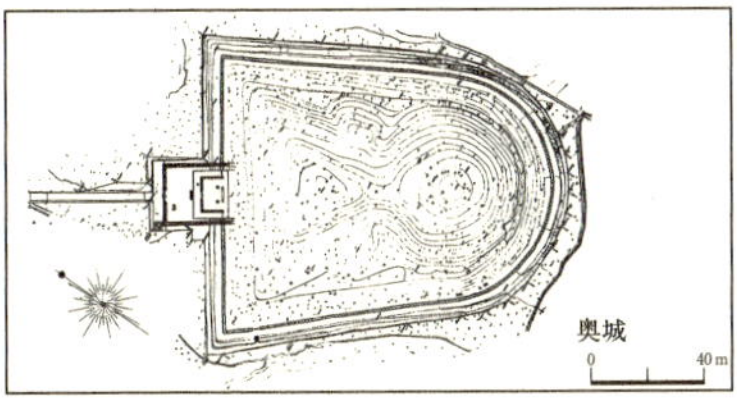

(29) 敏達陵［近藤、一九九二］

推古朝における官司制の萌芽

この敏達朝には、部・部民制の変化がみられる。五七六年(敏達五)に、額田部皇女(後の推古天皇)が、皇后となった。そして、翌年に「私部《きさいべ》」が設置された。それまでは、たとえば安閑《あんかん》皇后の春日山田《かすがのやまだ》皇女のために「春日部」が設置されるなど、キサキ(后妃)の宮名を冠した名代が個々の皇后のために設けられていた。

しかし、敏達朝に「私部」がキサキ全般を資養(都へ出仕する人の生活の資を提供すること)する部として設けられた。地方の在地首長を私部首として地域の私部を管理させ、中央の伴造である私部氏が統率する。私部の設置が、キサキの地位の安定化をめざしたことはまちがいない。私部とともに設けられたのが、「日祀(奉)部」である。日奉部《ひまつりべ》は、天皇が行なう太陽神祭祀に関係する部か、斎宮のための部かである。どちらにせよ、日奉部は王権祭祀とかかわっており、王権強化に働いている。

そして、六〇七年(『書紀』推古一五年条)には、皇子女全般を資養するために「壬生《みぶ》部《べ》」(乳部とも)が設置された。私部と同じような役割を担い、皇子・皇女の地位が強化された。前方後円墳は築造されなくなるが、宮廷組織が徐々に整備され、全体として王権強化に結びついていった。

こうした動向と関連するのが、中央における官司機構をめぐる諸機関の設置である。残念ながら、『書紀』には明確な設置記事がみえないので、個々に検討するしかない。

推古朝の同時代史料に、「尻官《しろのつかさ》」(釈迦三尊像台座銘)の名称がある。具体的な職務はわからないが、『書紀』には「馬官《うまのつかさ》」(推古元年条)・「寺司《てらのつかさ》」(同四年条)・「筑紫大《つくしのおお》宰《みこともち》」(同一七年条)の語がみえる。「馬官」は交通制度との関係が推測されるが、七世紀には奈良盆地の南北を走る三道路が建設されていた。「寺司」は寺院・僧尼の管理等に関係するだろうが、「司」の文字は潤色の可能性がある。この時期、飛鳥寺・斑鳩《いかるが》寺などの寺院建設が始まっており、六二四年(推古三二)に設置された僧綱《そうごう》(寺院・僧尼を管理する役職)と関係するような官司があった可能性もある。

九州に「筑紫大宰」が存在した直接の証拠はないが、中国・朝鮮諸国との対外関係を担当した那津官家《なのつのみやけ》の後に設置されたのであろう。このほか、倉・蔵との関係が予測される「大椋官」(『新撰姓氏録』左京神別条)や、「祭官」「前事奏官」(「大中臣本系帳」)などの官司も存在した可能性がある。推古朝の時期には、馬官のように「＊官」と称されていたと思われる。

こうした官司制の展開とともに、六〇三年(推古一一)に冠位十二階制が出された。「徳・仁・礼・信・義・智」の六項目に、大徳・小徳のように「大・小」を付加した一二階の冠位制である。(30)『隋書』にも「内官に十二等あり」とみえ、推古朝に施行されたことはまちがいない。それまでの政治的地位は、所属している氏集団がも

(30)『日本書紀』の本文は、「始めて冠位を行ふ。大徳・小徳・大仁・小仁・大礼・小礼・大信・小信・大義・小義・大智・小智、あはせて十二階。並に当れる色の絁を以て縫へり。頂は撮り総べて嚢の如くにして、縁を着く。唯元日には髻花着す。〈髻花、此をば于孺と云ふ〉」とする。

つ臣・連・君などのカバネによって決められていた。このカバネの制度は継続するが、新たに冠位によって序列が目に見える形で表されるようになった。個人の業績を人物評価に加える制度であり、官司制の発展と関係している。ただし、蘇我氏は冠位を授与される側ではなく、授ける側に位置していた。

以上のように、中央における私部・日奉部などによる王権の新たな強化策と、冠位制導入の気運の高まりと関係して、もはや前方後円墳という形での政治的秩序の維持が不必要になってきたと思われる。欽明以降における王権の専制化や仏教の導入とも関係しているが、没後の序列表示より生存中の序列を重視する政治的風潮とも関係しているだろう。

推古朝のことになるが、厩戸皇子撰という憲法十七条には、「群卿百寮、礼を以て本《もと》とせよ」(第四条)、「人各任有り。掌ること濫《みだ》れざるべし」(第七条)、「功過を明に察《み》て、賞し罰《つみな》ふること必ず当てよ」(第一一条)、「国に二の君あらず。民に両の主無し。率土の兆民は、王を以て主とす。所任《よさせ》る官司は、皆これ王の臣なり」(第一二条)、「諸の官に任《よさ》せる者、同じく職掌を知れ」(第一三条)などとあり、「君(王)」―「臣(官人)」―「民(百姓)」という関係をつけながら、官司制的な方向へと動いていく。

表6　薄葬令に基づく墓の規模と葬具

		王以上	上臣	下臣	大仁・小仁	大礼〜小智	庶民
石室	長さ	9尺	同左	同左	9尺	同左	(なし)
	高さ	(5尺)	同左	同左	4尺	同左	(なし)
	広さ	5尺	同左	同左	4尺	同左	(なし)
墳丘	方	9尋	7尋	5尋	封土せず	同左	地に収埋
	高さ	5尋	3尋	2尋半	平らに		
役夫	人数	1,000人	500人	250人	100人	50人	(なし)
	日数	7日	5日	3日	1日	1日	
装具	帷帳	白布	同左	同左	同左	同左	麁布
		轜車	担っていく	(なし)	(なし)	(なし)	(なし)

むすびにかえて――大化の薄葬令

七世紀半ばの六四六年(大化二)三月に「大化の薄葬令」が出された。正月に出された改新の詔の二カ月後である。王陵は、方墳・八角墳へと変化していたが、まだ「古墳」の造営は続いており、こうした最中に出されたのが薄葬令である。「このごろ、我が民の貧しく絶《とも》しきこと、専《もは》ら墓を営《つく》るに由れり。ここに其の制《のり》を陳《の》べて、尊《たか》さ卑《ひく》さ別《わき》あらしむ」と述べて、民衆の貧困化を墓造りのせいにする。しかし同時に、尊卑別に新しい墓の設置基準を設けている。『書紀』に記された新基準を、身分別に図表化しておこう(**表6**)。旧来の規模から、かなり縮小している。殯《もがり》についても「凡《おおよ》そ王より以下、庶民に至るまでに、殯営《もがりや》ること得《え》ざれ」と、王以下の殯を禁じている。薄葬令の効果については、研究者の間で意見が分かれている。薄葬令が遵守されたとは、必ずしもいえないからである。

しかし、大阪府茨木市・高槻市の境にある阿武山古墳(31)は、薄葬令に基づいて造られたという〔高橋、二〇〇九〕。薄葬令による成果とも評される。このように薄葬令は必ずしも遵守されなかったが、一定の効果をもたらしたのであろう。

薄葬令の翌年には、七色十三階の冠位制が制定されており、墓の規制と冠位制の関係が想定される。歴史の流れの中で、古墳の規模や形態で身分差を示すようなしくみは、冠位制などに代わることになる。

最後に、八世紀の律令法における葬儀について、簡単に触れておきたい。日本では、唐の喪葬令を継承して、「喪」(服喪)と「葬送」などに関する喪葬令(全一七条)がつくられた。「凡そ三位以上、及び別祖〔分かれた氏の始祖〕・氏上〔氏の長〕は、並びに墓を営すること得。以外はすべからず」とあるように、法令としては、三位以上と氏族の長が墓を造ることができた。ただし、実際は大宝令の注釈書「古記」が「今行事、濫りに作るのみ」と記すように、法令は守られずに墓は造られていたようだ。全体としては、「凡そ喪葬に、礼備ふること能《あた》はずは、貴きは賤《いや》しきに同すること得《う》。賤しきは貴きに同すること得《え》じ*」とあるように、薄葬の趣旨は受け継いでいたと思われる。

(31) 阿武山古墳〔高槻市教育委員会、二〇一五〕

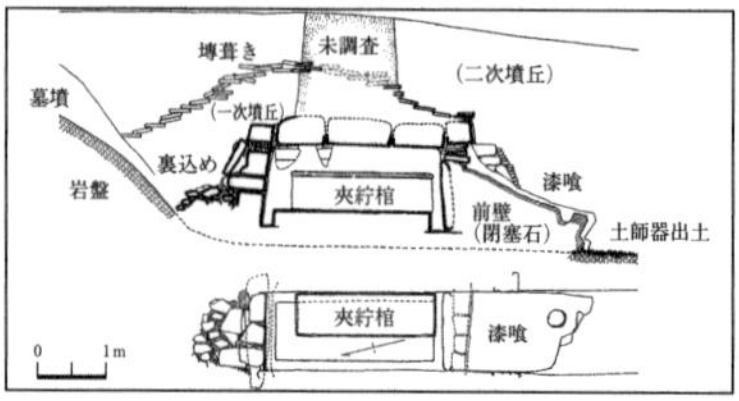

*(大意)財がなければ葬礼の質を下げてもいいが、身分以上の葬礼を禁止する。

引用・参考文献

荒木敏夫、一九八五年『日本古代の皇太子』吉川弘文館
石母田正、二〇一七年『日本の古代国家』岩波文庫
井上光貞、一九六〇年『日本国家の起源』岩波新書(『井上光貞著作集　三』一九八五年)
井上光貞、一九六五年『日本古代国家の研究』岩波書店(『井上光貞著作集　一』一九八五年)
遠藤慶太、二〇一八年「古事記と帝紀」遠藤慶太ほか編『日本書紀の誕生』八木書店
粕谷興紀、一九七八年「大草香皇子事件の虚と実」『皇学館論叢』11―4
菊地芳朗、二〇一〇年『古墳時代史の展開と東北社会』大阪大学出版会
小林行雄、一九六一年『古墳時代の研究』青木書店
近藤義郎、一九八三年『前方後円墳の時代』岩波書店
篠川　賢、一九九六年『日本古代国造制の研究』吉川弘文館
下垣仁志、二〇一八年『古墳時代の国家形成』吉川弘文館
白石太一郎、一九九九年『古墳とヤマト政権』文春新書
白石太一郎、二〇〇〇年「記・紀および延喜式にみられる陵墓の記載について」『古墳と古墳群の研究』塙書房
白石太一郎、二〇〇四年『考古学と古代史の間』筑摩書房
白石太一郎、二〇一三年『古墳からみた　倭国の形成と展開』敬文舎
清家　章、二〇一八年『埋葬からみた古墳時代』吉川弘文館
高橋照彦、二〇〇九年「律令期葬制の成立過程」『日本史研究』559
武田祐吉、一九四四年『古事記研究――帝紀攷』青磁社(『武田祐吉著作集　二』角川書店、一九七三年)
舘野和己、二〇一〇年「天武天皇の都城構想」栄原永遠男・西山良平・吉川真司編『律令国家史論集』塙書房
津田左右吉、一九六三年『津田左右吉全集一　日本古典の研究　上』岩波書店
北條芳隆、二〇〇〇年「前方後円墳と倭王権」北條芳隆ほか『古墳時代像を見なおす』青木書店

松木武彦、二〇一一年『古墳とはなにか』角川選書
八木　充、一九七四年『古代日本の都』講談社現代新書
吉田　晶、一九七三年『日本古代国家成立史論』東京大学出版会
吉村武彦、一九七八年「律令制的班田制の歴史的前提について」井上光貞博士還暦記念会編『古代史論叢　中』吉川弘文館
吉村武彦、一九九六年『日本古代の社会と国家』岩波書店
吉村武彦、二〇一〇年『ヤマト王権』岩波新書
吉村武彦、二〇一二年「古代史からみた王権論」土生田純之・亀田修一編『古墳時代研究の現状と課題　下』同成社
吉村武彦、二〇一八年『大化改新を考える』岩波新書
吉村武彦、二〇一九年「出土木簡の「歌詞」と『日本書紀』歌謡」『萬葉』227
和田晴吾、二〇一八年「古墳時代における王権と集団関係」（原題は「古墳文化論」）、『古墳時代の王権と集団関係』第七章、吉川弘文館

挿図引用文献

近藤義郎、一九九二年『前方後円墳集成　近畿編』山川出版社
埼玉県教育委員会、一九七九年『稲荷山古墳出土鉄剣金象嵌銘概報』
高槻市教育委員会、二〇一五年『藤原鎌足と阿武山古墳』吉川弘文館
奈良県立橿原考古学研究所編、二〇〇一年『大和前方後円墳集成』学生社

コラム　蘇我氏の墓づくり

一般の群臣の場合の墓づくりについて述べてみたい。『書紀』に比較的記事が多い蘇我氏を例にとりあげてみよう。大臣《おおおみ》の馬子《うまこ》は、推古三四年(六二六)五月に没し、桃原《ももはら》墓に葬られる。この墓は、奈良県明日香村の石舞台《いしぶたい》古墳(**図1**)に想定されている。

図1　石舞台古墳(写真提供＝明日香村教育委員会)

馬子の場合、没後に墓づくりが行なわれる。実は没後、次の皇位をめぐって蘇我氏本宗の蝦夷《えみし》と、傍系の境部摩理勢《さかいべのまりせ》の意見が相違した。少数派の摩理勢の行動が記されている。

是の時に適《あた》りて、蘇我氏の諸族等《やからども》悉《ことごとく》に集《つど》ひて、島大臣《しまのおおおみ》の為に墓を造りて、墓所《はかどころ》に次《やど》れり。ここに摩理勢臣《まりせのおみ》、墓所の廬《いお》を壊《こぼ》ちて、蘇我の田家《なりどころ》に退《まか》りて仕へず。(舒明即位前紀)

この記述によれば、没後に墓づくりが始まったこと、現場の墓所に廬《いおり》が設けられていたことがわかる。ただし、墓域などは生前から準備されていたかもしれない。次の蝦夷と入鹿《いるか》の場合は、寿陵《じゅりょう》であった。

ことごとくに国挙《くにこぞ》る民、あはせて百八十部曲を発《おこ》して、預《あらかじ》め双墓《ならびのはか》を今来《いまき》に造る。一つをば大陵《おおみささぎ》と曰《い》ふ。大臣《おおおみ》の墓とす。一つをば小陵《こみささぎ》と曰ふ。入鹿《いるかの》臣《おみ》の墓とす。望《ねが》はくは死《みまか》りて後《のち》に、人を労《いたわ》らしむること勿《まな》。(皇極元年是歳条)

この記事にあるように、蘇我蝦夷と入鹿は生前に「大陵・小陵」を築いていた。臣下の使用は許されないはずの「陵」の名称は問題であるが、蘇我氏が天皇陵の寿陵にならった可能性もあるだろう。

なお、こうした墓地（墓域）は、支配権力が及ばないアジール（聖域）として扱われていたことが、『書紀』允恭《いんぎょう》五年七月条からわかる。（葛城《かつらぎ》）襲津彦《そつひこ》の孫にあたるという玉田宿祢《たまだのすくね》は、反正《はんぜい》天皇の殯宮《もがりのみや》の管理者であったが、地震の際、殯宮関係者が集合していたにもかかわらず居合わせなかった。しかも尋問に来た者に賄賂《わいろ》を渡し、帰路に殺害した。そして武《たけ》内《うち》宿祢の墓域（墓城と記す写本がある）に逃げ隠れたという。最終的には、玉田宿祢は殺害される。この記述からみれば、墓域にはアジールと認識された時期があったといえるだろう。

図2　市庭古墳［奈良県立橿原考古学研究所編, 2001］

　しかしながら、宮造りに際しては、墓地の聖性は配慮されなかった。孝徳《こうとく》朝には「宮の地《ところ》に入れむが為に、丘墓《はか》を壊《やぶ》られたるひと、及び遷《うつ》されたる人には、物賜《ものたま》ふこと、各差《しな》有り」（白雉《はくち》元年一〇月条）とある。難波宮《なにわのみや》建設にともなう措置である。また実際にも、墳丘長約二五〇メートルといわれる前方後円墳であった奈良市の市庭《いちにわ》古墳（図2）の前方部が、平城宮造成のため削り取られていた。

　なお、その場合の墓の遺体については、「造平城京司、もし彼の墳隴《つか》（墳墓）、発《あば》き堀《ほ》られれば、すなはち埋み斂《おさ》めて、露《あらわ》し棄《す》てしむること勿《なか》れ。普《あまね》く祭酹《さいらい》を加へて、幽魂《ゆうこん》を慰めよ」と指示している（『続日本紀』和銅二年一〇月癸巳《きし》条）。都造りのため古墳を削《さく》平《へい》する場合、酒を土地にそそいで祭り（祭酹）、幽魂を慰めることを命令していた。魂鎮《たましず》めと同じで、幽魂を鎮撫することが必要であった。

加耶の情勢変動と倭

申《シン》 敬《ギョン》 澈《チョル》
（翻訳・編集協力＝平郡達哉）

はじめに

古墳時代の日本は、朝鮮半島（韓半島）三国《さんごく》時代①の諸国のうち、とくに嶺南《ヨンナム》地域②を根拠地とした加耶《かや》と最も深い関係を持ち、洛東江《ナクトンガン》下流域（金海《キメ》・釜山《プサン》）がその窓口であった。ここは鉄の集散地で③、弥生時代（朝鮮半島の三韓《さんかん》時代④に相当）には狗邪《くや》（韓）国⑤が位置しており、古墳時代（朝鮮半島の三国時代に相当）にはいわゆる金官《きんかん》〈クムグァン〉加耶⑥と呼ばれる「加羅《から》」の中枢部が存在した場所であった（**図1**）。

図1　朝鮮半島地図

（1）四―七世紀、高句麗・新羅・百済の三国が鼎立した時代を指す。加耶はこの三国時代の、朝鮮半島南部・洛東江流域西岸を中心とした諸政治体だが、その中核的存在であった金官加耶が五三二年、新羅に併合される。その後、新羅と唐の連合軍により六六〇年に百済が吸収され、六六八年には高句麗も滅ぼされて新羅が朝鮮半島を統一した。

（2）朝鮮半島南東部、現在の慶尚北道《キョンサンプクト》・慶尚南《ナム》道《ド》のあたり。

（3）朝鮮半島東南部での鉄の産出については、中国の史書『三国志』魏《ぎ》書東夷《しょとうい》伝弁辰《べんしん》条の「辰《しん》韓《かん》・弁韓《べんかん》では鉄を産出し、韓・濊《わい》・倭はこれを得にやって来る。楽浪《らくろう》・帯方《たいほう》の二郡にも供給してい日本では、日本列島における古墳時代の始まり、つまり前方後円墳の登場を、朝鮮半島からの鉄入手の覇権が北部九州から畿内に移ったことに端を発するものと理解する傾向がある。いわば、弥生時代から古墳時代への転換は、日本列島における内発的な発展が基礎になったという「ニュアンス」が強い。しかし、当時の日本列島の鉄入手先である朝鮮半島南部、特に弁韓《べんかん》〈ビョナン〉と加耶の事情を同時に考慮すると、そのように単純な問題ではなくなる。古墳時代中期の始まりについても同様である。

この問題を明らかにするための最も良好な資料が、金官加耶の王墓群である金海大成洞《テソンドン》古墳群である。この大成洞古墳群を通して、日本の古墳時代の一端を眺望してみよう。

1　大成洞二九号墳と前方後円墳の登場

北方文化の影響を受けた加耶の古墳

加耶の歴史の始まりを物語る本格的な遺跡といえば、三世紀末の大成洞二九号墳である[慶星大学校博物館、二〇〇〇a／同二〇〇〇b]。

この古墳からは、古墳の性格についての緻密な議論を可能とする、刮目すべき資

る」という記述から知ることができる。弥生時代中期に併行する資料として、洛東江下流域とその周辺では萊城《ネソン》遺跡(釜山広域市)、勒島《ヌクト》遺跡(泗川《サチョン》市)で鍛冶関連遺構・遺物が発見されており、弥生系土器も出土している。古墳時代に併行する資料としては、鉄器を作るための素材となる「鉄鋌《てってい》」と呼ばれる板状の鉄製品があり、金海大成洞古墳群や東萊福泉洞古墳群に集中して副葬されている。

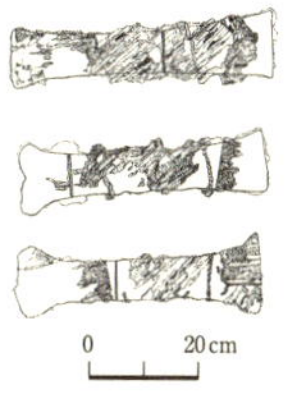

鉄鋌(福泉洞二二号墳出土)[釜山大学校博物館、一九九〇]

料が大量に出土したが、とくに注目されるのは最古の陶質土器、「オルドス」形銅《どう》鍑《ふく》[7]、歩揺《ほよう》付金銅冠[8]、それに殉葬[9]といった、北方的性格[10]を持つ副葬品と葬俗である。

陶質土器とは、在地の土器である瓦質《がしつ》土器の文化と、西晋《せいしん》代[11]の古越磁《こえつじ》[12]の影響を受けて中国北方で生まれた磁器文化とが、結合することによって生み出された土器である。つまり、その背後には中国北方の磁器文化が一定の影響を与えている〔申、二〇一二〕。

「オルドス」形銅鍑も北方遊牧民族世界特有の容器である。朝鮮半島南部（加耶・新羅・百済）では大成洞古墳群と良洞里《ヤンドンリ》古墳群でのみ、それぞれ二点と一点出土している。これらは今日の中国・黒龍江《こくりゅうこう》省南部と吉林《きつりん》省一帯に分布の中心をなしている銅鍑と最も類似しており、金海地域出土の銅鍑はこの地域から流入したものと考えられている。これらの地域が夫余《ふよ》[13]の故地であることは周知のとおりである。歩揺付金銅冠も同様に、北方遊牧民族世界に源流を持つ金工品である。

殉葬は元々、朝鮮半島には存在しなかった習俗であり、これも北方遊牧民族特有の葬俗である。朝鮮半島では大成洞二九号墳で最初に出現し、のちに新羅にまで影響を及ぼして古代嶺南（加耶・新羅）でのみ確認されている。

これらの特徴をすべて備えた最初の古墳が大成洞二九号墳である。時間差なく、特定時期の特定古墳で同時に現れているという点からみて、これらの北方的性格を

（4）紀元前三〇〇年前後から後三〇〇年にかけて、朝鮮半島南部に馬《ば》韓《かん》・弁韓・辰韓と呼ばれた民族が存在した時代のこと（『三国志』魏書による）。のちに馬韓が百済、弁韓が加耶、辰韓が新羅となった。

（5）『三国志』魏書倭人伝に、三世紀頃、朝鮮半島南部、現在の慶尚南道金海市周辺に存在したとある国。

（6）金官加耶は後代の名称であり、正式な国名は「加羅」である。加羅と加耶は同義語であるが、加耶は諸加耶を包括するより広義な意味で使用される。

（7）中国北方地域のオルドス草原を中心に発達

持つ副葬品や習俗は個別にではなく、特定地域から一括で入ってきたことは間違いない。その特定地域とは夫余である可能性が高い。

このような北方文化が突如として金海地域に流入した要因としては、中国の史書である『晋書《しんじょ》』『通典《つてん》』に太康《たいこう》六年（二八五）に起きたと記される、慕容鮮卑《ぼようせんぴ》⑭の夫余攻略による沃沮《よくそ》亡命事件⑮と関連すると考えられる。この事件が起きた時期はちょうど、中国北方由来の磁器文化の影響で陶質土器が生み出された時期とも符合する。

また、陶質土器、「オルドス」形銅鍑、歩揺付金銅冠などの物質文化と共に殉葬といった習俗が同時に登場するということは、このような葬俗を持った住民の移住なしには考えにくい。つまり、大成洞二九号墳などでの北方的文化の出現は、夫余の主力一派の南下に伴う支配集団の交替を示唆する。これによって弁韓は加耶（または加羅）へと変わったのである。

大成洞二九号墳と箸墓古墳

大成洞二九号墳は古代嶺南における最初の古墳である。一方、日本列島における最古の「定型化した前方後円墳」は箸墓《はしはか》古墳である。この二つの古墳はいかなる関係にあるのか。

この問題については大成洞二九号墳と椿井大塚山《つばいおおつかやま》古墳（京都府木津川市［京都府教育

した青銅器文化の器物の一種で、口の大きな釜（鍑《ふく》）の形を呈する青銅製の容器。口縁の上部に二つの把手が付くことが特徴。

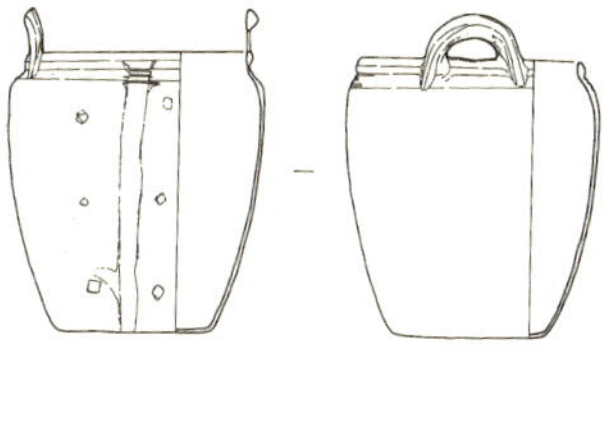

「オルドス」形銅鍑（大成洞二九号墳出土）［慶星大学校博物館、二〇〇〇a］

（8）「歩揺」と呼ばれる円形・ハート形の小さく薄い金板や金銅板を取り

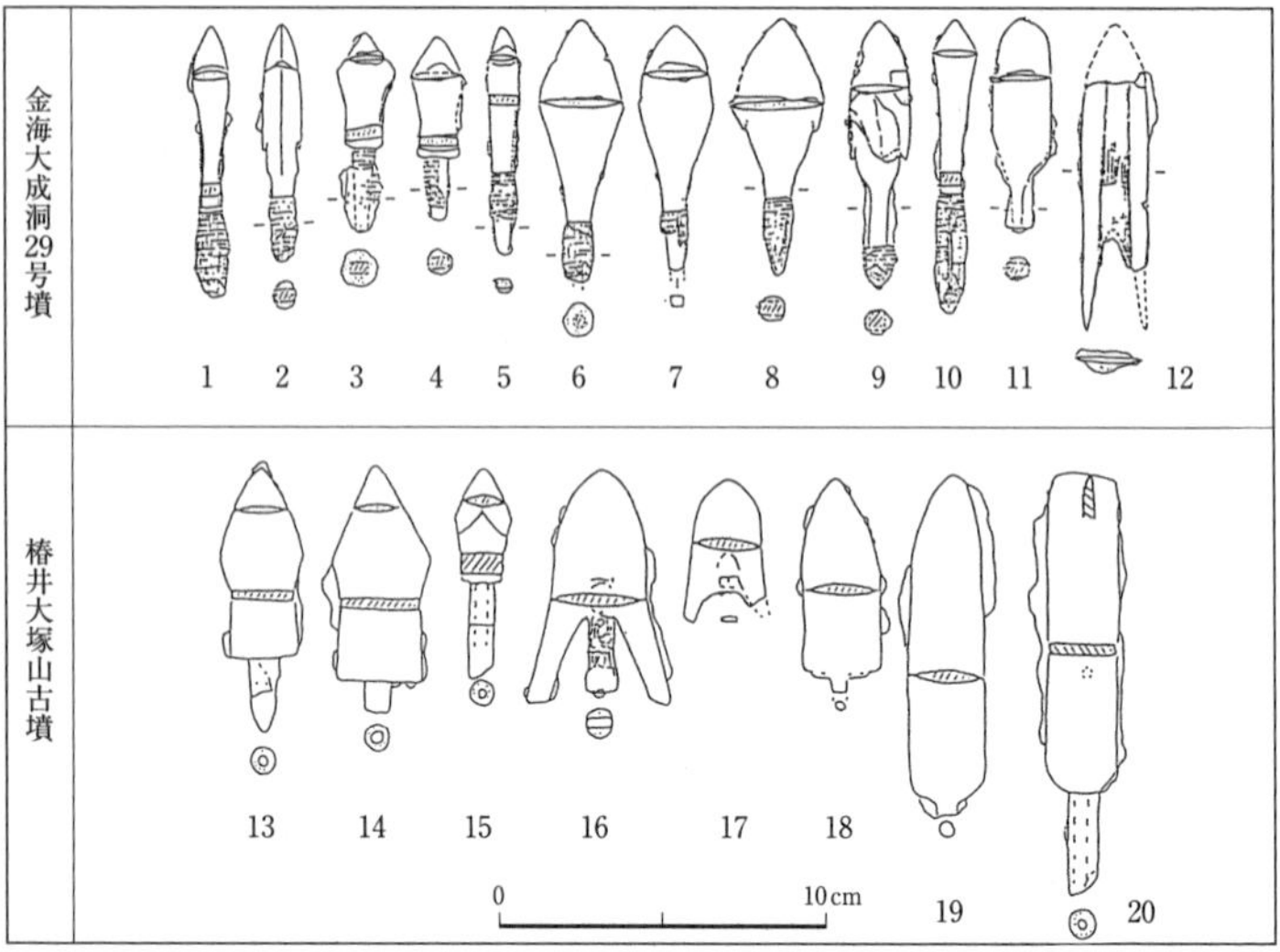

図2 大成洞29号墳，椿井大塚山古墳の鉄鏃類[申，1993]

委員会、一九六四〕)から出土した鉄鏃《てつぞく》の比較(**図2**)を通して探ることができる。特定時期の極めて短期間にのみ存在する定角式《じょうかくしき》鉄鏃(**図2**—3・4・13~15)が両古墳に副葬されている点が目を引くが、このことは両古墳がほぼ同時期の古墳であることを意味する。ところが、詳しく検討してみると大成洞二九号墳の鉄鏃には無《む》茎《けい》逆刺《かえし》式鉄鏃(**図2**—12)のような、より古式の鉄鏃が見られるなど、椿井大塚山古墳のそれよりも古相を呈しているという点から、

付けた金銅製の冠。金銅は、銅に金メッキを施したもの。

(9) 死者の埋葬時、その人と血縁的に近い人や生前に仕えていた人を自発的あるいは強制的に殉じさせ埋葬する風習。

(10) 北方とは中国東北地域(朝鮮半島北方)に該当する現在の遼寧《りょうねい》・吉《きつ》林《りん》・黒龍江《こくりゅうこう》省一帯を指し、この地域に住んでいた夫余など諸民族の文化のことを言う。

(11) 中国、魏に替わって司馬炎《しばえん》が建てた王朝。二六五—三一六年。

(12) 中国・浙江省の越州窯でつくられた磁器のうち古いもの。

大成洞二九号墳の方が一段階古い時期の古墳であることが分かる。日本列島でいえば、椿井大塚山古墳より古い古墳は箸墓古墳であるため、大成洞二九号墳と箸墓古墳が同時期の古墳である可能性は極めて高いことになる。

先ほど述べたように、大成洞二九号墳は、夫余の主力一派の南下によって、洛東江下流域に強力な集団が現れたのと同時期に生まれたものであった(これを洛東江下流域における「三世紀末の大変革」ともいう〔慶星大学校博物館、二〇〇〇a〕)。日本列島における最古の「定型化した前方後円墳」である箸墓古墳はこの大成洞二九号墳と同時期である可能性が高く、なおかつこの洛東江下流域は日本にとっては鉄入手の拠点であった。ならば、日本列島における定型前方後円墳の出現は、洛東江下流域の情勢変化に伴い、畿内を中心とする日本列島の諸勢力が結束をはかったことの所産である可能性を排除できないだろう。

このように金官加耶の情勢を通して見た場合、この時期が日本列島における古墳時代の始まりとなり、日本列島における定型前方後円墳の出現は三世紀末を遡ることができないことになる。

躍進する金官加耶

このように同時に成立した加耶と倭の中枢部との交流・交渉は四世紀第2四半期

(13) 中国東北部を流れる松花江《しょうかこう》流域を中心に活動した民族であり、紀元前一世紀頃〜後四九四年まで存在した国の名称でもある。老河《ろうが》深《しん》遺跡(中国吉林省楡《ゆ》樹《じゅ》市)は夫余の代表的な墳墓遺跡のひとつ。

(14) 四世紀前半〜五世紀中頃、中国の東北部から華北地方に勢力を及ぼした鮮卑族の一つ。

(15) 中国の文献記録である『通典』東夷伝や『晋書』東夷伝の夫余条には、太康六年(二八五)に前燕の始祖である慕容廆《かい》から攻撃を受けた夫余王が自殺し、その子弟たちが沃沮に亡命したとある。『三国志』魏書東夷伝によれば、沃沮は朝鮮半島北東部に夫余と隣接

から本格的に始まり、その後、加耶と倭の首長間には密接な関係が持続する。大成洞一三号墳から出土した巴形《ともえがた》銅器⑯、緑色凝灰岩製の石鏃《せきぞく》類、同一八号墳と福泉洞《ポクチョンドン》三八号墳出土の筒形銅器⑰などは、主に畿内の古墳からも出土するものであり、両者の関係性を物語っている〔慶星大学校博物館、二〇〇〇b〕。大成洞一三・一八号墳と福泉洞三八号墳は、すべて**図4**（後出）のⅢ段階に該当する古墳である。

この時期は金官加耶（大成洞古墳群集団）の跳躍期であった〔申、二〇一三〕。陶質土器が慶州《キョンジュ》や咸安《ハマン》など嶺南の各地に拡散しはじめ、洛東江下流域東岸の有力集団である福泉洞古墳群集団と政治連合を結びつつ本格的に加耶をスタートさせた時期であった。福泉洞古墳群では三八号墳の時期から突如として古墳が大型化し、大成洞古墳群と筒形銅器を共有する（後述、**図8**）とともに殉葬があらわれる点が、このような政治連合関係の成立を物語っていることは間違いない。

これと同時に金官加耶は外部にも目を向けた。大成洞九一号墳（**図4**のⅢ段階）から出土した各種の三燕《さんえん》⑱系装飾馬具類と中国製青銅容器類、また七〇・八八号墳（**図4**のⅣ段階）出土の晋式帯金具《おびかなぐ》（**図3**）などは、金官加耶が日本の中枢部のみならず、中国北方とも積極的に交流・交渉したことを物語っている〔金海市大成洞古墳博物館、二〇一五〕。

して居住していた部族を言う。

(16) 弥生時代後期・古墳時代前期に製作された青銅器の一種。盾や靫《ゆき》（矢を納める容器）の外面に装着したものと考えられている。上から見た形が巴文と類似しているため、この名称がつけられた。（本書二六五頁、図5参照）

(17) 古墳時代・三国時代に見られる円筒形の青銅器で、古墳の副葬品として出土する。槍や矛の柄の端に取り付けたものと考えられている。

(18) 五胡十六国時代に鮮卑族の慕容氏が建国した「前燕」・「後燕」、鮮卑化した漢族出身の馮跋《ふうばつ》が建てた「北燕」を指す。

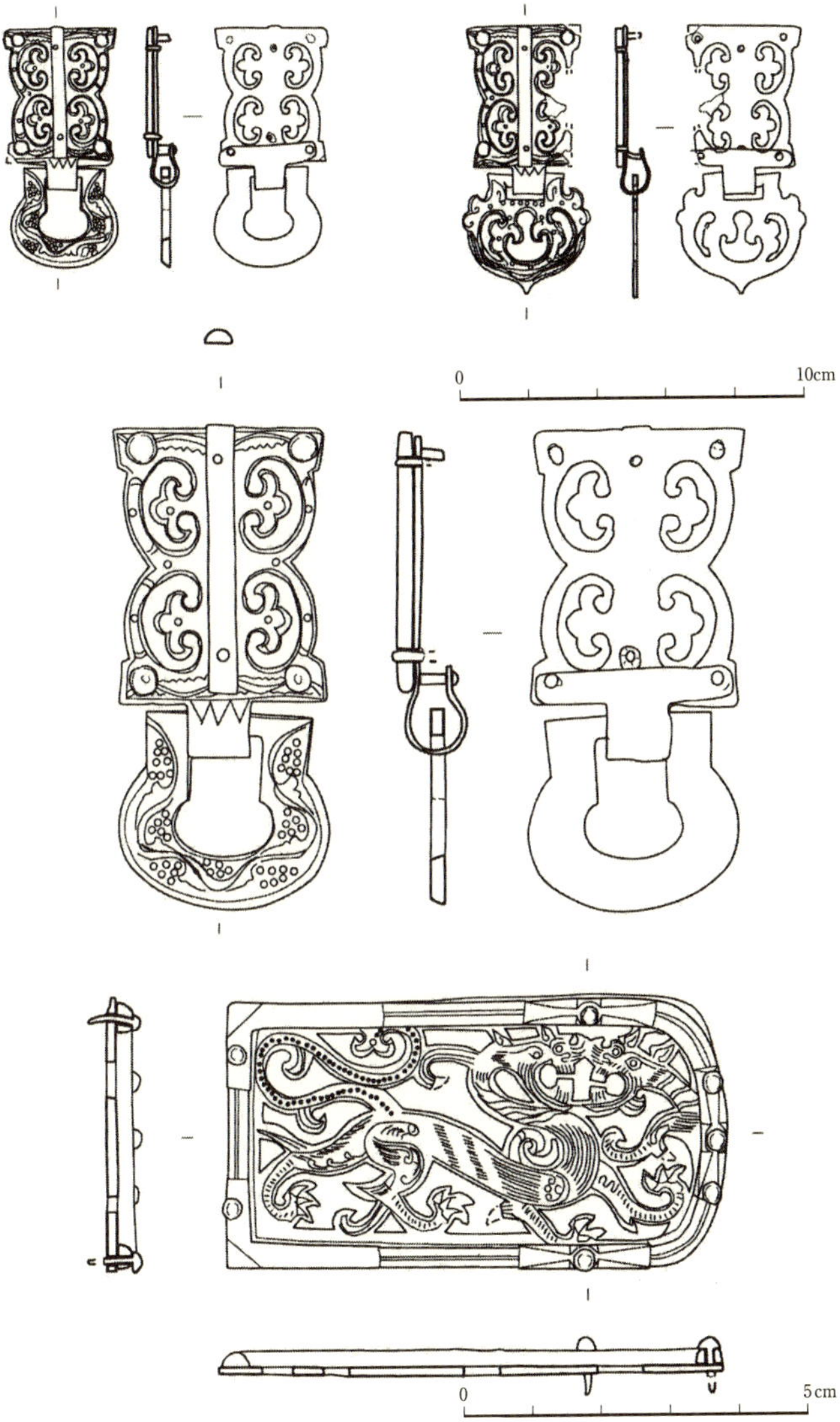

図 3　金海大成洞 88 号墳出土晋式帯金具［金海市大成洞古墳博物館，2015 を一部改変］

2　日本の古墳時代前期と中期の年代観の不整合

陶質土器と古代土師器の整合

ところで、日本の古墳時代と朝鮮半島の三国時代の年代観が一致していない点は、両地域の交流・交渉の歴史と相互関係を解明するうえで最大の問題となっている。この問題の原因について**図4**を中心に探ってみよう。

図4で示した時期は大成洞古墳群の築造期間と一致する。通常、加耶を前期加耶と後期加耶に分けるが、大成洞古墳群が築造された時期を前期加耶(**図4**のI〜Ⅵ段階)、大成洞古墳群の築造中断以降の加耶を後期加耶とする。前期加耶の時期は金官加耶を頂点とする単一構造の政治体であるが、大成洞古墳群と福泉洞古墳群より秀でた古墳群は存在しない。後期加耶になると政治的に新羅に多少傾倒した親新羅系加耶、大《だい》加耶連盟、阿羅《あら》加耶、小《しょう》加耶連盟に分裂、再編される(**図5**)[申、二〇〇七]。

図4のI段階は三世紀末頃で大成洞二九号墳に代表される時期である。

Ⅲ段階の土器と共伴する(共に出土する)大成洞九一号墳出土の三燕系装飾馬具は、墨書《ぼくしょ》の紀年銘に対する検討によって西暦三五四年または三六六年の可能性が高い袁《えん》

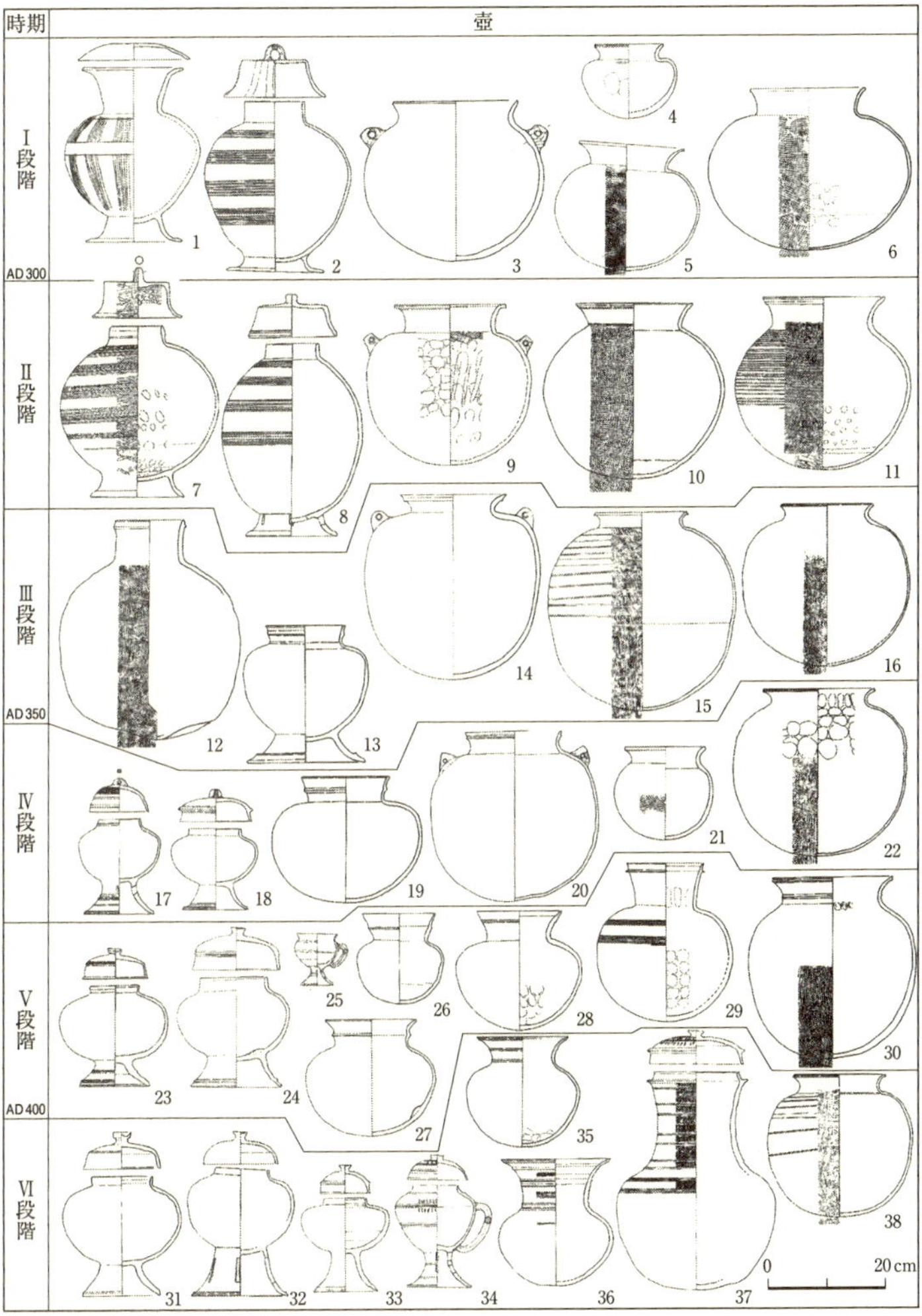

図4　金官加耶土器の編年[申，2000]
出土古墳群：1, 3, 5, 31＝良洞里／2＝老圃洞／4, 6, 12, 15, 17, 18, 20, 24, 27, 29, 34, 37＝大成洞／7～11, 13, 16, 19, 21～23, 25, 28, 30, 35, 36, 38＝礼安里／14, 26＝福泉洞／32, 33＝華明洞．また，1, 2, 5, 6～8, 10～12は瓦質，その他は陶質土器．

台子《だいし》壁画墓⑲［田、二〇〇二］のそれよりも若干古式であるため［沈、二〇一三］、Ⅲ段階は四世紀第2四半期に位置づけることができる。

図6の巨済鵝洲洞《コジェアジュドン》一区域九号竪穴《たてあな》建物址から出土した陶質土器（**図6**―3・5・6）の中には若干長頸化した壺（**図6**―5）があり、**図4**のV段階に該当する。共伴した日本列島製の土師器《はじき》⑳（**図6**―1・2）は布留《ふる》Ⅲ式㉑のものである［巨済市・ウリ文化財研究

図5　加耶地域地図

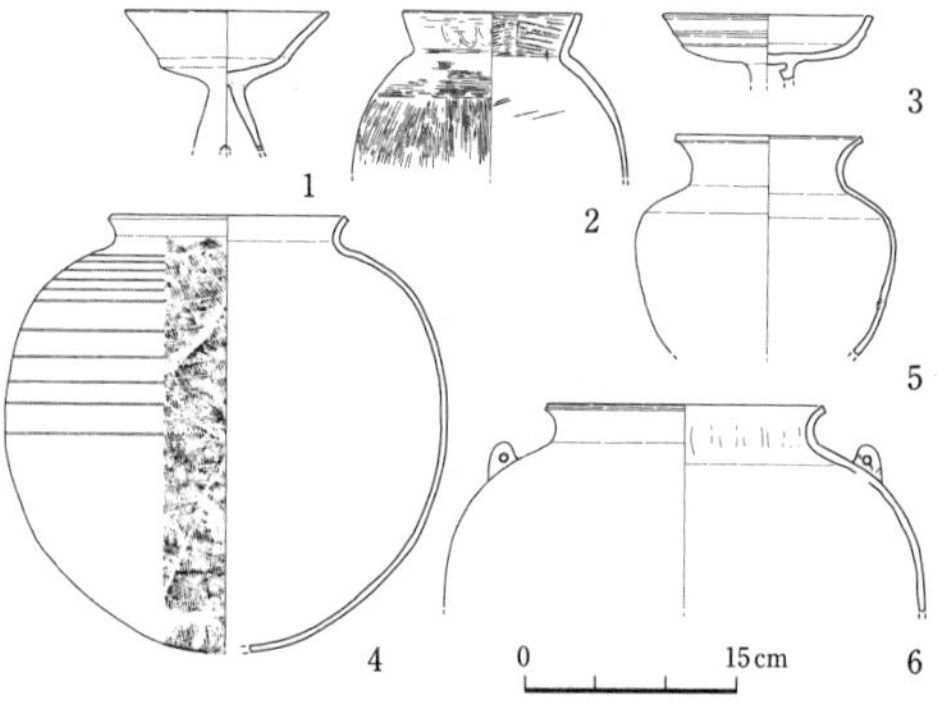

図6　巨済鵝洲洞一区域九号竪穴建物址の土器類［巨済市・ウリ文化財研究院，2012］1, 2は土師器系土器，3, 5, 6は陶質土器，4は軟質土器．

(19) 中国遼寧省朝陽市袁台子村にある東晋時代（三一七―四二〇年）の古墳。墓の被葬者と思われる人物の壁画が描かれていた。また、多くの陶器、青銅器、馬具などが出土した。

(20) 日本列島で古墳時代に製作・使用された素焼きの器。

(21) 布留式とは、古墳時代前期、近畿地方を中心に西日本で広く製作・使用された素焼きの土器（土師器）の型式名称の一つ。なかでもⅢ式は一番新しい様式である。

院、二〇一二〕。布留Ⅲ式の実年代は四世紀第4四半期と理解されており、**図4**の絶対年代観〔申、二〇〇〇〕における妥当な年代であると言える。ここで**図6**の陶質土器の年代観と、日本列島の古式土師器の年代観は相互に符合していることに留意しておく必要がある。

食い違う暦年代観

以後の時代の洛東江下流域における陶質土器(またその出土古墳)の編年は、**表1**のように東萊《トンネ》福泉洞古墳群の大型墳が基準となり、福泉洞三一・三二号墳→三五・三六号墳→二五・二六号墳(この三基の古墳は**図4**のⅥ段階に該当、五世紀第1四半期)→二一・二二号墳→一〇・一一号墳(この二基の古墳は五世紀第2四半期)の順に展開する。

ここで、日本の古墳時代中期の編年に重要な位置を占めるTG232[(22)]の初期須恵器に注目すると、これは福泉洞一〇・一一号墳の陶質土器とほぼ同時期であるか若干新しく(**図7**)、五世紀第2四半期の新しい時期から五世紀第3四半期の古い年代と比定される。以後、日本列島で出土する須恵器はON231→TK73→TK216→TK208→TK23→TK47という順に展開する。福泉洞古墳群の土器年代と照合すると、このTK47の年代は、須恵器一型式の時期幅を一〇年程度と見積もっても、六世紀前半ということになる。ところがTK47型式期である、埼玉稲荷山《いなりやま》古墳出土の辛亥銘《しんがいめい》鉄

(22) TG、TK、ONなどは須恵器の型式名称に使用される用語で、大阪府南部の陶邑窯跡群において、その須恵器が出土した窯址が存在する地区の略称。TG=栂《とが》地区、ON=大野池地区、TK=高蔵《たかくら》地区。詳しくは田辺昭三『須恵器大成』(角川書店、一九八一年)参照。

剣の「辛亥」は「四七一年」とされており、明らかに食い違う。つまり辛亥銘鉄剣の年代を前提に設定された須恵器の絶対年代観には問題が残る。現在通用している古墳時代前期(古式土師器)と古墳時代中期(初期須恵器)の暦年代観が、相互矛盾する

表1　5世紀〜6世紀中葉の加耶―倭の編年比較([金, 2006]から TG232, ON231, 大阪鞍塚の位置のみ若干調整)

加耶	分期		須恵器	倭	歴史事件
福 31・32 福 35・36 福 25・26	400	5C 1/4		兵庫行者塚	400 高句麗軍南征
福 21・22	425	5C 2/4			433 羅済同盟
福 10・11 福 39			TG232	大阪鞍塚 滋賀新開1号	(前期加耶)↑ 450 新羅, 高句麗辺将殺害 (後期加耶)↓
玉 23 福 53	450	5C 3/4	ON231		
池 35 玉 M1			TK73	大阪七観	475 熊津遷都
池 32 玉 M1 月 M1-A	475	5C 4/4	TK216	福岡瑞王寺	479 加耶対中国(南斉)遣使
玉 M3			TK208	岡山築山	
磻カ A 磻カ A 白 1-3	500	6C 1/4	TK23	大阪長持山 京都穀塚 宮崎下北方5	512 賜任那四県 513-(529) 乙汶・帯沙事件
池 44 玉 M4 玉 M7			TK47	福岡浦谷5 東京狛江亀塚 埼玉稲荷山	522 加耶·新羅結婚同盟
池 45 池 39 玉 M6	525	6C 2/4	MT15	熊本江田船山 和歌山大谷	529 同盟破綻 532 金官国投降 538 泗沘遷都
玉 M10 水 2 玉峰 7			TK10	滋賀鴨稲荷山	541・544 任那復興会議
玉 M11 水 3	550 562	6C 3/4	(MT85) (TK43)		554 管山城戦闘 562 大加耶滅亡

遺跡名：福＝東萊福泉洞, 玉＝陜川玉田, 池＝高霊池山洞,
月＝南原月山里, 磻＝陜川磻渓堤, 白＝咸陽白川里,
水＝晋州水晶峰, 玉峰＝晋州玉峰

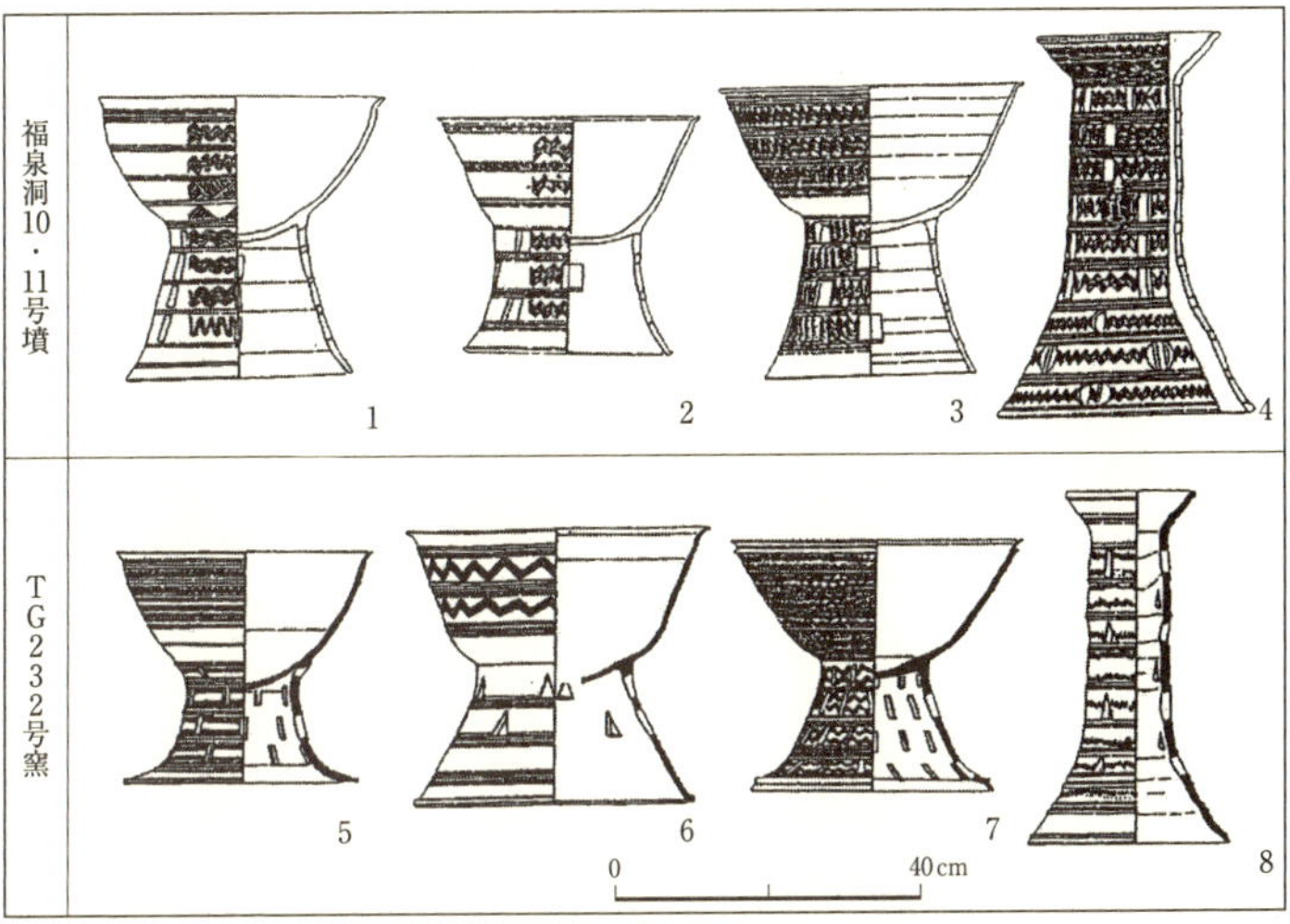

図7　福泉洞10・11号墳，TG232号窯の高杯形器台［申，2006］

ことになるからである［申、二〇〇〇／二〇〇九］。

なぜ、このような現象が起きるのだろうか。その原因として、日本で出土している初期須恵器には、馬具をはじめ甲冑《かっちゅう》、鉄鏃などが共伴していないという、日本列島の資料上の致命的な弱点を挙げることができる。つまり、古式土師器と初期須恵器の編年は、一貫性のある基準ではなく、それぞれの基準を恣意的に当てはめることによって為さざるを得ない。したがって、日本列島出土の資料のみでは古墳時代前期と中期のこのような暦年代の不整合を検証することは不可能である。こうした点を解決するためには、陶質土器、馬具、甲冑、鉄鏃などが豊富に共伴しており、なおかつ当時の日本列島と直接関連する加耶の考古資料を十分に活用する必要がある。

3　大成洞古墳群の築造中断と日本の古墳時代中期の始まり

金官加耶の没落

大成洞古墳群は、一号墳（福泉洞二五・二六号墳と同時期、**図4**のⅥ段階）を最後に築造が中断される。これと同時に良洞里古墳群、望徳里《マンドンリ》古墳群など金海地域の全ての有力古墳群も一挙に築造が中断される現象が確認される。以後、金海地域には小型古墳からなる古墳群のみが散在するが、これは金官加耶の事実上の没落を意味する。その後はもともと大成洞古墳群集団と政治連合関係にあった福泉洞古墳群集団が金海地域を管轄することになる。

このことは庚子《こうし》年（西暦四〇〇年）、高句麗軍の南征によって金官加耶の主要「メンバー」であった福泉洞古墳群集団が政治連合から離脱したことに始まる。南征した高句麗軍は洛東江下流域東岸の東萊（福泉洞古墳群）まで到達したが、洛東江を渡ることができず金海にまで至ることができなかった。これは大成洞古墳群集団が一

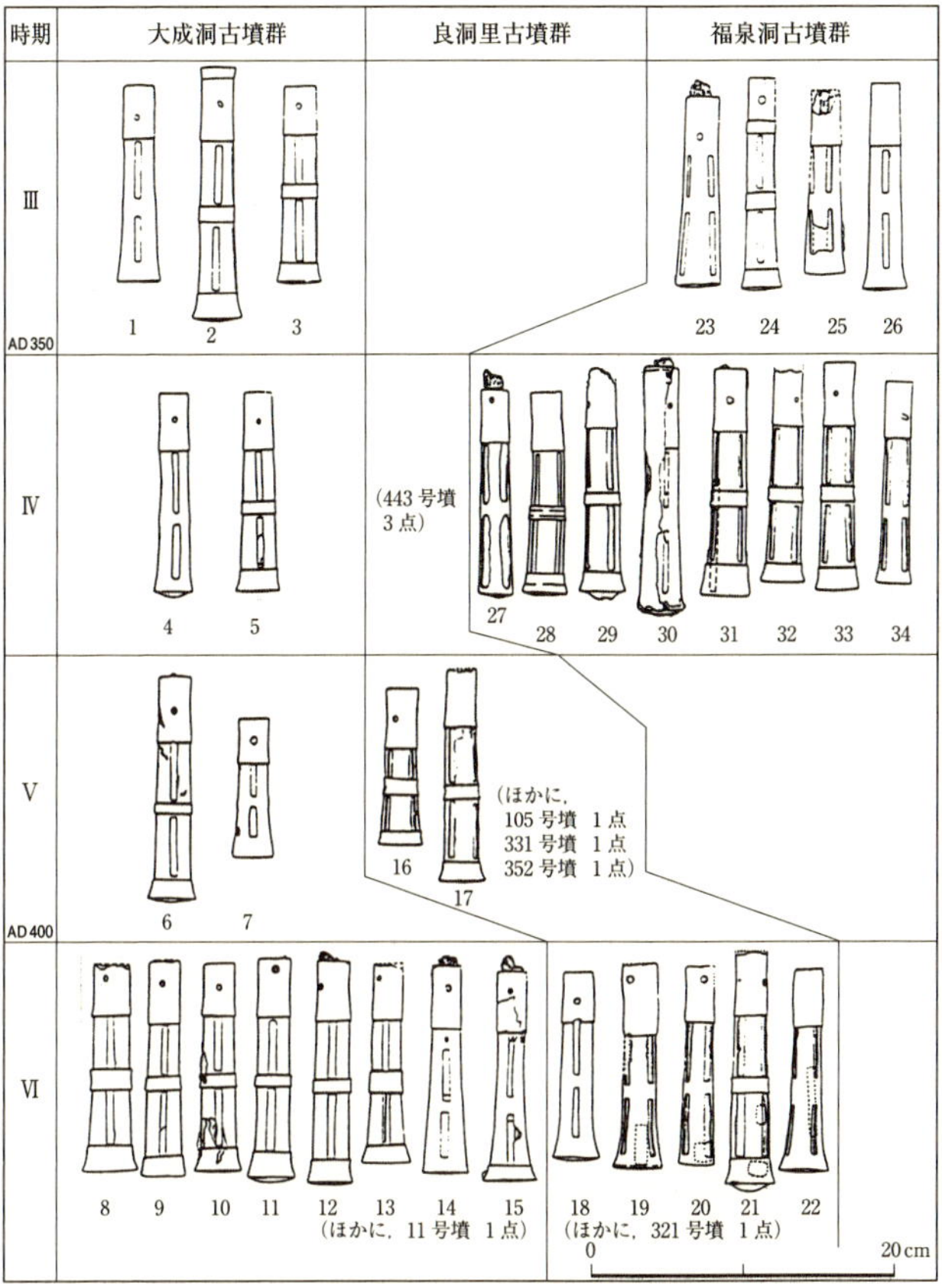

図 8 朝鮮半島南部における筒形銅器の編年[申, 2004]

括入手し政治連合の象徴として洛東江下流域（金海・釜山）の有力古墳群集団に分配した筒形銅器の所有実態（**図8**）を通して確認できる。[23] 西暦四〇〇年以降、洛東江下流域東岸の福泉洞古墳群に筒形銅器が副葬されていないという点は、福泉洞古墳群集団が政治連合から離脱したことを明瞭に意味している。金海地域の古墳群ではこれより後、大成洞古墳群の築造中断と同時に筒形銅器が姿を消す。このような現象は高句麗軍の南征以後、大成洞古墳群集団をはじめとする金海の主要勢力が、洛東江を間に置いて高句麗軍と二〇—三〇年ほど対峙したものの、最終的には金海地域を放棄したことを示唆するものである［申、二〇〇四］。新羅は高句麗軍の南征に便乗してこの時初めて頭角をあらわし始めた。

(23) 図8でV段階において福泉洞古墳群は筒形銅器を所有していないかのように示されているが、これは同古墳群で筒形銅器が出土するような大型墳が全く発掘されていないためであり、諸状況からみてこの時期にも筒形銅器を副葬していた可能性が非常に高い。

金海勢力の移住

以後、大成洞古墳群集団をはじめとする金海の主要勢力は、二手に分かれて組織的に他地域へと移住したものと考えられる。

ひとつの「グループ」は防御に有利な嶺南地域の山岳地帯であり内陸でもある高《コ》霊《リョン》に移った。池山洞《チサンドン》古墳群に象徴される、いわゆる大加耶がそれである。ここに移った集団は金官加耶の国名である「加羅」をそのまま継承して、池山洞古墳群集団が大成洞古墳群集団の後裔であることを明確にしている。これは墓制、土器など考古資料からも十分裏付けされている。高霊に移住した彼らは初期の不安定な時期には高霊快賓洞《クェビンドン》古墳群を一時的な墓域とし、安定期に入った五世紀第3四半期から池山洞古墳群を恒久的な墓域とした。池山洞古墳群における最初の大型墳である七三号墳がこのことをよく物語っている［曺、二〇一二］。

他の一派は金官加耶と緊密な関係にあった日本列島の畿内を選び、特に河内平野へと組織的に移住した。このことは加耶の陶質土器の日本列島内における再現品である初期須恵器をはじめ、馬具類、鉄鏃など各種の加耶系遺物がここに集中し、畿内の大古墳群が大和盆地から河内平野（古市《ふるいち》・百舌鳥《もず》古墳群）に移動している時期が大成洞古墳群築造中断の頃と一致することから分かる。

具体的な資料を見てみよう。帯金式甲冑の出現をもって日本列島の古墳時代中期の始まりとみなされるが［橋本、二〇〇五］、日本列島最古の帯金式甲冑は、大阪府藤井寺市盾塚《たてづか》古墳出土の長方板革綴短甲《ちょうほういたかわとじたんこう》(24)と三角板《さんかくいた》革綴衝角付冑《しょうかくつきかぶと》(25)である［末永編、一九九一］。そしてこれと共伴した鉄鏃類を検討すると、盾塚古墳の時期は福泉洞二一・二二号墳と一〇・一一号墳の間に位置するか、二一・二二号墳に近接することが分かる（**図9**）。比較検討すると、盾塚古墳出土の長頸柳葉《ちょうけいやないば》式鉄鏃類(26)（**図9**―11～13）の頸の長さが福泉洞一〇・一一号墳のもの（**図9**―20～29）より短い点は、盾塚古墳が先行するものであることを物語っている。そして、福泉洞二一・二二号墳には大

(24) 古墳時代に製作・使用・副葬された甲《よろい》の一種で、長方形の鉄板を革紐でつなぎ合わせて作った、肩から腰までを保護する形式のもの。

(25) 古墳時代に製作・使用・副葬された冑の一種で、三角形の鉄板を革紐でつなぎ合わせて作ったもの。前頭部が突き出した形を呈することが特徴。

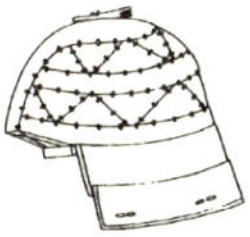

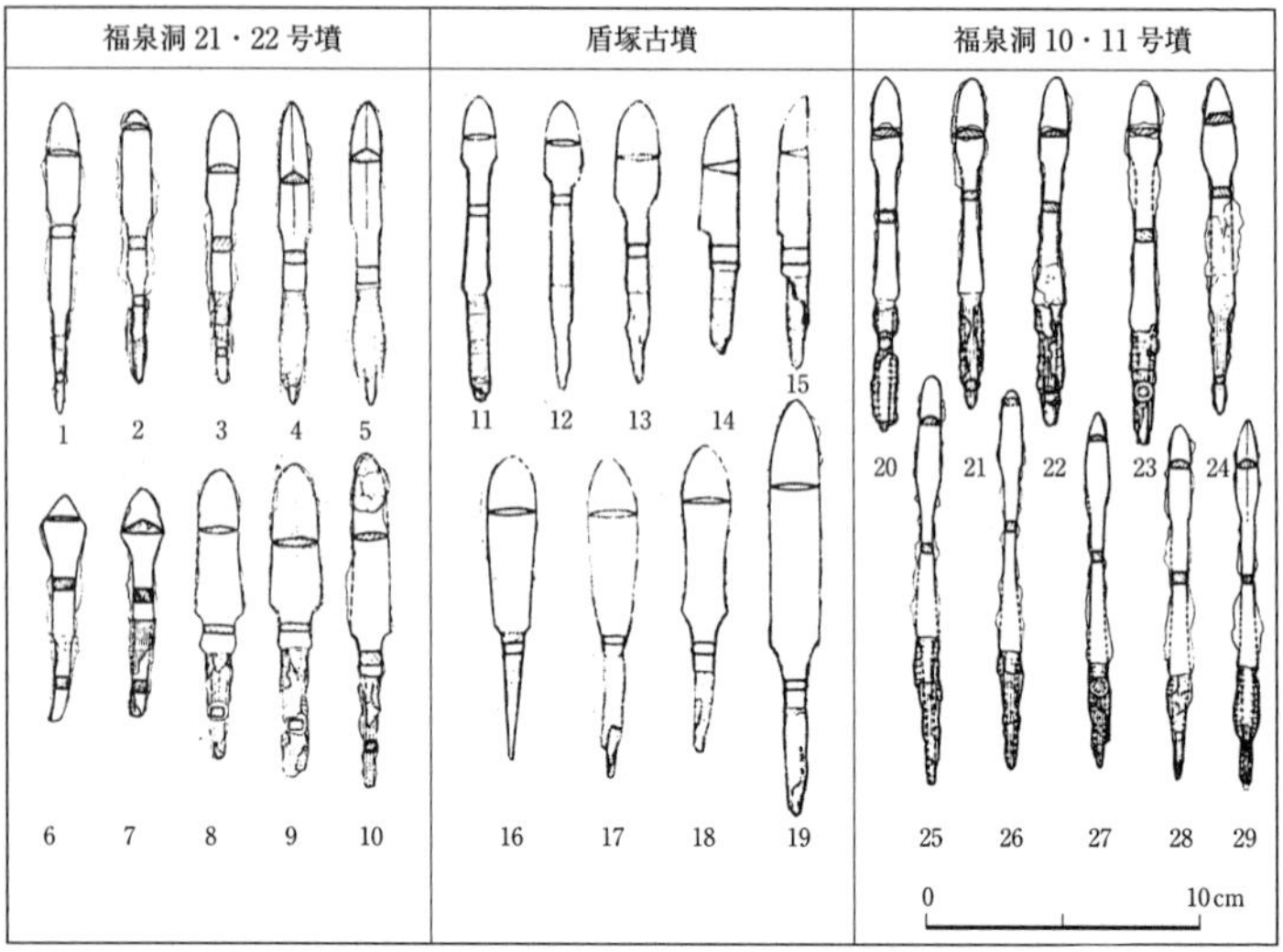

図9 福泉洞古墳，盾塚古墳の鉄鏃類[慶星大学校博物館，2010]

成洞一号墳でも見られる古式の鉄鏃類(**図9**—6・7)が残存しており、鉄鏃組成を見ると福泉洞二一・二二号墳が盾塚古墳より古い時期ではあるものの、その時期差は非常に短く、両古墳はほぼ同時期であるといってもいいだろう。

大成洞一号墳は大成洞古墳群における最後の王墓である[慶星大学校博物館、二〇一〇]。つまり、大成洞一号墳を最後に「大成洞古墳群の築造は中断」されるのである。この大成洞一号墳に年代的に後続する古墳

(26) 古墳時代に製作・使用・副葬された鉄製のやじりの一種で、先端部分が柳葉形を呈し、長い軸状の頸部を持つことが特徴。

がまさに福泉洞二一・二二号墳である。そうであれば、日本における帯金式甲冑の出現、つまり日本の古墳時代中期の始まりは、「大成洞古墳群の築造中断」の直後のことになる。これは「大成洞古墳群の築造中断」と「日本の古墳時代中期の始まり」には密接な関連があることを強く示している。

おわりに

このような点からも、古墳時代中期の始まりを四世紀末と考える日本の暦年代観は成り立たないことになる。この年代観には奈良県天理市石上神宮の七支刀《しちしとう》(西暦三六九年)、あるいは広開土王碑《こうかいど》の辛卯年《しんぼう》(西暦三九一年)の年代が関わっているが[田中、二〇〇五]、これはきわめて日本列島中心の、漠然とした先入観に過ぎない。これらの年代を裏付けるような根拠はどこにもないからである。

一言で言えば、日本の古墳時代の始まり(定型前方後円墳の登場)と前期から中期への転換は、日本列島自体の内発的な発展のみが基盤であったというよりは、日本列島と最も緊密な関係にあった洛東江下流域の加耶(大成洞古墳群)の情勢変動という、加耶から与えられた衝撃と連動しているのである。これが日本の古墳時代を理解するために、加耶を知らなければならない重要な理由である。

引用・参考文献

京都府教育委員会、一九六四年『椿井大塚山古墳』京都府文化財調査報告第24冊
巨済市・ウリ文化財研究院、二〇一二年『巨済鵝洲洞一四八五番地遺跡』学術調査報告42冊
金海市大成洞古墳博物館、二〇一五年『金海大成洞古墳群――八五~九一号墳』博物館学術叢書第15輯
金斗喆、二〇〇六年「三国・古墳時代の年代観」『日韓古墳時代の年代観』歴博国際研究集会、国立歴史民俗博物館・韓国釜山大学校博物館
慶星大学校博物館、二〇〇〇年a『金海大成洞古墳群Ⅰ』慶星大学校博物館研究叢書第4輯
慶星大学校博物館、二〇〇〇年b『金海大成洞古墳群Ⅱ』慶星大学校博物館研究叢書第7輯
慶星大学校博物館、二〇一〇年『金海大成洞古墳群Ⅳ』慶星大学校博物館研究叢書第14輯
申敬澈、一九九三年「加耶成立前後の諸問題」『伽耶と古代東アジア』新人物往来社
申敬澈、二〇〇〇年「金官加耶土器の編年」『伽耶考古学論叢3』駕洛国史蹟開発研究院
申敬澈、二〇〇四年「筒形銅器論」『福岡大学考古学論集』小田富士雄先生退職記念事業会
申敬澈、二〇〇六年「陶質土器と初期須恵器」『日韓古墳時代の年代観』歴博国際研究集会、国立歴史民俗博物館・韓国釜山大学校博物館
申敬澈、二〇〇七年「加耶スケッチ」『考古広場』1、釜山考古学研究会
申敬澈、二〇〇九年「韓国の考古資料からみた日本の古墳時代年代論の問題点」『日韓における古墳・三国時代の年代観(Ⅲ)』第3回国際学術会議、日本国人間文化研究機構国立歴史民俗博物館・大韓民国国立釜山大学校博物館
申敬澈、二〇一二年「陶質土器の発生と拡散」『考古広場』11、釜山考古学研究会
申敬澈、二〇一三年「大成洞八八・九一号墳の時期とその意義」『考古広場』13、釜山考古学研究会
末永雅雄編、一九九一年『盾塚 鞍塚 珠金塚古墳』由良大和古代文化研究協会
曺永鉉、二〇一二年『高霊池山洞第七三~七五号墳』(財)大東文化財研究院学術調査叢書第36輯

田中晋作、二〇〇五年「三九一年前後の前方後円墳と副葬品」『季刊考古学』90
沈載龍、二〇一三年「中国系遺物からみた金官加耶と中国東北地方」『中国東北地方と韓半島南部の交流』第22回嶺南考古学会学術発表会発表要旨
田立坤、二〇〇二年「袁台子壁画墓的再認識」『文物』9
橋本達也、二〇〇五年「古墳時代中期甲冑の出現と中期開始論」大阪大学考古学研究室編『待兼山考古学論集——都出比呂志先生退任記念』真陽社

挿図引用文献

釜山大学校博物館、一九九〇年『東萊福泉洞古墳群Ⅱ図面・図版』

前方後円墳が語る古代の日韓関係

禹《ウ》 在《ジェ》 柄《ビョン》

はじめに

日本の古墳時代を特徴付けるモニュメントは、巨大な墳丘をもつ前方後円墳である。例えば中国大陸からの思想的な影響など、この古墳様式の出現をめぐる議論はいまも続いている。しかし、これまでの研究成果を総括すれば、この古墳が日本で成立、盛行、衰退した墓様式であることについては異論の余地がない。

前方後円墳の起源に関する論争に拍車をかけたのは、一九八〇年代後半頃、韓国で前方後円墳が発見されたことである。この発見は日本の考古学界にも衝撃を与え、この事件を契機に、前方後円墳の出現に関する議論は新たな局面を迎えることになった。発見当初は、これら韓国の古墳を前方後円墳と認めることに躊躇する声もあったが、日本の考古学者からも「前方後円墳として認めるべきだ」とする声が徐々に大きくなった。

韓国の前方後円墳の特徴としては、発見当初から、日本の前方後円墳に比べて墳丘斜面の傾斜角度が大きいことが指摘された(**図1**)。さらに、前方部が発達した形の墳丘の特徴は、日本の古墳時代中期のものに似ていることも指摘された。すなわち、これらの古墳が前方後円墳である可能性については否定されなかったが、日本

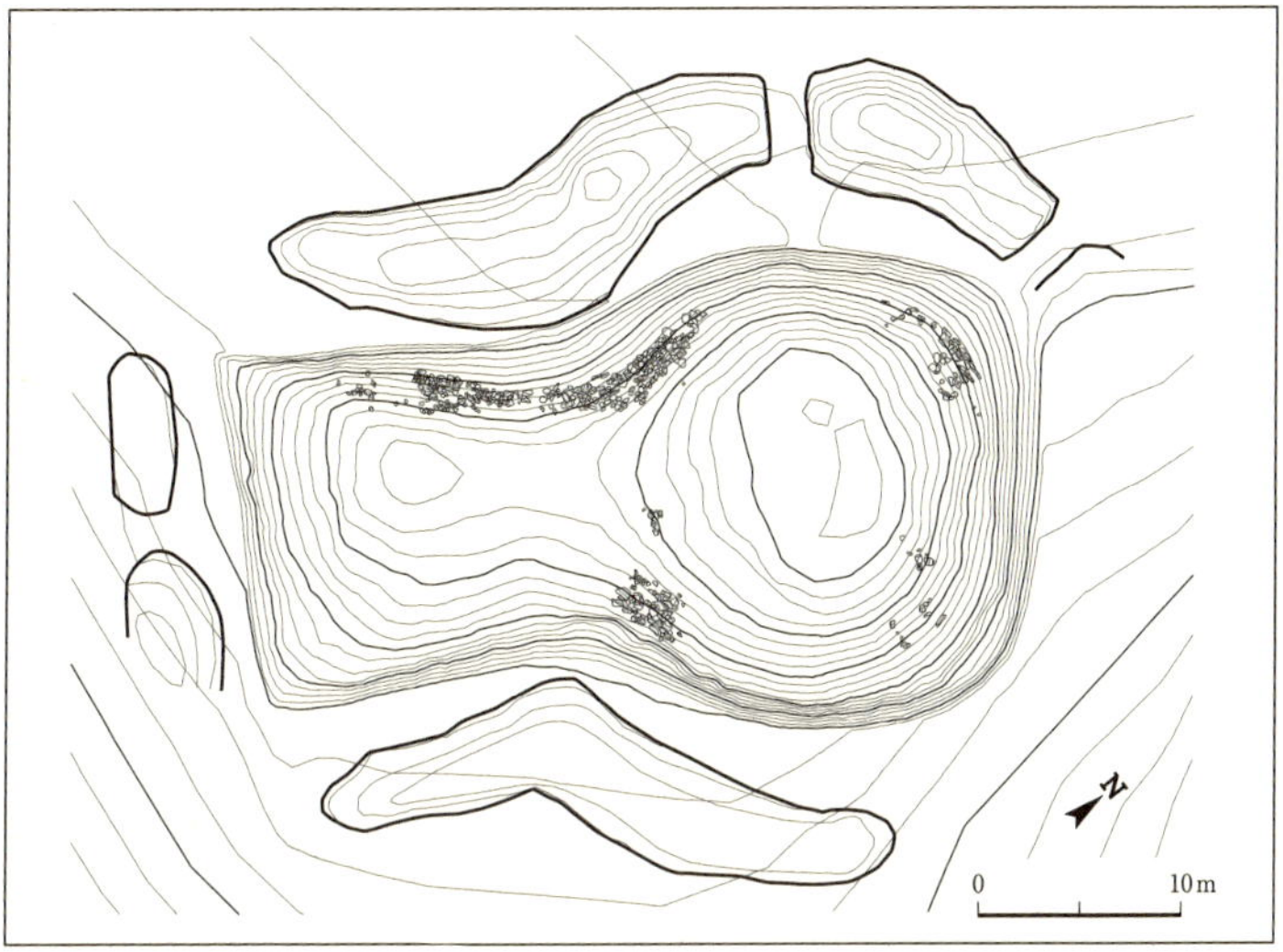

図 1　韓国の前方後円墳，海南・龍頭里《ヨンドウリ》古墳の平面図［国立光州博物館編，2012 を一部改変］

の古墳時代前期の前方後円墳よりは新しい形を有することが明らかになった。

また後で述べるように、韓国の前方後円墳の最大の特徴は、栄山江《ヨンサンガン》流域を中心とする朝鮮半島の一部に集中して存在することである。この地域は四―七世紀、百済《くだら》の存在した地である。

その後一九九〇年代から現在に至るまでの間に、一二―一三基程度の韓国の前方後円墳の大半が発掘調査された。この結果、六世紀前葉頃、百済西南部にあたる地域の首長墓様式の一つとして、倭様式の前方後円墳が採用されたことが明らかになった。その背景をめぐって多くの仮説が提案されたが、その中で特に注目される仮説は次の二つである。一つは、韓国の前方後円墳を、百済西南部地域が倭系百済関連集団[1]によって治められた証拠とみる見解である。もう一つは倭系百済関連集団による統治を認めず、韓国の前方後円墳は百済と倭国の間の政治的連帯を誇示するモニュメントであるとみる見解である[禹、二〇一〇]。本論では二説のどちらがより客観的で、当時の百済と倭国間の政治関係を明瞭に反映する見解なのかについて考察する。

いずれにせよ、これまで行われた日本の古墳時代の王陵と国家形成期の世界各国の王陵との比較研究の成果を重視すれば、古墳が、日本のみならず世界各国で、国家形成過程の政治関係を示す有力なモニュメントの一つであったことについては異論の余地がない。倭国の王陵級墓様式であった前方後円墳が百済西南部地域に出現した背景を探ることによって、本稿が、現代を生きる日本の読者たちに、謎の多い古代の日韓関係にアプローチする糸口を提供できれば幸いである。

(1) 倭国に出自を持つが、百済に渡って百済王に仕えた人々を指す呼称である。しかし、これらの人々は、政治的には百済政権と倭政権、両方に仕えたとみなされている。

1 百済における倭様式前方後円墳の出現

韓国の前方後円墳とは？

古墳時代の倭国の伝統的な首長墓であった前方後円墳が、一九八〇年代の後半頃になって、韓国で突然発見された。発見直後は、これら韓国の前方後円墳の年代を古くみて、四世紀まで遡る可能性も指摘された。しかしこれまでの発掘調査の中で、土器など出土遺物を基礎に提示された考古学的な編年を考慮すれば、大多数は六世紀前葉頃の築造年代が与えられる。近年、発掘調査の進展とともに、韓国の前方後円墳に関する年代論争は、六世紀前葉ということで終止符が打たれた。

発見当時、日本考古学界をもっとも驚かせたのは、前方後円墳の発見地域が、古墳時代の倭国との緊密な政治・経済関係で知られている加耶地域（朝鮮半島南東部、主として洛東江《ナクトンガン》流域）ではなかったことである。韓国の前方後円墳は意外にも、倭国から遠く離れた百済西南部地域で発見されたのである〔姜、一九八五〕。

現在、確認あるいは推定される一二―一三基程度の前方後円墳は、すべて百済西南部にあたる地域に分布していることが確認された（**図2**）。百済西南部地域は韓国の南海岸と西海岸に囲まれており、海上交通に有利、特に、倭国と交流する上で、絶対的に有利な条件を有する地域であった。従って、この偏った前方後円墳の分布上の特徴は、前方後円墳の出現背景に倭国の影響があったことを示唆すると評価できる。

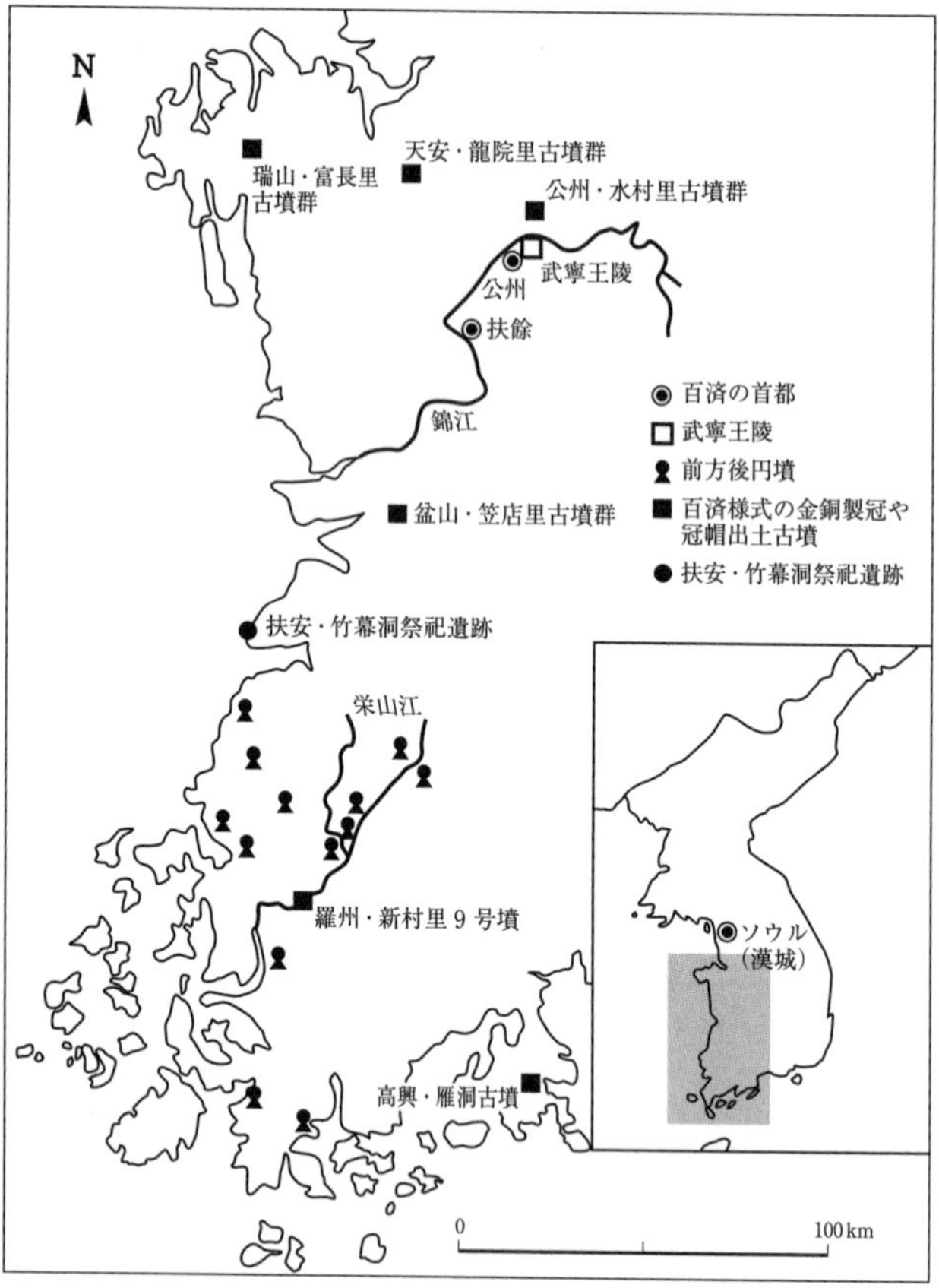

図 2　5,6 世紀頃の百済の主な古墳と祭祀遺跡[禹, 2010 を一部改変]

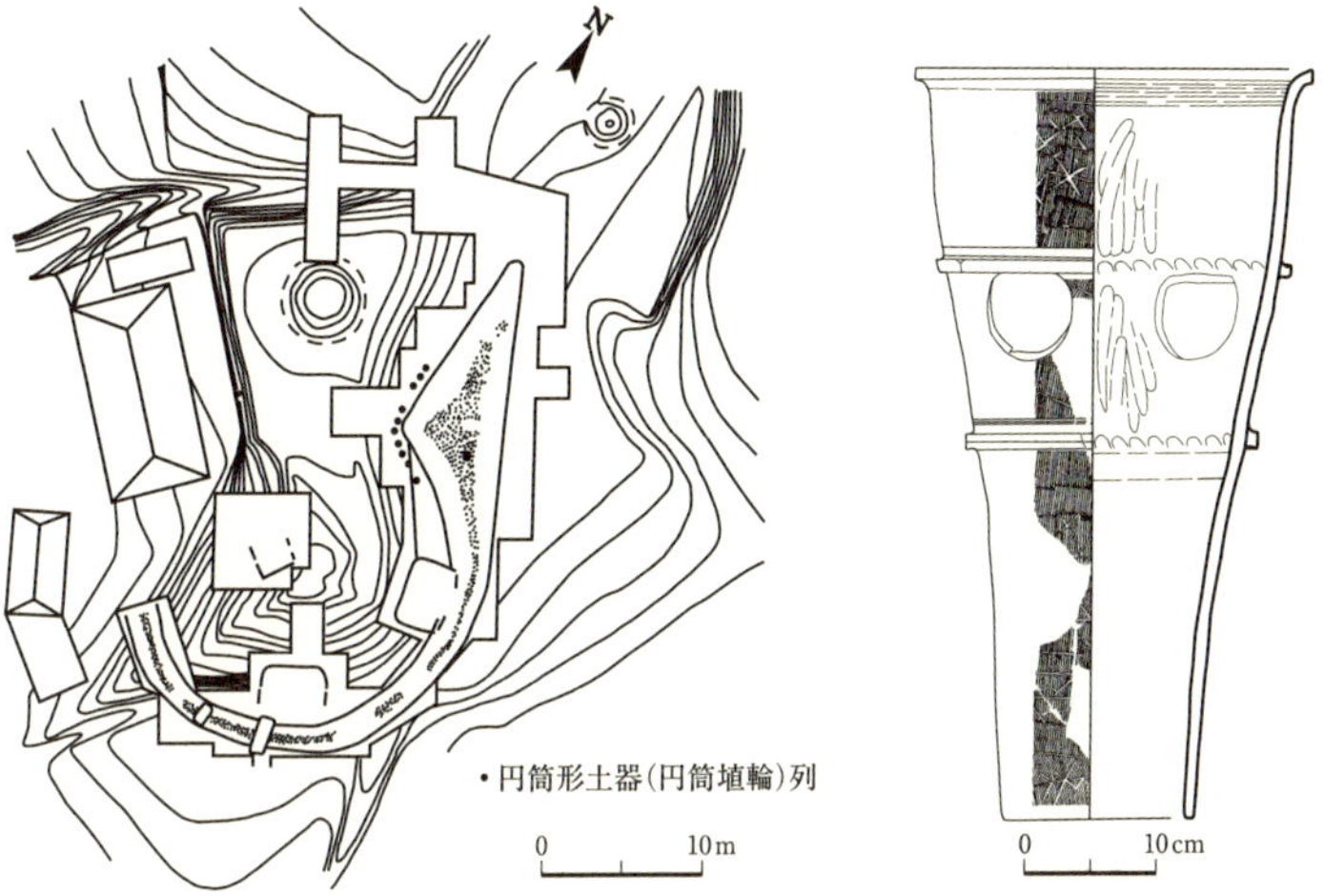

図3　韓国の光州・明花洞古墳の平面図と出土した円筒形土器
［国立光州博物館編，1996を一部改変］

まず、日本の前方後円墳との比較を通じて、韓国の前方後円墳の特徴について触れてみることにしたい。**図3**は韓国の光州・明花洞《ミョンフォアドン》古墳の平面図と出土した円筒形土器[2]（円筒埴輪）である。この古墳の墳丘調査で特に注目を浴びた点は、この円筒形土器の出土である。墳丘上のくびれ部に立てられた状態で発見された[3]。日本の円筒埴輪の形のみならず、これらを墳丘上に立てる様式まで倭国の墓様式を模倣している状況は、この古墳の発掘を見守っていた当時の日韓考古学界に衝撃を与え

（2）日本では円筒埴輪と呼んでいるタイプの土製品の韓国での呼称であり、倭様式の円筒埴輪を模倣して百済・加耶で作られたものの総称。

（3）もちろん、これらの韓国の円筒埴輪の場合、表面処理などの細かい技法では韓国的な特徴が見られる。また、日本の場合、円筒埴輪など埴輪列を古墳の墳丘上に一周するように配置することが一般的であったが、この古墳はくびれ部に円筒埴輪を配置している。

た。六世紀前葉頃と推定されるこの古墳の編年と、倭国の前方後円墳の変遷過程に関するこれまでの研究成果を考慮すれば、明花洞古墳の築造過程に前方後円墳と円筒埴輪という倭国の墓様式が影響を与えたことは明らかだったからである。

ただし、明花洞古墳のように、くびれ部に限って円筒埴輪列を立てる様式は百済地域で変容された様式である。すなわち、古墳の墳丘上に埴輪を立てる倭国の墓様式に関する情報がこの地に伝わる過程で、何らかの理由によって、埴輪の種類、埴輪を立てる位置、埴輪の総数などにおいて、倭国に比べて簡略化された様式が採用されたことになる。

この理由を考える上で、注目すべき事項は、当時の百済の政治・経済的事情である。五世紀後葉、百済はソウル地域にあった首都(漢城)が高句麗によって陥落させられる事態に陥った。その後、百済中央(政権)は公州《コンジュ》に遷都し、安定を取り戻すようになる。公州に遷都した百済は高句麗の脅威を阻止するために、中国南朝[4]と倭国との外交的連帯を一層強化する戦略に乗り出した。その連帯強化の成果は、六世紀前葉頃、百済中央と地方でほぼ同時に採用された、中国南朝様式の磚室墓《せんしつぼ》[5]と倭様式の前方後円墳に象徴される。しかし、緊密な外交的連帯の誇示を目標に、隣国の墓様式を採用する戦略には難点があった。百済の伝統的な古墳築造に比べて、経済的負担の大幅な増加が予想されたのである。高句麗との闘いで経済的な圧迫がピーク

(4) 五—六世紀頃は中国王朝が華北と華南に分裂し、並立していた時期であり、これを中国南北朝時代と呼ぶ。この時代、華南に建国された中国南朝では、宋、斉、梁、陳の四つの王朝が興亡を繰り返した。

(5) 中国南北朝時代の、南朝の王や貴族の墓に採用された墓様式である。レンガのような長方磚《せん》を利用し、アーチ状の高い天井を築くことを特徴とする。

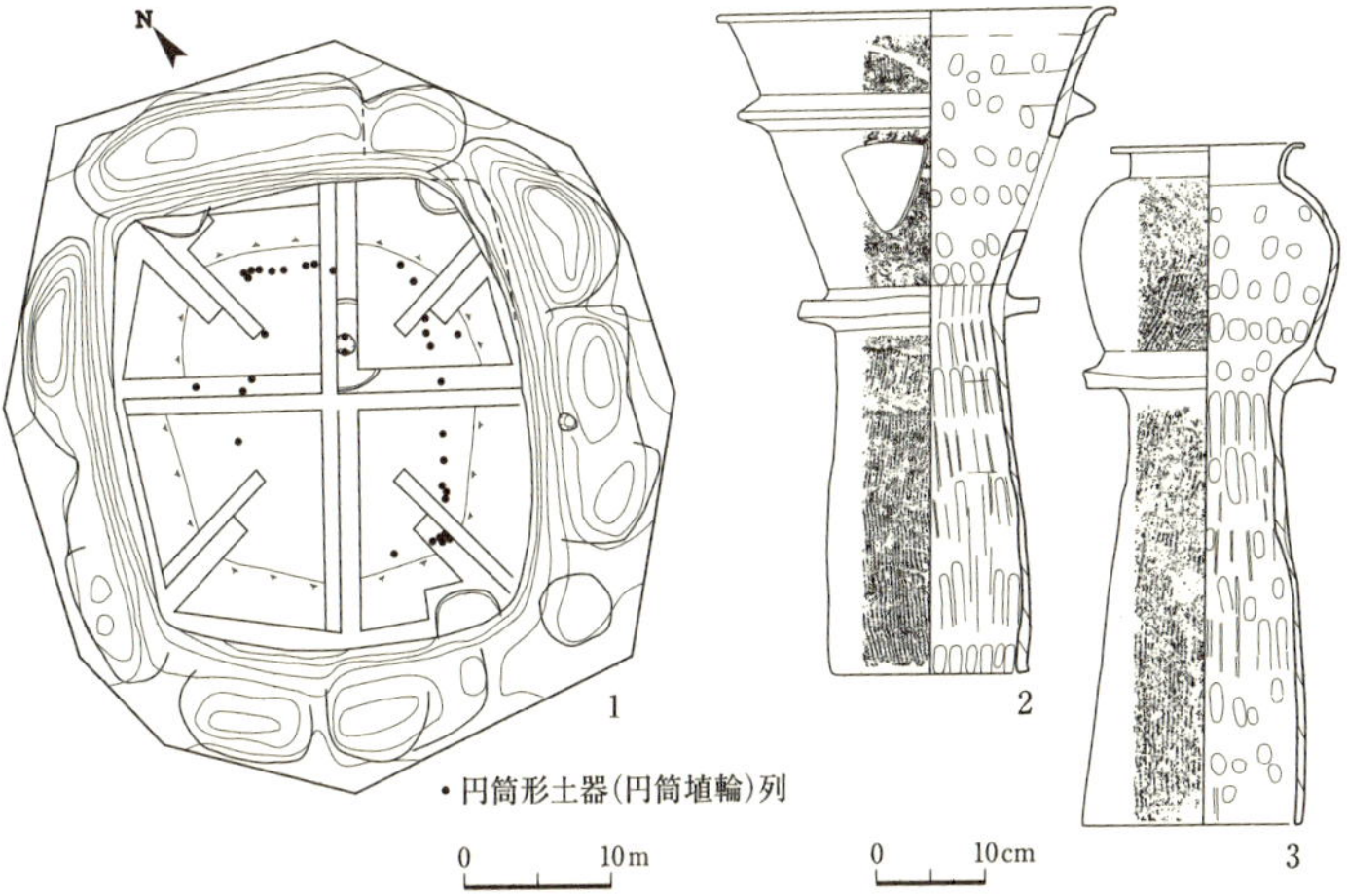

図4　韓国の羅州・新村里9号墳の平面図と出土した円筒形土器
［国立文化財研究所編，2001を一部改変］

に達した時期であったことを考慮すれば、倭様式の前方後円墳の墳丘上に立てられた埴輪の総数が倭国に比べて極端に少ない理由は、費用の軽減と捉えることが合理的であろう。

　光州・明花洞古墳の編年的位置は六世紀前葉頃である。この時期、倭国は百済との交流・交易の強化を重視した積極的な外交戦略に乗り出したと見られる。倭国がこのような外交戦略を打ち出した背景には、朝鮮半島諸国間で激化した軍事的対立があった。金官加耶の衰退(6)以降、倭国は高

(6) 高句麗の好太王碑文によると、洛東江河口部にあった金官加耶は、五世紀初め頃、高句麗の軍事的攻撃によって急激に衰退する。実際に、金官加耶の王陵群である金《キ》海《メ》・大成洞《テソンドン》古墳群の発掘によって、五世紀前葉以降、急激に衰退する金官加耶の姿が確認された。

句麗の脅威に対抗しながら、中国・朝鮮半島諸国との交易ルートの多元化政策に乗り出したと見られる。すなわち、金官加耶に頼る倭国の交易システムの終焉ともいうべき事態の契機は、五世紀初め頃の、高句麗による金官加耶への大規模な侵攻であったと言える。

こうした倭国の新たな外交戦略が、この時期百済に登場する、倭国の影響を受けた墓様式に反映されている。最初に登場した倭国の墓様式の影響は前方後円墳という墳形ではなく、古墳の墳丘上に立てられた円筒形土器(円筒埴輪)であった。五世紀後葉頃、百済西南部地域では、百済中央様式の方墳に倭様式の円筒埴輪を立てた首長墓(**図4**)が登場する。その後、六世紀前葉頃になると、百済西南部地域では前方後円墳と円筒埴輪という二つの倭国の墓様式が採用された古墳が登場するようになる。五世紀後葉頃と六世紀前葉頃の墓様式は、金官加耶の衰退以降に百済と倭国との間で結ばれた、緊密な外交的連帯を象徴する決定的な考古学的資料であろう。

倭国の外交路線の転換——金官加耶から百済へ

前述のように、四世紀頃まで、倭国が朝鮮半島諸国との交流・交易を進める上で、緊密な政治・経済的関係の構築にもっとも力を注いだ国は、現在の金海・釜山《プサン》地域に位置する金官加耶であった。四世紀頃、豊富な鉄素材の生産と輸出で富を築いた金官加耶は、中国、朝鮮半島諸国、倭国をつなぐ国際的な交易の要になる地域であった[7]。

図5は四世紀頃の、金官加耶の王墓級の墓から出土した倭様式の威信財である。当時、倭国は海外から輸入しなければならない戦略物資であった鉄素材を安定的に確保する必要があった。この良質の鉄素材の輸入は倭国の政治エリート層が全力を尽くした国家的課題であった。金官加耶の王墓級の墓に倭国中央(政権)威信財が多く副葬されていることからも、それがよく分かる。さらに、金官加耶の国際的な港は、鉄の獲得のみならず、東アジア諸国の政治・経済的な情報を獲得する上で

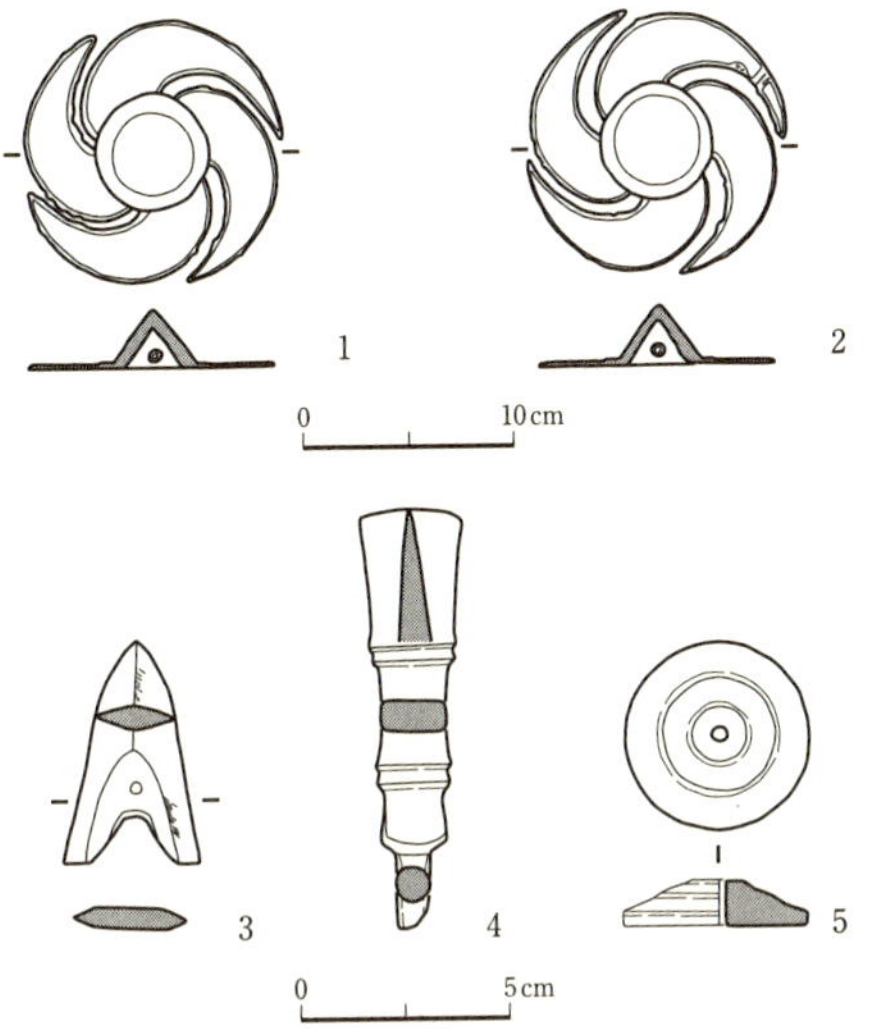

図5 韓国の金海・大成洞古墳群出土の倭様式の威信財[慶星大学校博物館編, 2000 を一部改変]
1,2＝巴形銅器／3,4＝石鏃形石製品／5＝紡錘車形石製品

(7)『三国志』魏書東夷伝の記録によると、鉄素材の交易は、金官加耶以前、すなわち、三韓時代の弁韓段階からこの地域と倭との間で頻繁に行われた。

も、最適の場所であった。倭国の政治エリート層は、この金官加耶の地理的利点を十分に活用することによって、倭国の国家形成に不可欠な戦略物資と情報の獲得を図ったと思われる。

しかし五世紀初め頃、高句麗の攻撃によって、この金官加耶の国際的な港は高句麗・新羅《しらぎ》に掌握される事態に直面する。このことは、これまで金官加耶を軸に、鉄素材のみならず、新しい先進知識の輸入を試みた倭国に大きな危機意識をもたらした。この急変する朝鮮半島情勢の中で、中国・朝鮮半島からの戦略物資・先進知識の輸入を、これまで通り維持しなければならない。この過程で倭国が打ち出した新たな外交戦略が、百済との交流・交易の強化を軸にした交易ルートの多元化政策であったと言える。

倭船舶や倭国の使者・商人達が百済へ向かう過程で金官加耶の国際的な港は一次的な要になる地域であった。対馬《つしま》を出発し、朝鮮半島へ向かう倭船舶は、まず、金海・釜山地域に位置する金官加耶の港に停泊する必要があった。五世紀頃、倭船舶のみならず加耶船舶も櫂《かい》で漕ぐタイプの準構造船であった点を考慮すれば、やむをえない選択である。このタイプの準構造船で航海する倭船舶の姿は当時の絵画資料から読み取れる（本書、和田晴吾「前方後円墳とは何か」四〇頁、**図10**参照）。

金官加耶の港を経由した倭船舶は、百済へ向かう途中、加耶西部地域に位置する、大加耶を含む加耶諸国の領海を安全に通過しなければならなかった。すなわち、倭国が百済との交流を強化する政策を展開する上で、倭国と百済をつなぐ航海ルート上に存在する加耶諸国との関係の強化は先決課題であったと言える。百済にとっても、倭国との外交的連帯の強化を図る上で、これらの加耶諸国との関係の強化は必然的な課題であった。

　加耶と百済の南海岸地域に分布する巨済《コジェ》・長木《チャンモク》古墳、固城《コソン》・松鶴洞《ソンハクドン》古墳群、高《コ》興《フン》・雁洞《アンドン》古墳、高興・野幕《ヤマク》古墳、新安《シナン》・ベノルリ三号墳などには、墓様式や出土遺物に百済・倭国・加耶諸国の交流の痕跡が混在する様相が見られ(8)、倭国と百済との海上交流に加耶諸国の協力が必須であったことを物語る。特に、これらの古墳の出現時期が、五世紀後葉〜六世紀前葉頃、すなわち、五世紀前葉の金官加耶の衰退以降、百済西南部地域で倭様式の円筒埴輪と前方後円墳が採用される時期と重なる点を考慮すれば、倭国の交易ルートの多元化政策と連動する有力な考古学的資料と言える。

　百済と倭国との交流の強化を物語る痕跡は、百済の南海岸地域の首長墓のみならず、前に触れたように、百済西南部地域の内陸に位置する首長墓にも確認される。五世紀後葉頃、百済西南部地域にはソウル地域に見出される百済中央様式の方形墳丘に類似する、新たなタイプの方墳が登場する。例えば、四世紀頃まで百済西南部

(8) 特に、これらの古墳には甲冑を多量副葬する傾向が見られる。もちろん、百済で製作された甲冑なのか倭国産なのかという点については議論の余地がある。しかし、このタイプの甲冑を多く副葬する墓様式は、百済様式ではなく倭国に多い墓様式である。

の栄山江流域では、方形の墳丘に新たな墓を追加する時に、連接して墓を築造する方式が多く採用されていた。この築造方式の場合、最終的な古墳の墳形は梯子形を成す。しかし新たなタイプの方墳は、墓を追加する時にも最初の方形墳丘を維持する。例えば、羅州《ナジュ》・新村里《シンチョンリ》九号墳の場合、新しい墓穴を追加する時に、墳丘の拡張なしに既存の方形墳丘の上に重層的に造成された。すなわちこれらの方墳からは、正方形に近い百済中央様式の方形墳丘を継続的に維持しようとする意図が明瞭に読み取れる。

このような墓様式の変更の背景には、ソウル地域の首都陥落と公州地域への遷都という危機的状況の中で、百済中央によって打ち出された新たな戦略の存在が読み取れる。高句麗の攻撃によってもたらされた国家的な危機を打開する過程で、百済は中央と地方との結束力を強化する政策を優先的に模索する必要があった。例えば、王と地方首長の葬式で行われる儀礼の共有を強化することは、中央と地方との結束力を強化する有効な手段であったと思われる。百済中央様式の方墳の拡散も、儀礼の共有策の一つであったと言える。百済中央によって企画されたと見られるこのような戦略の実行は、高句麗に対抗するために打ち出されたやむをえない戦略的選択であったと思われる。

一方、百済中央の影響を受けた、これらの方形墳丘を有する首長墓の中には、倭様式の埴輪を墳丘上に立てた古墳も含まれている。その代表的な方墳は霊岩《ヨンアム》・沃野里《オクヤリ》方台形古墳、(9) 羅州・新村里九号墳、咸平《ハムピョン》・金山里《クムサンリ》方台形古墳、高敞《コチャン》・鳳徳里《ボントクリ》一号墳などである。これらの方墳は、五世紀後葉頃、百済西南部地域に分布する最高位級首長墓に含まれる古墳であった。これらの首長墓は、百済中央様式の方形墳丘上に倭様式の埴輪を装飾するという重層的な墓様式の採用が認められる事例である。

このように、倭様式の埴輪が百済中央様式の方墳の装飾に採用されたことは、百済と倭国との緊密な外交的連帯の誇示であったと思われる。高句麗によってもたらされた危機状況の中で、百済は友好的な隣国との政治的連帯の強化を急がなければならなかった。隣国との政治的連帯を強化する外交戦略の一つとして、中国南朝・倭国など友好国の墓様式を採用する百済中央の戦略は六世紀前葉頃まで続く。この墓様式の採用を外交に活用する戦略は緊迫した政治情勢の打開を目標に打ち出された百済中央の切り札だったかもしれない。古代において、王や有力首長の葬儀が各国の情報交換の場であったことを考慮すれば、古墳の墳丘上に立てられた倭様式の埴輪は百済と倭国間の外交的連帯の強化を象徴するシンボルになりうる。

(9) 韓国では、五世紀後葉頃の栄山江流域に登場する三〇メートル四方程度の正方形の方墳を「方台形古墳」と呼ぶ場合がある。日本考古学界で一般的に使う、規模の大きい方墳の意味に近い用語である。

2　なぜ百済で前方後円墳が築造されたか

五―六世紀頃の百済と倭国

六世紀前葉頃、百済西南部地域では倭国の墓様式の採用が一層強化され、すでに五世紀後葉頃採用されていた、埴輪を立てる墓様式のみならず、新たに前方後円墳という墓様式まで採用する事例が現れた。

この新たな動きの背景を考える上で手がかりを提供する資料は、ソウル地域から遷都し、新たに百済の首都になった公州に造営された、武寧王《ぶねい》の磚室墓《せんしつ》(10)である。六世紀前葉頃、武寧王期の百済では、中央の王墓に中国南朝様式の磚室墓、一部の地方首長墓には倭様式の前方後円墳を築造する様相がほぼ同時に現れる。特に、これらの外国系墓様式は中国南朝と倭国でそれぞれ最高位級の墓様式であった点で目を引く。この時期、百済の墓様式は被葬者の生前のランクによって、その構造と規模が決められていた。中国南朝のみならず倭国にも墓様式に関する同様な規律があったことは知られている［和田、二〇一八］。つまり当時の中国南朝と倭国は、被葬者のランクによって墓様式が決められ、序列化された社会であった。百済にもこのような中国南朝と倭国の墓様式のランクに関する情報は伝わっていたと思われる。

(10)『日本書紀』によると、武寧王は日本で生まれた百済の王子であった。彼の墓は一九七一年、韓国・公州で未盗掘の状態で発掘され、出土した墓誌によって、「寧東大将軍百済斯麻王《しまおう》」であることが明らかになった。在位期間は五〇一―五二三年であり、墓は中国南朝から渡った梁の工人の技術指導で製作された長方磚をアーチ状に築いて造営された。その構造は中国南朝の磚室墓に酷似している。

この状況下で、六世紀前葉頃、百済における外国系墓様式の採用過程で、特に、中国南朝と倭国の最高位級の墓様式が選ばれたのは、偶然の一致とは思われず、百済中央による意図的な採用と見るしかない。従って、この時期の百済における外国系墓様式の出現背景を考える上で、百済と中国南朝・倭国との間で行われた緊密な政治的交渉を想定する必要があろう。

この時期、百済と中国南朝・倭国との間で行われた政治的交渉の主要な目標は、高句麗の脅威に対抗する外交的連帯の強化であったと思われる。五世紀後葉に起きた百済の首都陥落という衝撃的な事件がその契機であろう。最高位級の外国系墓様式を採用することは、百済と中国南朝、百済と倭国間の緊密な外交的連帯を、高句麗をはじめ周辺諸国に誇示する有効な手段になりうる。外国系墓様式を採用して行われた、百済の王や有力首長の葬式の光景は、参列した弔問使を通じて高句麗にも伝えられたと思われる。百済の政治的な危機状況下で行われた外国系墓様式の採用は、友好国の墓様式の単純な模倣ではない。国際的な政治的連帯を通じて、高句麗の脅威を阻止する目的で考案された百済の外交戦略の一つであったと思われる[禹、二〇一〇]。

五世紀後葉頃の倭様式の埴輪儀礼の採用、さらに六世紀前葉頃の倭様式の前方後円墳の築造は、いずれも大幅な経済的負担増加につながるものであった。武寧王期の百済は、この経済的負担増にもかかわらず、前方後円墳という倭国の墓様式を新たに採用する政策に踏み切った。当時の百済が経済的負担の如何にかかわらず、高句麗の脅威に対抗する上での多様な戦略を模索し、推進していたことを反映する状況であろう。

百済をめぐる当時の緊迫した危機状況を考慮すれば、武寧王期と次の聖王期の百済の政治的安定に、隣国の最高位級の墓様式を採用した新たな外交戦略の貢献を認めざるを得ない。

しかし、外国系墓様式の採用という外交戦略は、百済の政治的安定とともに終焉を迎える。首都陥落の危機状況を乗り越えた百済は、政治的安定を維持するとともに、経済的負担を軽減させる必要があった。六世紀中葉頃になると、百済の中央・地方ともに、費用のかかる中国南朝様式の磚室墓、倭様式の前方後円墳の築造を中止する。特に、倭様式の前方後円墳は、六世紀前葉頃の百済西南部で、各地域別に一―二基程度が築造されたのを最後に、終焉を迎えた。

被葬者はだれか?

百済西南部地域に位置する一部の首長墓には倭様式の前方後円墳が採用された。この被葬者をめぐる議論は、いまも続いている。

この議論の中で、倭様式の前方後円墳を倭系百済官僚、あるいは倭系百済関連集団の墓とみる様々な見解が古くから根強く主張されてきた［朝鮮学会編、二〇〇二／高田、二〇一二］。もちろん、一二一─一三基程度の倭様式の前方後円墳の中には、倭系百済官僚あるいは倭系百済関連集団の墓も一部含まれている可能性はある。しかし、すべての倭様式の前方後円墳を倭系百済官僚あるいは倭系百済関連集団の墓とみる見解の場合、倭様式の前方後円墳の築造時期と文献上の倭系百済官僚の存在期間とが一致しないなど論理的矛盾に直面する。

百済中央の代わりに百済西南部地域を治めた倭系百済関連集団の墓とみる見解も、総力で高句麗の軍事的脅威に対抗すべき百済中央と倭国が、百済の一地方であった百済西南部地域を攻撃したという仮説を前提にしている。しかし実際には、六世紀前葉頃、百済西南部地域のみならず百済と倭国との戦争状態を示す文献・考古資料もまだ見つかっていない。六世紀前葉頃は、百済の武寧政権、倭国の継体政権が活躍していた時期であり、両国の政治的関係がもっとも友好的な時期であった。この時期、武寧王の木棺が倭国でしか産出しないコウヤマキで製作されたことは両国間の親密な外交関係を象徴する。すなわち、高句麗に対抗して、両国間の外交的連帯の強化を模索しなければならない時期に、友好関係にあった両国間の戦争を想定することは論理的な飛躍であろう。

倭様式の前方後円墳の被葬者をめぐる、もう一つの説は、百済西南部地域の古い政治勢力（例えば、馬韓あるいは馬韓の残存勢力）が、独自に倭様式の前方後円墳を採用したとみる見解である。この説の場合、六世紀前葉頃・武寧王期の百済西南部地域を百済とは異なる独立政治体とみる見解が前提になっている。しかし前に述べたように、五世紀後葉頃、百済西南部地域の最高位級首長墓には百済中央様式の方墳を模倣する傾向が強くなる。これには百済中央と地方との間で、儀礼の共有を通じて、相互の政治的連帯を強化しようとする意図が強く含まれている。この墳丘築造企画とともに、これらの最高位級首長墓に副葬された金銅製冠・冠帽《かんぼう》と飾履《しょくり》(11)など百済中央様式の最高級の威信財を考慮すれば、五世紀後葉頃になると、百済西南部地域が百済の地方として認識されていたことについては、異論の余地がない。すなわち、この百済西南部地域を百済とは異なる独立政治体とみる見解も成立し難い。従って、百済西南部地域の古い政治勢力が、独自に倭様式の前方後円墳を採用したとみる見解も論理的な矛盾に直面する。つまり、現時点では残念ながら被葬者を特定することは難しいということである。

五世紀前葉以降、金官加耶の国際的な交易拠点を軸に、中国・朝鮮半島諸国から先進知識・戦略物資を輸入してきた倭国のこれまでの外交戦略は大きく変わる。五世紀初め頃、高句麗の大規模な侵攻によって、金官加耶の国際的な交易拠点が掌握

（11）金銅製の靴を意味する。この靴は実用品ではなく百済中央から贈られた葬儀用の靴であったと思われる。

された事件以降、倭国は交易ルートの多元化を図る新たな外交戦略に乗り出した。倭国の戦略的な外交路線の変更は、倭国と百済との政治的連帯の強化が、倭国と中国南朝との外交関係の強化にもつながることを念頭に置いた賢明な外交的選択であった。そして、百済中央との外交関係の強化を進める過程で、百済西南部地域の地方勢力との関係の強化も欠かせない課題であっただろう。当時、百済西南部地域は、倭国の北部九州地域のように、地理的利点を生かして、両国間の交流を直接的に担当してきた拠点的な地域だったからである。

百済西南部に残された前方後円墳は、こうした当時の両国関係の一端を示すものとして、今後ますます注目されるべきものであろう。

引用・参考文献

禹在柄、二〇一〇年「百済地域の竹幕洞祭祀遺跡と前方後円墳が語る五~六世紀の百済と倭国」『待兼山考古学論集Ⅱ』大阪大学考古学友の会
姜仁求、一九八五年「韓国の前方後円墳(追補)」『朝鮮学報』第114輯
高田貫太、二〇一二年「栄山江流域における前方後円墳築造の歴史的背景」『古墳時代の考古学7　内外の交流と時代の潮流』同成社
朝鮮学会編、二〇〇二年『前方後円墳と古代日朝関係』同成社
都出比呂志、二〇一一年『古代国家はいつ成立したか』岩波新書
和田晴吾　二〇一八『古墳時代の王権と集団関係』吉川弘文館

挿図引用文献

慶星大学校博物館編、二〇〇〇年『金海大成洞古墳群Ⅱ』慶星大学校博物館(韓国)
国立光州博物館編、一九九六年『光州明花洞古墳』国立光州博物館(韓国)
国立光州博物館編、二〇一二年『海南龍頭里古墳』国立光州博物館(韓国)
国立文化財研究所編、二〇〇一年『羅州新村里9号墳』国立文化財研究所(韓国)
Woo Jae-Pyoung, 2018, 'INTERACTIONS BETWEEN PAEKCHE AND WA IN THE THIRD TO SIXTH CENTURIES A.D. BASED ON PATTERNS OF TRADE AND EXCHANGE', *EARLY KOREA-JAPAN INTERACTIONS*, Korea Institute, Harvard University, Edited by Mark E. Byington, Ken'ichi Sasaki, Martin T. Bale.

座談会　いま〈古墳〉から何が見えるか

吉村武彦　和田晴吾
下垣仁志　松木武彦
川尻秋生

吉村　「シリーズ　古代史をひらく」は、古代史に関心をお持ちの方々に、その「面白さ」を伝えたいというコンセプトから始まりました。学問研究の成果をわかりやすく面白く伝えることは、研究者の大きな課題だと思っています。じつは本日の座談会に出席の五名中、歴史学を専門とするのが私と川尻さんの二名、ほか三名の皆さんは考古学がご専門です。今や古代史は考古学を抜きにしては語れないという時代で、今日は私も専門外の立場から、いわば読者の代表として「前方後円墳」や「古墳時代」にまつわるお話を色々うかがいたいと考えています。

■なぜあんな形になったのか?

吉村　前方後円墳について誰もが最初に疑問に思うのは、「どうしてあのような形になったのか」ということでしょう。そもそもなぜ「前方後円」なのですか。「前円後方」ではなく。

和田　「前方後円」という呼称に関しては、本書「〈前方後円墳〉への招待」で吉村さんも書かれていますように、江戸時代後期の儒者・蒲生君平《がもうくんぺい》が『山陵志《さんりょうし》』で用いたのが始まりです。各地に「車塚《くるまづか》」という名称があることに着想を得たのか、蒲生は、前方後円墳の横から見た姿を貴人の乗る宮車《きゅうしゃ》と見て（三一頁、**図1** 参照）、後円部を人が乗る傘がついた部分に、前方部を牛馬がそれを引く部分に、そして造出《つくりだし》を車輪に見立て、車が進む方向に合わせて「前方後円」としたのです。便利なものですから、そのまま学術用語として残ってきました。「鍵穴形」と呼ばれることもあります。

前方後円という形がどのように出来たのかということについては、明治以来さまざまな議論がありました。とくに終戦直後くらいまでは、前方後円墳は「ある日突然出現した」と多くの人が考えていた。ところが一九六〇年代以降の高度経済成長期に入り、国土全体に開発の波が及び、各地で積極的に発掘調査が行なわれた結果、前方後円墳の出現より前の弥生時代にも、墳丘《ふんきゅう》を持ったお墓があったことがだんだんわかってきたのです。そして、その中に前方後円墳や前方後方墳の前段階と思われる過渡期的な形のものが見つかりだし、前方後円墳や前方後方墳の成立過程がかなり説明できるようになってきました。

吉村　一般には誤解があるかもしれませんので補足しておきますが、そもそも「古墳とは何か」ということで言うと、「墳丘を持った墓」（墳丘墓）がすべて「古墳」だということではありません。墳丘墓のなかでも、最古の前方後円墳と言われる箸墓《はしはか》古墳（奈良県桜井市）のような、規模や構造などにおいて、ある定型的な企画にかなったものを「古墳」と呼びます。そして古墳の出現を画期として、日本列島は弥生時代から古墳時代に移行したとされています。ただし「古墳」の定義にも色々あり、移行の時期についても諸論あるのでむずかしいのですが。そのあたりは改めて後でふれるとして、前方後円墳のあの形はどのように生まれてきたのか。和田さん、続きをお願いします。

和田　近畿地方を中心に、弥生時代の墳丘墓として多く検出されているのは「方形周溝墓《ほうけいしゅうこうぼ》」や「方形台《だい》状墓《じょうぼ》」と呼ばれるものです。おもに平地で墓の周りに四角く溝を掘って、墓の部分に盛土を行なったのが方形周溝墓。一方、おもに丘陵上で墓の周りを四角く削って台状にしたものを方形台状墓と呼んでいます。こうした墳丘墓が、全国とは言わないまでも各地で数多く造られていること、また周溝墓・台状墓には方形のみならず円形もあることがだんだんわかってきました。

弥生時代の中頃になって、そうした周溝墓のうちに他よりは明らかに大きなものが出現しはじめます。周溝墓のなかには、もともと溝を越えて墓の上に行く通路(陸橋)が掘り残されている場合があったのですが、特定の周溝墓ではそれが短い突出部になり、しだいに大きく発達していく(二五頁、**図2**参照)過渡期の形が多く検出されるようになりました。台状墓でも墳丘の上に至る通路が出てきて発達します。したがって、通路が大きくなって前方部へと発展していく機能的な変化の結果、前方後方・前方後円墳の形が生まれてきたというのが、現在はおおよそ学界でも認められている考え方です。

円形周溝墓の場合、関東では神門《ごうど》墳丘墓群(千葉県市原市)などでその過程が追えたのですが、近畿中央部では小さな突出部の付いた円形周溝墓から、突出部が円丘部の二分の一ほどもある、周溝墓としては最終段階の纒向石塚《まきむくいしづか》墳丘墓(奈良県桜井市)までの間に入る型式がこれまで発見されていなかったのです。ところが、最近、奈良盆地で瀬田遺跡(橿原市)が見つかり、その間を埋めることができるようになり、円形周溝墓から前方後円墳へとつながる道筋が再確認できました。

松木　出っ張りがしだいに成長して突出部になる、これは東アジアのなかでも特異なものだと思います。今ご説明のあった古墳はほぼ古墳時代直前の時期のものですが、もう少し古い、弥生時代後期後半に入った頃の吉備《きび》の楯築《たてつき》遺跡(岡山県倉敷市)では、円形の墳丘の両側に二カ所突出部がある。同様に出雲《いずも》の西谷《にしたに》墳墓群（島根県出雲市）には、方形の四隅《よすみ》が出っ張った四隅突出型墳丘墓（四号墳）もあります。寺沢薫さんなどは、楯築遺跡が前方後円墳のさらなるプロトタイプではないかと言っています。複数の突出部が、どこかで一つに絞られていくというステップがあったのかもしれないですね。

吉村武彦

下垣　都出比呂志《つでひろし》さんがかつて、それらに「二突起方（円）丘墓」「四突起方丘墓」という名称を付けましたね。

和田　私は複数から一つに収斂したとは考えていません。弥生時代中期の終わりから後期の初め頃に、方形周溝墓の突出部の位置は、すでに線対称となる中軸線に固定し始めている。つまり基本は、突起は一つだったので、双方中円型（楯築墳丘墓）や四隅突出型が生まれたのは何か別の要因があるのではないか。

■最初の「古墳」はどれか？

吉村　近藤義郎さんなどに始まって、考古学では、弥生時代の墳丘墓と前方後円墳とは質的にかなり違った段階のものだとされています。そのため前方後円墳の成立を画期とみなして、最古の前方後円墳とされる箸墓古墳の出現を古墳時代の始まりと考える。しかし一般の人は、楯築遺跡のような弥生墳丘墓を見ても、普通は「これも古墳じゃないか」と思うでしょう。

和田　楯築遺跡や西谷三号墳については、たとえば元奈良文化財研究所長の坪井清足《きよたり》さんのように、考古学者のなかにも「あれはなぜ古墳ではないのか」と言う人もいます。しかしこれらを「古墳」に含めると、墳丘が大きく、立派な埋葬施設で、副葬品も多ければすべて古墳、となりかねない。そうすると、これまでのように、墳丘の高さや埋葬施設の造り、副葬品の量など個々の墓の質や量の定義で、どこからが古墳かという一線を引くことになります。しかし、それはむずかしい。

私は、「組合せ」というのが考古学の基本的なものの考え方の一つなので、複数の墓がどういう組合せで複数回造られるようになったら「古墳時代」と呼べるか、と考えるのがよいと思っています。全長二〇〇メートルを超えるような巨大な前方後円墳から小さなものまで、複数の墓が序列を形成しながら造り続けられるようになった、それをもって古墳時代と呼んではどうか。そうなると最初に二〇〇メートルを超えるのが箸墓古墳ですので、箸墓の出現を古墳の秩序が形成され始める契機とみなし、ここから古墳時代と呼ぶのがよいのではないかと考えているわけです。基本的に、この組合せは変化しながらも古墳時代の終わりまで続きます。

下垣　前方後円墳が誕生するまでにいくつかの画期があると思います。まず、ある程度の規模を持った墳丘墓が北九州で生まれる。吉野《よしの》ヶ里《り》遺跡（佐賀県吉野ヶ里町・神埼市）の墳丘墓は弥生時代中期に造られたものですが、長辺が四〇メートルもあります。これを古墳と呼ぶ人がいても別におかしくはない。もっと顕著な画期として、弥生時代後期後半から末期前半頃があります。先ほどのお話に出てきた楯築墳丘墓や西谷三号墳、あるいは赤坂今井墳丘墓（京都府京丹後市《きょうたんごし》）のような墳丘墓は、規模も大きく、埋葬施設も立派で、これはもう充分に古墳だという意見も成り立ち得る。

これらより時期がもう少し降る、東田大塚古墳《ひがいだ》、纒向矢塚古墳《やづか》、纒向石塚古墳、纒向勝山古墳《かつやま》の四基（奈良県桜井市）などを、「纒向型前方後円墳」としてグルーピングして、これらが登場する頃からを古墳時代早期とみなす研究者も最近は増えてきています。箸墓の直前の時期に相当しますが、類似した墳形が広域的に拡散していることが注目されます。これらの纒向型前方後円墳にホケノ山（奈良県桜井市）を含めた五基は一〇〇メートル前後で、三〇〇メートル近い箸墓と規模の上では断絶があります。しかし、これら五基と箸墓との時期差はほとんどなく、同時期の可能性もあります。規模の面で飛躍のある両者を、時間差がほとんどないから一括りとするべきか、飛躍をもって両者を峻別すべきか、というのが現在の重要な論点です。

和田　しかし「纒向型前方後円墳」のように「〜型」と言うと、定型的な何かがきっちりあるように聞こえますが、そうでもないのです。纒向型として下垣さんが挙げた四つの古墳もそっくりというわけではなくて、大きさも九〇──一二〇メートル程度と結構幅があるんですね。

先ほどの**図2**（二五頁）にあるような、前方後方墳の卵のようなものは古墳時代に入ってもずっと造られていて、これは弥生墳丘墓というべきか古墳というべきかわからない。そういう存在を認めながら古墳を定義しようとすると、やっぱり箸墓のような巨大さとか、段築《だんちく》工法で造られているとか、葺石《ふきいし》や埴輪《はにわ》がどうかとか、色々な要素を加えていかざるを得ない。纒向石塚の段階は萌芽期としては認めています。

吉村　統一された定型的な企画によることが重要、となるわけですね。

川尻　実際のところ、箸墓と纒向型の時期差はどのぐらいなのですか。ほぼ同時ですか。

下垣　ホケノ山と箸墓は、土器様式の上では同時期だと見る研究者がかなりいます。纒向の五基は、纒向石塚を除いて、庄内式の最末期から布留《ふる》0式（二四二頁、注21参照）にほぼ入っているように思われます。箸墓と纒向の五基は至近距離に築かれていることも勘案して、これらは実は同時期に造営されていて、時期的な差は被葬者の死亡時を反映している、という見方もあり得ます。

和田　箸墓などは巨大なので、時間をかけて造っていたとすると、時期的に重なっていてもいい理屈にはなります。要するに、土器様式をどう見るかなんです。布留0式というのも認定がなかなかむずかしい。

下垣　纒向型前方後円墳という括りは寺沢薫さんが提言したものでして、後円部径と前方部長の比率が二対一になることが重要な指標とされていました。ところがその後の発掘調査を通じて、たとえば東田大塚古墳などは前方部がもっと長いことが判明し、少なくとも二タイプが存在することが明らかになりつつあります。このようなヴァリエーションと時期差をどのように区別し明らかにしていけるかが、今後の議論の鍵を握るのですが、何しろ箸墓は陵墓に治定されていて、墳丘内の調査ができず、詳しいことがわからない。残念なことです。

■古墳時代の始まりはいつ？

吉村　改めて確認ですが、「古墳の成立」と「古墳時代の開始」とは、ほぼ同じことだと考えてよろしいでしょうか。そしてそれは年代としてはいつ頃なのでしょうか。私などは、箸墓古墳はやはり、墳墓形式や副葬品などの面で既存のものと隔絶したところで定型化されていますから、こうした前方後円墳の成立を古墳時代の開始と見るというのは、学問的な手続きとして納得がいくのですが。

松木　古墳時代が始まっていくというのはおそらくさまざまな過程を経ているのですが、もし「鎌倉時代の始まり」＝「鎌倉幕府の成立」というような時代区分のやり方を取るとしたら、やはり箸墓というのは願ってもない指標になると思います。

大きな墳丘を持ったり、副葬品がたくさん入れられていたり、特殊な埋葬施設を持ったりするようなお墓の出現というのは、紀元後二世紀から三世紀にかけて、朝鮮半島も含め東アジアの各地で同じように起きているわけです。その中で高句麗《こうくり》は高句麗、新羅《しらぎ》は新羅でだんだん墳墓の形が定まっていく。

日本列島の場合は、やはり箸墓と、他の纒向型以前のものとの間にとても大きな画期があるのではないかと思うんですね。箸墓のあの形と大きさというのは、間違いなく意図的にデザインされたもので、倭王《わ》権のお墓はこれなのだということを積極的にアイデンティティとして出している。そういう背景にある思想のようなものが大きく違うと思う。そういうことから言うと、あくまで古墳時代の開始を「鎌倉時代は何年から」みたいな形で決めようとするならば、ということですが(笑)、箸墓を指標にするのが一番有力なやり方の一つなのではないかと思います。

吉村　時代区分というのは本来、縦線や横線できっちり区切るのはおかしくて、実際は斜め線というか、「この時期にそういう要素がだんだん入ってくる」ということでしかないのですが、中学校・高校の教科書では「この頃」ではダメで、「古墳時代はいつからいつまで」と書かざるを得ないんですね。ただ古墳時代がいつからかというのは、この後ヤマト王権がいつ発生したかということに関係してくるので、歴史学にとっても重要なことなのです。もし古墳の出現が弥生時代の墳丘墓まで遡るとすると、卑弥呼《ひみこ》以前に古墳時代が始まったということにもなってくるかもしれない。

古墳時代の画期を箸墓古墳に認めるということではお三方同じですよね。とはいえ箸墓については、今後も発掘される可能性はほとんどない。あとで鏡や剣などの副葬品についても話題にしたいと思いますが、実際に中がどうなっているかは、永遠の秘密にして謎を残すのでしょうか。

和田　あまり知られていないことですが、箸墓の後円部の後ろあたりに、板石が非常にたくさん出る場所があるらしい。二上山西側の芝山辺りの安山《あんざん》岩や玄武《げんぶ》岩の仲間のようです。そのため竪穴《たてあな》式石槨《せっかく》が造られている可能性はあるのですが、わかりません。放射性炭素で年代測定もされていますが、測定に使用した土器の性格がよくわからない。もし、前方部から出土した土器だとすると、通常、そういう場所からめったに土器は出ないんですね。箸墓古墳とどう関係する土器かが知りたいですね。

吉村　陵墓指定されると発掘ができず、宮内庁による修復の時の調査のみになってしまう。天皇陵のなかにも、現在の研究では比定が間違っていると思われるものもあるのですが、明治の初年以降ほぼ訂正されていないのです。本当はもう少し色々調査をして、事実が明らかになることも重要だと思うのですが。

　ともかく、古墳時代は箸墓古墳の出現を起点にするということでよいとして、時期としてはいかがですか。三世紀半ばという説と、もう少し遡りたい、逆にもう少し後に持ってきたい、と意見が分かれているように思えます。

和田晴吾

松木　国立歴史民俗博物館のこの前の調査では、二二五〇年前後ということになっています。それでは古すぎるという人もいますが、それでも最近は二六〇―二七〇年ぐらいという意見が主ですね。かつては四世紀に入るなどと言う人もいましたが。

吉村 これは被葬者をどう考えるかということと関係しますね。どうしても箸墓を卑弥呼に結びつけたい人は、三世紀半ばとなる。

下垣 私は、理屈上は、箸墓の年代はさらに遡上し得ると考えています。かつて近藤義郎さんが主張したように、三角縁神獣鏡と、埴輪のご先祖にあたる特殊器台および特殊器台形埴輪は、めったに共存しません。ごくまれに特殊器台の最新型式と三角縁神獣鏡の最古型式が共存するにすぎません。その理屈から言うと、箸墓から特殊器台が出土していることは、この古墳が三角縁神獣鏡の出現(二四〇年頃)より古いことを強く示唆します。

考古学サイドで今やるべきことは、まず箸墓の相対年代を考古資料から絞り込んだ上で、他の古墳との併行関係をつないでいって、同時代の様相を明らかにすることです。暦年代を特定するのは、この作業が済んでからで、被葬者云々はさらに後の作業でしょう。

吉村 私も原則としてそうだと思うのですが、むしろ考古学の人のなかに、箸墓を卑弥呼の墓にしたい願望があるように思うのですが(笑)、松木さんはいかがですか。

松木 箸墓の被葬者に踏み込みますとね。下垣さんのように理論派の考古学者は別ですが、私のように、考古学から歴史を語りたいという欲のある人間は(笑)、文献史料に書いてあることにどうしてもフラフラと関心を惹かれる。そうすると、名だたる大きな古墳のなかで、文献に築造のことが詳しく出てくるのは箸墓だけなのです。さらに、箸墓の被葬者について、並々ならぬシャーマンの女性(巫女)であったようなことが書かれていますので、どうしても卑弥呼との関係性が出てくる。

ただ逆に、卑弥呼そのものが日本の文献史料には登場しない。これは大きな問題だと思いますね。

川尻　吉村さんは、箸墓は卑弥呼とは年代がずれるという持論をお持ちですよね？

吉村　想定は色々できると思うのですが、最終的には墓誌のようなものが出てこないと決められません。まさに下垣さんが言われたように、いつ頃のものかということが、相対的編年でかまわないのですが、ある程度わからないと何とも言えないと思います。私はむしろ、卑弥呼の後の女王である壱与《いよ》（台与《とよ》）ぐらいが合うのではないかと思いますが、まあ今のところ、これは幻想です。ともかく卑弥呼との関連ありきで年代を決めるというのはまったくおかしなことですね。

和田　吉村さんは、箸墓は倭迹迹日百襲姫命《やまとととひももそひめのみこと》の墓であるという説ですか。

吉村　わかりませんね。あの人物だって実在したのかどうかわかりませんから（笑）。

松木　崇神《すじん》天皇の墓だという説もありますよね。

吉村　崇神の墓かどうか、実際はもちろんわからない。それよりも箸墓が「はつくにしらすスメラミコト」、つまりヤマト王権初代の王として語られる崇神の伝承と関係があることが面白いんじゃないかと思うわけです。弥生墳丘墓から初期の前方後円墳が出来てくる過程と、ヤマト王権が成立してくる過程がどう関係するのか。たとえば奈良盆地には、前方後円墳だけではなく前方後方墳もあるわけですが、これを、反ヤマト、反邪馬台国《やまたいこく》連合の、たとえば狗奴国《くなこく》の墓だと見なす人もいる。そういうことが言えるか私は疑問で、『魏志《ぎし》』倭人伝の内容を古墳の分布に直結させるのはやめておいたほうがいいと思いますけれどね。

和田　東海の方へ行くと、初期の古墳が前方後方墳である場合が多いですからね。ただ、弥生時代に方形周溝墓が盛んに造られたところは、どこでも前方後方墳が出てきた可能性がある。前方後方墳の出現場所は、今は、少なくとも近畿から東海西部ぐらいの広い範囲の中で考えておいたほうがいいだろうと思います。

松木　吉備などでは前方後円墳と前方後方墳が入れ子状に混じっていますし、単純に二分して考えるとそのあたりの解釈がつかなくなりますね。

■寿陵が手がかりとなるか

川尻　古墳時代も中期になると、被葬者の生前に造られた「寿陵《じゅりょう》」とはっきりわかるものが出てきますね。それがもっと古い時代にも出てくると、また古墳の理解が変わってくることはあるのですか。

和田　私は、古墳の造り方は前期と中期であまり変わらなかったと思っています。寿陵だとはっきりわかる例は極めて少ないのですが、宮城県加美町《かみまち》にある前期後半の大塚森古墳などがそれにあたります。そこでは最初に墳丘を造り葺石まで施して、その後から墓坑《ぼこう》を掘り込んでいます。おそらく寿陵でまちがいないと思います。

松木　東アジアからユーラシア全体を見てみると、先に墓室を造って、その上から封土をする場合がとても多いんですね。ところが日本列島の古墳では、少なくとも竪穴系の埋葬施設の場合、基本的に先に墳丘を造ってその上に墓坑を掘って遺体を入れている。墳丘が先なんです。世界的に珍しいと思うのですが、なぜそうなったのかという時に、寿陵と考えると説明しやすい。

和田　よく残っている方形周溝墓でもそういう造り方をしています。前・中期の古墳の築造手順は弥生墳丘墓の手順の伝統に則っているとも言えます。

下垣　地表下ではなく墳丘上に墓坑を掘ることは、古くに後藤守一《しゅいち》さんが日本の古墳の主要な特徴として「墳丘の浅いところに内部主体を設けること」を挙げるくらい、日本の古墳の大きな特徴だと考えられています。

吉村　寿陵の場合、あるところまで造って置いておくわけですよね。完成してしまったら、竪穴式の場合は遺体を入れられなくなってしまいますから。ただ途中で止めると草などが生えるでしょうに、焼き払った痕跡などは残らないのですか。発掘しても寿陵かどうか見きわめることはむずかしいのでしょうか。

和田　おっしゃるような痕跡をみんな期待しているのですが、なかなか見つかりません。墳丘を造る前に焼いた木や草などの灰の層が見つかる場合はあるのですが。

松木　岡山県赤磐《あかいわ》市の両宮山《りょうぐうざん》古墳などは、未完成古墳の可能性が非常に高い。葺石も埴輪もあれだけの規模を備えたものは滅多にないのですが、こうした未完成古墳は一つのヒントになるのではないかと思います。

吉村　ただ、たとえば卑弥呼の時代などは、近隣諸国と争いが続いて男王を立てられないような状況だった。そういう権力が安定していない時に果たして寿陵が造れたのかどうか、素朴な疑問は残りますね。

■古墳時代の終わり

吉村　箸墓のような前方後円墳の登場とともに、古墳時代が始まった。では終わりはどうなのか。前方後円墳が造られなくなると、古墳時代も終わりと考えてよいのか。私自身はその考え方でいいと思っている

下垣仁志

のですが、そうすると前方後円墳がなくなった後の墳丘墓を古墳と呼んでいいのか、という問題が出てきます。森浩一《こういち》さんが提唱された「終末期古墳」というような呼び方もありますね。和田さんは王陵を重視し、敏達《びだつ》や推古《すいこ》などのあたりで古墳時代は終末を迎えるとして、その後のものは「真の古墳ではないけれど、古墳と呼んでおく」という言い方をされている。

和田　そうです。「七世紀の古墳は古墳ではありません」と言ってもなかなか通じないし、「飛鳥《あすか》墳丘墓」と言っても使ってもらえません。そこで、終末期の古墳については「飛鳥時代の古墳」という言い方をすることが多いですね。

吉村　歴史学の立場から言うと、終末期古墳の時代、つまり飛鳥時代はなかなか面白い時代なのです。のちの律令《りつりょう》体制を準備する、部民《ぶみん》制の再編問題が出てくる時代でもある。

和田　日本だけに限って言えば、これは古墳時代の古墳とは違うので、「飛鳥時代の古墳だ」と言うしかないのですが、これが日本の外まで話がひろがってくるとややこしい（笑）。最近は韓国でも「古墳」ということを言い始めましたし、中国の墳丘墓をどう呼ぶのか。少なくとも東アジア全体を視野に、広い範囲で、学界全体として約束事を決めるしかない。「すべて墳丘墓でいきましょう」とか、「墳丘墓とするけれども、地域ごとの解釈に応じた用語は自由に」とか。

下垣　日本列島内部も、一律には括れませんね。北海道で墳墓が一番栄えていたのはいつでしたか。

松木　キウス周堤墓群（北海道千歳市）などは少し古いですが、その次の続縄文時代にも副葬品をたくさん持ったお墓が現れたりするので、北海道の文化も無視できない。古墳時代という括りも、そういうなかに落としてみて相対化していく必要があると思います。

吉村　一般的には時代の名称や、「いつから始まっていつ終わるか」という時代区分に大変関心があるようなのですが、学術的には、古墳時代はここからここまでとあまり厳密に決める必要はない。墳墓・墳丘墓から前方後円墳が登場して古墳時代になって、その後は飛鳥時代の墳墓が出来ていくと考えればいいと思います。

川尻　前方後円墳が消えていくというのには、列島内部の事情があったのでしょうけれども、大陸というか、東アジア全体の流れと関係するものと理解していいのでしょうか。

和田　何か関係はありそうです。具体的に対応することかどうか確証はありませんが、たとえばちょうど日本で前方後円墳が造られている時期に、中国では皇帝陵が円墳になるのです。前漢は方墳が基本でしたが、後漢になると円墳が出てきて、その後の隋《ずい》・唐《とう》になるとまた方墳が復活してくる。日本列島では古墳時代後期はほとんど方墳を造っていないのですが、王陵として前方後円墳の後に方墳を造り始めるのは、中国から新しく入ってきた考え方による可能性はあると思います。

■格付けの論理

吉村　ここからは少し話題を変えて、古墳の形や規模、また古墳の中に埋められている鏡や刀剣などの副葬品と、政治秩序との関連について話していきたいと思います。

下垣　墳丘のサイズと形状、副葬品の質と量、埋葬施設の種類や素材などに、古墳時代の政治秩序が反映していると見るのが一般的です。大きく見ればその通りですが、しかしそうした秩序は、中央を上位とする格差が地域の古墳にまでダイレクトに反映した結果ではなく、多様な集団の意図が絡みあった結果として表出された秩序であると考えています。現在の私たちが目にする比較的整然とした古墳の秩序は、上位者が下位者に押しつけた既成の秩序をそのまま反映しているのではなく、むしろ列島の多様な有力集団が、自集団内で格差を表現するために、中央が設定した墳形なり副葬品なりの格差を積極的に受容して利用した結果、生み出されたものであると私は考えます。鏡を例にあげますと、王権中枢勢力は分配する鏡のサイズと面数を通じて地域集団の序列化を目指したわけですが、しかし受容者側がその序列をそのまま受け入れる必然性はなかった。

ここで重要なのは、古墳は一人の被葬者のための墓であるとは限らない、むしろ複数人が一緒に葬られている場合のほうが多いことです。そして実に興味深いことに、一古墳に設置された複数の埋葬施設の格差と、そうした埋葬施設の副葬鏡のサイズ差とが、きれいに対応する例が非常に多い。おそらくそうした古墳を築いた各集団は、被葬者間の序列を表現するために、鏡の格差を利用したのでしょう。

吉村　確かに古墳というと、ついつい一人の人が埋葬されていると考えてしまうのですが、実は複数の人が葬られているというのは重要な論点だと思います。

和田　地域ごとにある程度の政治的なまとまりを作っていたのはおそらく間違いないので、その内部で自分たちが生産したものや外から入ってきた品々を分配する時に、地域内の序列にしたがって格付けをしていた可能性は充分あると思う。たとえば埴輪などもそうです。大阪府茨木市に太田《おおだ》茶臼山《ちゃうすやま》古墳というのがありますが、この古墳で用いた埴輪を焼いた窯が見つかっていて、「新池《しんいけ》窯」と呼ばれています。この窯で焼かれた埴輪は、太田茶臼山だけでなく周辺の古墳や方形周溝墓にも使われていることがわかっている。おそらくそうした物の分配にまでは王権は直接関与していないだろうと思いますので、この地域の集団内部で使い分けて分配していた可能性が高いですね。

吉村　古墳の秩序というと、以前に都出比呂志さんが作られた墳形の序列図をどうしても思い出すのですが（八二頁、**図2**参照）、これは現在、考古学の方ではどう評価されているのですか。

松木　イメージとしては否定されていない、と言うべきでしょうか。確かに今から見るとこういう序列があるように見えるのですが、古墳時代に実態として、こういう秩序が終始一貫して全国をコントロールしていたとはとても思えないわけです。今お二人が言われたように、地域ごと集団ごとの、言わば下からの選択がつねに働いていたわけですから。これはもう本当に大枠のイメージと言うしかない。

和田　形と規模の位置関係の理念図ですね。

松木　そう、理念です。実態はその中でさまざまあるのだというのが、多分みなが感じていることだと思います。事実、都出さんがこの図を出されたのはかなり初期の論文で、後から古墳時代の前期・中期・後期と別々の秩序図を作られています。それは時間的にも空間的にも、そうなるだろうと思います。

和田　この図は古墳時代前期後半ぐらいのイメージで作られていますね。前方後方墳などは、出雲などを除くと、基本的には前期にしかないですから。都出さんに、欠けているところが大事じゃないですかと言った覚えがあります。

吉村　こういう図は非常にわかりやすいので、いったん出来てしまうとすっかりそういうイメージで固まってしまって、ついどの時代にも適用しようとしてしまうのですが。とはいえ一般的に、前方後方墳よりは前方後円墳の方に巨大なものが多いのは確かですね。

和田　それは圧倒的にそうです。

下垣　一番大きな前方後方墳が西山古墳（奈良県天理市）で、全長一八三メートルです。ただし前方後方形になっているのは一番下の段のみで、中段と上段は前方後円形なので、真正の前方後方墳ではない。真正の前方後方墳として最大のものは、全長約一四〇メートルの新山《しんやま》古墳（奈良県広陵町）と波多子塚《はたごづか》古墳（奈良県天理市）ですね。その次となると一三〇メートル台まで下がってきます。全国の古墳の大きさの順位で言えば、一〇〇位以下になります。

■ヤマト王権の序列と古墳の形

吉村　こうした墳形の序列と、ヤマト王権との関係はどう捉えるのが一番いいでしょうか。先ほど言ったように、前方後方墳は反ヤマト連合のものだ、などと言う人もいるわけですが。

和田　私の考えでは、ヤマト王権の主流は円形だったと思います。この時代全体を通じて、基本的に円形原理のものが方形原理のものを駆逐するような形で進行していたと思う。そのために、古墳時代後期になると前方後円墳と円墳しか基本的にはなくなります。前方後方墳は前期で終わりますし、方墳も中期でなくなってしまう。つまり方形のものは、反ヤマトというよりも、より弥生的な要素が強いんじゃないかと思います。いわば方形周溝墓や方形台状墓の体質を残している感じがするのですが、それが中期の終わりには完全に払拭されるのではないでしょうか。広範囲にまたがる現象ですから具体的な政治集団と対応させないほうがいいのではないでしょうか。

吉村　同じ古墳時代でも、時期によってだいぶ意味が違ってくるということですね。

和田　その考え方からすると、古墳時代でも後期になると、一番有力な氏族が必ずしも前方後円墳を造っているとは限らないと思います。円墳である可能性も充分にある。

吉村　後の時代になりますけれど、たとえば蘇我氏が方墳を造ったとも言われますが。

和田　蘇我氏や巨勢《こせ》氏は、六世紀は基本的に円形ですね。前方後円墳ではなく円墳です。

川尻　大型の方墳が出てくるのは七世紀ですね。

吉村　当時は、前方後円墳だ、前方後方墳だというのを見る側もはっきり認識していたわけですか。大山《だいせん》古墳にしても、横から見ても林にしか見えない。上から見ると確かに違うけれども。

松木武彦

下垣　側面からの見え方が、かなり重要視されていたと言われていますね。丘陵上に築かれた前方後円墳は、見栄えのいい側面を集落の方に向けていることが多いようです。また、側面だけでなく前面の見え方も重要だった可能性が出てきました。最近、航空レーザ計測による墳丘の赤色立体図の作製事例が増えてきましたが、箸墓の赤色立体図を前方部の前面から見ると、前

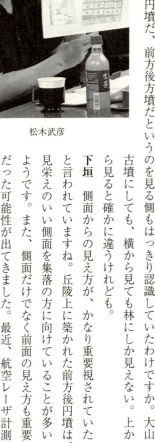

方部の段築のてっぺんに後円部の最上段が載っているように見え、あたかも階段ピラミッド状に見えることが指摘されています。そして時期が降って造出が登場すると、造出を舞台とするような「視線の方向」が生まれたのではないかと思います。

松木　私たちが古墳に行って、その墳形を写真で撮る時は、たいてい斜め前から撮るんですね。それがかっこよく見えるということは、当時の人にもおそらく、その角度からの見え方がその古墳を最も特徴づける形として見えていたのではないか。たとえば古市《ふるいち》古墳群のなかの津堂城山《つどうしろやま》古墳には島状《しまじょう》遺構というのが現れますが、あれは前方部からくびれ部へと、斜め前から見る視線上に造られている。そういう視線の導き方などから考えても、下垣さんが言われたように、前面あるいは斜め前というのが視覚的にすごく重要だったのではないでしょうか。

吉村　日本海側にポツンとある網野《あみの》銚子山《ちょうしやま》古墳(京都府京丹後市)なども、階段状の墳丘の見え方を意識して造られた古墳だなと思いましたけれどね。

和田　あれは丘陵の下の人には何も見えないんです。船で通る人からは見えるのですが。

吉村　たとえば百舌鳥《もず》古墳群なども、当時は瀬戸内海を通る船から見えたはずと言われていますよね。

和田　もっともらしいのですが、少し怪しげでもあります(笑)。船で瀬戸内海から明石海峡を抜け大阪湾に入り、陸伝いに河内潟《かわちがた》・大和川を通って大和に向かうとなると、堺の方へ向かうのかなと思いますし、実際、海上からどれだけ百舌鳥古墳群が見えたかも知りたいところです。

吉村　なぜ百舌鳥古墳群や古市古墳群がこの場所に造られたか、という問題にも関係するように思うのですけれどね。

■死後の世界と個人の財産

吉村　副葬品・威信財《いしんざい》の問題もお聞きしたいと思います。これも疑問に思う方が多い問題だと思いますが、なぜ貴重なものを副葬品として古墳に埋納したのか。剣は言うに及ばず、鉄鋌《てってい》（二三三頁、注3参照）なども鉄が稀少だった当時は大変貴重だったと思いますが、これが大量に埋納されている。この辺をどう考えればよいのでしょう。宝物を子孫に相続させようとは考えなかったのでしょうか。

松木　現代人の経済感覚からは当然こういう疑問が出てくるでしょうね。これについては二つほど説明の原理があります。一つは前々から言われていることですが、莫大な財を使わずに埋めてしまうことによって威信を見せつけようとした、ということ。そもそも古墳自体、現代的に見れば大変無駄な財の蕩尽ですから、その一環と言っていいかもしれません。

もう一つの説明はやはり、超自然的存在、つまり広い意味での神に捧げるということですね。物をそこに置くことで神のありかを示す、神の通り道を示すということは、もちろん日本列島に限らず人類史上普遍的にある。ヨーロッパでも青銅器や鉄器を埋納したり、川に投げ込んだりしています。古墳の場合はそこに遺体がありますから、埋められた品々も副葬品と言っているのですが、たとえば沖ノ島（福岡県宗像市）の祭祀遺跡は墓ではないにもかかわらず、古墳から出てくるものとほぼ同じものが置かれている。そうしたことから考えると、貴重な財を古墳に埋め込むのは、神の存在を物で演出するという原始的な行為で、こういう原始的な行為で政治的なしくみを表示するという特異性が、日本の古墳の大きな特徴だと思います。

吉村　やはり素朴に疑問に思うのは、そんなにたくさん財物を埋めてしまって、亡くなった人の後継者はどうなるのかということです。埋めた以上にたくさん持っていたということでしょうか。

下垣　和田さんの持論も拝借して説明しますと、古墳とは「他界の擬《なぞら》えもの」、要するに死後の世界を表しているものと考えられます。そうした世界に財物を持ち込むことは、廃棄でも蕩尽でもなく、死後にも「保有を続けている」のだと私は考えます。

近年の研究では、個人が所有する属人性の高い財物と、それ以外に集団が所有する財物があったのではないかと考えられています。いわゆる首長墓《しゅちょうぼ》系譜という、特定集団の歴代首長の墓がまとまった古墳群が各地にありますが、そうした古墳群のなかには、ある時期に入手した鏡などの器物を、何代かあとの首長墓に納めているものがあります。そこから考えると、どうやらある種の財物を所有していたのは被葬者個人ではなく、むしろ被葬者当人が所属していた有力集団だったのではないか、という可能性が出てきます。そうした観点からの議論が現在進められていて、とくに鏡が集中的に検討されています。私も鏡はおそらく集団の所有財であることが多かったと考えております。

なぜそういった財物を長い期間にわたって保有し続けたのかというと、これがその集団の継続性を表すモノだったからではないか。当時は氏《うじ》や姓《かばね》もまだありませんし、後代のような系譜もおそらく成立していない。そのような状況下で、集団はどうしても流動的にならざるを得なかった。このような流動的な集団に、固定的な軸を通すために、鏡のような財物の所有を通じて、集団の結節をはかっていたのではないか。代々の首長の墓を造るというのも、そういう墓を造り続け、過去の墓を視認することを通じて、集団の連続性・継続性を物的に表していたのではないか、と私は考えます。

川尻　先ほど、一つの古墳であっても複数の被葬者の埋葬をしているということがありました。この頃に氏があったかどうかはわかりませんが、少なくとも、古墳というのは個人ではなくて集団のものであると考えるとわかりやすいようですね。帰葬《きそう》（八七、九三―九四頁参照）にも関わるということでしょうか。
下垣　帰葬の可能性がある埋葬施設に副葬された鏡を見ると、婚出先から持ち帰ったというよりも、被葬者の出身集団で保有していたと考えたほうが合理的な事例があります。他の副葬品はよくわかりませんが、少なくとも鏡は、帰葬先の出身集団が保有していたものを副葬したのではないかと考えています。しかし根拠がまだ弱いのであまり言えません。
吉村　実際、動産に対する所有をどう考えるかというのは、歴史学でもあまり議論されていませんね。
和田　下垣さんが言われたことの後半については、どこまで言えるか、私はまだ判断がつかない。
下垣　そうですね。まだ仮説の段階にすぎません。
和田　竪穴式石槨に入れるようなものは、死者と一緒に他界へ行くものだと思っています。そのため、首長の社会的な権威を代表するようなものが全部入れられていると考えています。あの世でも首長であり続けるために必要なものをみんな入れていく。松木さんが言われるように、副葬品がその人の王権の中での職掌を反映している可能性も充分あります。
吉村　王権の象徴のようなものを全部埋めるとなると、後を継ぐ人もそういうものは持っているはずだということですか。
和田　持っていると思います。下垣さんの説で少し気になるのは、代々続いている首長墓がそれほどないということですね。順調に造っていても五基か六基。他は一、二基ほどでなくなってしまう。そこをどう考えるか。墓域を移しながら続いているということもないわけではないですが。

■ 鏡、刀剣、甲冑

吉村　鏡の話が出ましたが、鏡と刀剣は威信財として重要ですね。どちらも文字が書かれます。刀剣で言えば江田船山《えたふなやま》古墳(熊本県和水町《なごみまち》)の銀錯銘《ぎんさくめい》大刀、稲荷山《いなりやま》古墳(埼玉県行田《ぎょうだ》市)の金錯銘鉄剣。鏡では隅田《すだ》八幡人物画像鏡(仿製鏡《ぼうせいきょう》)でしょうか。威信財としては、鏡が一貫して重要な意味を持つとか、あるいは途中から刀剣が重要になるといったことはあるのですか。

下垣　鏡の鋳造は古墳時代中期に大きく衰退すると論じられてきました。確かに数量は減りますし、サイズも小さくなりますが、鋳造はしっかりと継続しています。古墳時代前期のように多種多様で大小とりどりの鏡をまとめて鋳造する製作システムから、少数のまとまった種類の鏡群を適宜鋳造するような製作システムへと推移し、古墳時代後期に入る頃に前期と似た作鏡体制が復活したことがわかってきました。ただ、六世紀に入ってしばらくすると、鏡の鋳造は大きく衰退するようです。だとすると、いわゆる氏や姓が登場する時期と、作鏡が衰滅してゆく時期とに関連性があるのかもしれません。

川尻　松木さんは甲冑《かっちゅう》を重要視されていますよね。

松木　そうですね。甲冑は身につけるものですから、やはり個人との結びつきが一番強くなります。甲冑には文字を書いたものがないので、剣のようなことはなかなか言えないのですが、それでも本当にさまざまな組合せやランクのようなものがある。同じ型式で作ってあっても金を使っていたりして、政治的なランクを表している可能性もあります。かなり小さな古墳なんだけれども凝った甲冑が出ることもあって、

3DKのアパートに住んで高級外車に乗っている感じでしょうか(笑)。広い意味で、自分を演出するためのアイテムとして大変重要だったのではないかと思っています。

吉村　巨大古墳は発掘されていないのでわかりませんが、副葬品として立派なものが意外と小さい古墳から出てきますよね。「王賜」銘鉄剣が出てきた稲荷台一号墳(千葉県市原市)もそれほど大きくはない。

和田　小さな古墳なのに甲冑を持っている人は結構いるんです。墳丘の形や大きさはその人の地位などを反映している可能性は高いですが、副葬品にはもっと色々な偶然性が入り込んでいる可能性があって、むずかしいと思います。たとえば戦場で非常に頑張って戦功をあげたから立派な甲冑を持っているとかね。

川尻　個人のアイデンティティにつながるものということですね。

川尻秋生

■政治的ネットワークの形成

吉村　少し大きな視野で見ると、古墳時代の政治的ネットワークの形成について、古墳からはどのようなことが言えるでしょうか。これもやはり、前期・中期・後期でだいぶ性格が違うのでしょうが、歴史学のほうでは、たとえば筑紫君磐井《つくしのきみいわい》の乱のようなものを「反乱ではなく戦争」と考える、つまり中央と地方の関係はこの時期まだ対等だったという意見が最近は結構あるのです。私は「対等」というのとはかなり違うと思うのですが。あれは古墳時代の後期にあたりますか。

和田　後期ですね。地方は王権の枠組に入ってはいたでしょうけれど、この頃までは、「対等」とは言わないまでもそれに近いものだった可能性は高いと思います。雄略朝くらいから古墳時代後期に入っていくと推測していますが、九州系の横穴式石室が一気に東へと広がるのが後期の初め頃なのです。この頃が九州の古墳文化が一番大きく広がる時期で、その延長上に磐井の乱などはあるのだろうと思っています。

吉村　先ほど出てきた稲荷山古墳の鉄剣にも、剣の主が「天下を左治《さじ》する」と書かれています(二一四頁参照)。剣の主が被葬者であるかどうかは措くとしても、ヤマト王権の中心人物による天下支配を剣の主がたすける、雄略期にそういう関係があったとは言っていいかと思います。

ただその後になると氏姓や国造《こくぞう》制が登場し、王権との間にもっとはっきりした上下関係が生まれてくる。ヤマト王権の地方組織の一員になるということで、地方の前方後円墳の性格も変わってくるのかどうか。後期古墳になると変わるけれども中期はまだむしろ対等・平等だとか、そういうことはあるのですか。

下垣　古墳時代前期にすでに、畿内に政治的ネットワークの核は出来ているけれども、各地域の集団はそれに対する独立性・自立性を持っていました。そのいっぽうで、自集団内で序列を形成したり結集を高めるために、畿内の王権中枢勢力が格差をつけて分配する古墳の要素や器物を利用しました。強制力のない格差だったわけです。ところが、この格差を長い期間にわたって受容し続けると、仮構的な格差が実体化していってしまう。ただし、古墳時代前期において、地域と中央との間にガチガチの支配体制が出来あがったとは考えにくい。

これが中期になると、朝鮮半島での軍事活動の影響もあって、軍事的な関係が前面に現れてくる。この時期の畿内には、国家と呼べるだけの政治的なまとまりが出来あがってくる。ただし他地域との関係は、さほど強圧的なものではなくて、各地域は自律性を保っていた。その自律性が抑圧されてゆく大きな画期が磐井戦争であり、この戦乱を起点として本格的な列島の国家形成が進んでゆく。大まかには以上のように考えています。中央と地方の格差は、あくまで畿内が設定してそれを地域が受け入れているのであり、その実体化がどこまで進んでいたかは別途検討してゆくべき問題だと捉えています。

吉村　これは地方が受け入れたということでいいのですか。中央と地方で相互に承認しあっているようなことを言われる方もいますが。

松木　下垣さんが言われたような畿内との格差というか、ものが流れる方向というのはあったと思うのですが、基本的に古墳時代の社会というのは、大王も地方の有力者も同じく前方後円墳を造るというものだった。もちろん大王のものよりも小さくなるのだけれども、それは質的な差ではなくて量的な差です。「古墳は被葬者を神にする装置である」という考え方を借りれば、大王は大きな神になる、しかし地方の主もそれなりの神になるということなんですね。このあたりが、王がほぼ独占しているエジプトのピラミッドなどとは違う。同じ時期の東アジアでも新羅の王陵などは、慶州《キョンジュ》にはたくさんあるのですが、少し外れた地域にはほとんどない。古墳時代の日本列島は、こうした「独占度」のようなことで言うなら、古墳のような威信を創出していく資源が「独占されていない」社会ということになります。それを表現する時に、吉村さんが言われる「対等」という言葉になるのか、下垣さんが言う「格差」になるのか。質的には対等だけれど、量的にはその中で徐々に格差が作られていっている。私はそんなイメージを考えていますね。

■東国や吉備の古墳

吉村　たとえばヤマト王権と東国の関係を考えると、従属してはいるけれども、独立性は高い。独立と従属というのは相反する行為と捉える方が多いのですが、必ずしもそうではないと思う。古代でいう東国は関東を含みますが、たとえば稲荷山鉄剣銘の「天下を左治する」というのも、私はその通り受けとめていいと思う。しかし「そんなはずはない、東国の小さなところで天下を助けるなんてあり得ない」という意見もあるんですね。

和田　雄略以降とそれ以前とは一緒にしないほうがいいと思いますね。本書で吉村さんの書かれている人制(二一三頁参照)なども、雄略紀にばかり出てくる。

吉村　それは不思議な現象なんですよね。

和田　私は、雄略が出した方針を実現していったのが、継体《けいたい》朝の終わりから欽明《きんめい》朝だと思っているのです。雄略以降が古墳時代後期にあたると考えています。

下垣　私も同意見です。雄略かどうかはわかりませんが、和田さんの言うＴＫ23型式併行期から後期という考えには私も賛成しています。

吉村　松木さんはいかがですか。

松木　私は、後期は雄略より後からという立場なので、その辺は違うかなと。

吉村　雄略が画期だというのは岸俊男さんが言われたことで、それはその通りなのですが、部民制の成立などのことを考えていくと、欽明朝のほうが重要な意味を持ってきますね。欽明朝になると中央がかなり専制化していることは事実だと思いますし。

和田　欽明朝から本格化するというのも賛成です。

吉村　東国と先ほど申しましたが、そのほか各地の前方後円墳についてもご意見をうかがえたらと思います。東の方にもかなり巨大な前方後円墳がありますし、西の方ではとくに吉備の古墳ですね。

松木　造山古墳（岡山市）・作山古墳（総社市）や、群馬で太田《おおた》天神山《てんじんやま》古墳（太田市）が出てくるのが五世紀の前半で、まさにこの頃が地方に大型古墳が造られてくる分水嶺になる時期です。和田さんも言っておられるように、何かこの時期に地方勢力の再編が方々で起こり、地方連合のようなものが出来てきたのだと思います。その結果、各地で古墳が大きくなり、ミニ古市、ミニ百舌鳥のような古墳群が出来ていく。この流れを主導したのは誰かとなると、少し踏み込んで言うなら、応神《おうじん》の新王朝がこうしたことを地方コントロールの方針にしたのではないかと思います。とくに造山というのは、おそらく履中《りちゅう》陵と同じ設計図で造られていますし、埴輪などを細かく見ると古市あたりの工人が来て作っているようなんですね。つまり中央政権が造っている古墳

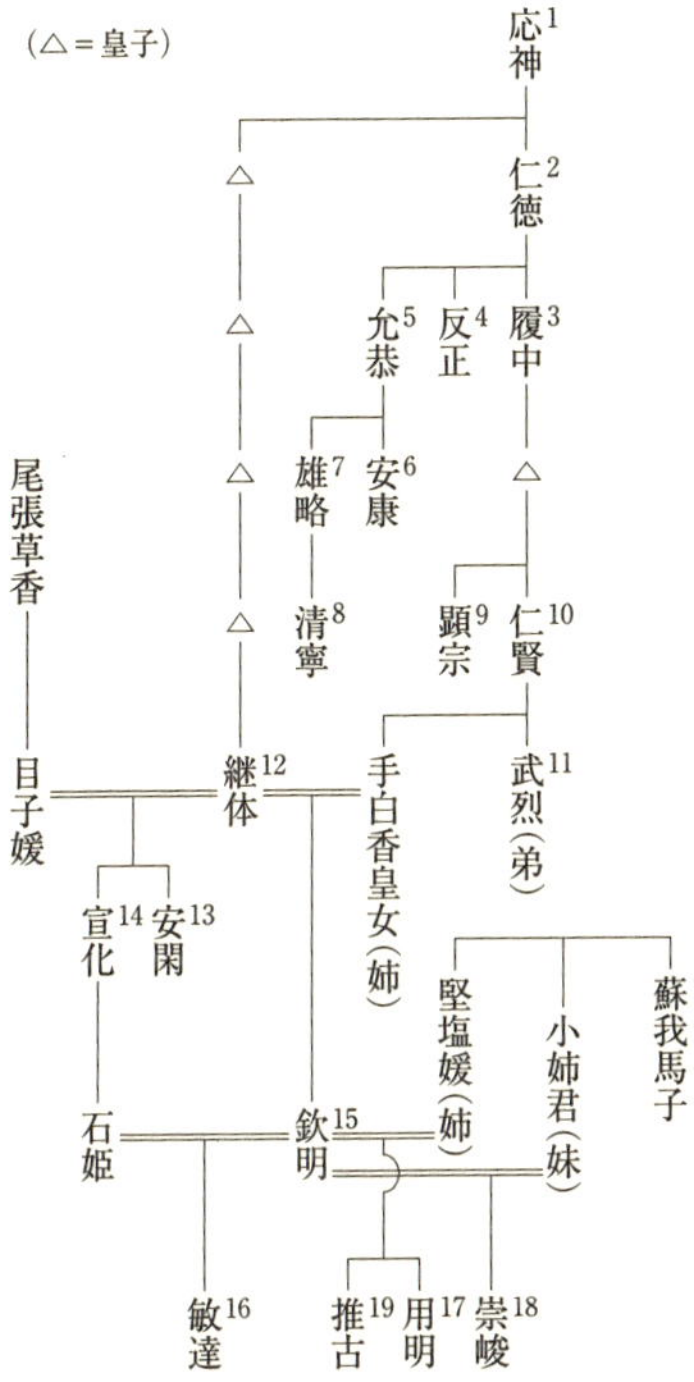

応神以降の天皇系譜（数字は即位順）

のように見えるんですよ。そうするとやはり吉備の豪族というのは、中央政権の一員だったのではないかと思われてくる。

吉備というところは、そんなに平野が広くないんですね。だから生産力が豊かだったとは思えませんが、それとは無関係に、ヤマト王権における吉備という地域の伝統的な位置付けがあったのではないかと思います。箸墓に立てられている特殊器台ももともと吉備で作られたものですし、古墳祭祀の成立に吉備はとても大きな影響を与えていると思います。箸墓の時期に近畿以外の地域で造られた一番大きな古墳は、浦《うら》間《ま》茶臼山古墳(岡山市)ですしね。ともかく吉備は、ヤマト王権の中でずっと格が高かった。そこに、応神新王朝の施策かどうか断言はできませんけれども、五世紀前半から古墳時代中期前半に起こった地方の再編みたいなことが相まって、造山のような中央に匹敵する巨大古墳が造られたのではないかと思います。

吉村 ただ、近畿以外では吉備しかないですよね、あそこまで大きな古墳は。そうなると吉備の特殊性で考えるしかないでしょうか。ベストテンに入るような大きな古墳がなぜ他の地域にはないのか。

川尻 中央が造ったというのは、比喩だとしても、少し違和感がある感じもしますね。地域の自立性と従属性をどう考えていくか。

和田 吉備は特別大きいですが、その他の地域にも、中央のてこ入れがあって大きな古墳が造られた例はいくつかあると思います。

吉村 設計図を持っていくということは、中央から工人が派遣されるわけですよね。

和田 宮崎県にある西都原《さいとばる》古墳群の女狭穂塚《めさほづか》古墳(西都市)などの埴輪はその可能性が高いと言われていますね。

松木　あれも造山と通じますね。かなり大きい。

下垣　各地域に自律性はありましたが、その一方で何らかの縛りなり、越えてはならない一線があったように感じます。たとえば古墳時代前期末から中期前半頃の巨大古墳を見ますと、宮城県の雷神山《らいじんやま》古墳（名取市）が一六八メートル、山梨県の甲斐銚子塚古墳（甲府市）が一六九メートル、宮崎県の男狭穂塚《おさほづか》古墳と女狭穂塚古墳が仲良く一七五メートル前後。岡山県で最初に巨大化する金蔵山《かなくらやま》古墳（岡山市）が一六五メートル。群馬県の浅間山《せんげんやま》古墳（高崎市）と宝泉《ほうせん》茶臼山古墳（太田市）も一七〇メートル前後。このように約一七〇メートルが重要な一線であるように見えるのですが、その一線を乗り越えたのが群馬県の太田天神山古墳（二一〇メートル）であり、二歩踏み越えたのが造山古墳（約三五〇メートル）だったのではないか。このラインを中央が設定したのか、地域のほうが自重したのかはわかりませんが、とにかくそういう縛りがあったのだと思います。

　また、王陵級古墳群を除くと、墳長一二〇メートル以上の古墳が同一地域で連続して造られることは原則的になかったようです。そういった縛りや線引きの抽出作業をやっていくと面白いかもしれません。

吉村　今のメートル法で一七〇というと、なぜそれが基準なのかわかりづらいのですが、実は尺貫法的な当時の尺度がわかってくれれば捉えやすいかもしれないですね。現代では結局、我々にとってわかりやすい二〇〇メートル以上という基準で区切ることが多いじゃないですか。そうすると一七〇というラインはわからなくなってしまう。

　東国でいうと、とくに上野《こうずけ》、今でいう群馬県ではかなり遅い時代まで古墳が残りますね。前方後円墳も造られていますし、巨大化しているし、埴輪などもずいぶん立派なものがある。やはり身近に古墳がたくさんあるからか、群馬県では一般の方でも関心を持つ人が多いようです。ただ上野のものは、前方後円墳といっても必ずしも定型的なものではなくて、色々な形があるようですが。

和田　古墳時代の前期・中期などは、関東の方も全国の他の地域とあまり変わらない状況だったようです。それが保渡田《ほどた》の三古墳（群馬県高崎市）や埼玉《さきたま》古墳群（埼玉県行田市）が造られた頃以降、関東独自の動きが大きくなる。大小を問わず前方後円墳が造られ、それに比例するように人物・動物を中心とした埴輪もたくさん作られていきます。おそらく関東地方は、王権の勢力の範囲内には入っていたけれども、かなりの独自性があって、後期の古墳も前期的イメージのままで造られ続けていたのではないでしょうか。

吉村　さらに東の方、東北の方も今はかなり前方後円墳が出てきますよね。

和田　帆立貝形ですが、角塚《つのづか》古墳（岩手県奥州市）が一番東、北になります。

■国造との関係は？

和田　全国で一番前方後円墳が多いのは千葉県ですね。千葉・茨城・群馬あたり。

川尻　群集墳の中に小さな墳丘のものも多いですから。

吉村　房総《ぼうそう》というと、国造の支配地域の近辺に古墳があることが比較的多いのです。上野もそうですが、国府《こくふ》の近くにあまり前方後円墳はない。かつては武蔵《むさし》国もそう言われていましたが、飛鳥時代に築造され、畿内的要素の強い上円下方墳の熊野神社古墳（東京都府中市）というのが国府に近いところから見つかりました。こうした律令制時代の中心地域と古墳の関係をどう考えるかも次の課題でしょうか。

房総などの例を見ると、一見、国造の支配圏で古墳が営まれているように見えるけれども、たとえば佐渡には国造がいるはずなのに前方後円墳が見つかっていない。とくに越《こし》の国、北陸の方では国造が支配していても前方後円墳が出来ない地域もあるらしい。国造の数と前方後円墳のある地域とは必ずしも合わないんですね。そうなると、ヤマト王権との関係でいった場合に、国造になることと、前方後円墳の秩序に入っていくことには少し違った原理があるかなという感じもする。地域によってかなり違うでしょうし。

下垣　歴史学のほうで、国造の成立時期がいつなのか、地域的な偏差も踏まえて絞り込んでいただければ、考古学からも対応が可能になるのですが。いかがでしょうか。

吉村　これが結構むずかしい。同時代史料が少なくて。

和田　六世紀の初め頃には小さめの前方後円墳がたくさん造られるのですが、六世紀の中頃から後になるとどんどん円墳に替わり、前方後円墳は姿を消していく。そのどの段階で国造が現れてくるのか、たしかにもう少し時期や地域が絞れれば、考古学の側からは考えやすい。

吉村　歴史学のほうから言うと、逆に国造がいつ誕生したかはなかなかわからないので、むしろ古墳から出てくる威信財などからきっかけがつかめないかと思っているわけです。国造になったら中央から何かもらうはずですよね。

下垣　ところが、たとえば鏡の場合、副葬しなくなるんです。白石太一郎さんが指摘するように、関東においては前方後円墳が六世紀の末頃から姿を消し、方墳に切り替わっていく。その最後の前方後円墳あたりで、鏡の副葬がなくなる。関東だけでなく他の地域でも、六世紀代に伝世鏡の副葬が後退するようですが、興味深いのが関東と東北です。これらの地域では、七―八世紀の集落から古墳時代の鏡が出てくるんですね。古墳への鏡の副葬が突発的に終焉したために、行き場をなくした鏡ではないかと考えられます。職掌に関係するような物財が刀剣などに切り替えられたためかもしれませんが。

吉村　少なくとも授与されるということですか、国造には。

下垣　このあたりは考古資料には出てこないので、文献史料の研究者にむしろうかがいたいところです。

川尻　鏡の破片が集落から出てきますよね。

下垣　弥生時代の頃はそういった破鏡が少なからずあります。古墳時代になると、集落から鏡片が出土する事例が減りますし、出土するにしても大きな鏡はまず出てきません。非常に小さいものばかりです。

吉村　ただ、古い時代の破鏡というのはくっつかないんですよね。すると最初から破鏡で列島に来たのか、あるいはたまたま見つからないだけなのかという問題もありますよね。

■次の課題へ

吉村　まだまだ話は尽きないのですが、そろそろ結びに移りたいと思います。皆さんそれぞれ本論でアピールしたかったことや、次に取り組みたいテーマがあればうかがえますか。

和田　本論では、皆さんに賛成してもらえるかわからないことをたくさん書きました(笑)。書いたことをさらに説明できるように、確かにそうだなと言ってもらえるように努力したいなと思っています。とくに中国の葬制と朝鮮半島・日本の古墳との関係についてですね。

下垣　従来の古墳時代研究は、「古墳は政治秩序の反映である」という見方が強かったと思います。これまでの古墳時代政治史論に重要な枠組を提供した西嶋定生さんの記念碑的な論文「古墳と大和政権」では、古墳の墳形は「カバネ秩序」の反映だと主張されています。しかしその後の研究によって、西嶋さんが想定するよりもはるかに多数の前期・中期古墳が存在し、しかも古墳は突然に出現するのではなく、前段階の墳丘墓が存在するなど、西嶋さんの議論の前提が崩れてきました。本書の論考では、西嶋さん以降の発掘資料や理論的枠組を踏まえつつ、古墳が表す政治秩序の実態を探ってみました。古墳というものは既存の政治秩序の反映ではなく、むしろ古墳の造営や埋葬を通じて、秩序が強化され、再生産・再解釈されていく、という事態の解明を目指しました。王権中枢勢力はどのようにして地域をコントロールしていこうとしたのか、地域はそれをどう受けとめたのか、という相互作用に焦点を当てました。中央も地域もそれぞれの思惑で動いていくうちに、中心—周辺関係という政治秩序が徐々に組みあがってしまった。地域の側では、自分たちの理屈で自分たちの利益に沿って、中央の思惑を利用していたはずなのに、古墳の造営を重ねていくうちに、いつの間にか列島大の中心—周辺構造にからめとられてしまっていた。現在の社会にも適用できる、逆説的で皮肉なメカニズムを見て取ることができます。

次に取り組みたいテーマとしては、主張がワンパターンになってきたので、古墳研究をしばらく中断して、まったく別のテーマでもやろうかな、と考えています。たとえば初期文明や偽史の研究に、関心を持っています。

松木　私も今回は和田さんと同じで、反対の出そうなことを含め、思いきって書いてみました。私の師匠である都出さんの「前方後円墳体制」論をどうやったら超えられるのか、意識したつもりです。前半で書いた倭国の乱についてはこれまでも論じてきたことですが、後半で書いた武器の問題については、下垣さんから批判もいただいています(笑)。ただ、日本列島の古墳に、なぜこれほど大量の武器が副葬品として埋納されているのか、やはり特筆すべきことと考えています。これが一体何を示しているのか、どうしたらうまく解釈できるのか。悪戦苦闘の跡が残ったようですが、解釈を示してみました。

あともし時間が残されているとすれば、東アジアのみならずもっと広く世界の中で、古墳時代を考えたい。大きな墳丘、多様な武器、都市の欠如、さまざまな点で非常にユニークな社会だと思うんですね。これがどのようにしてこの日本列島に、東アジア・ユーラシアの東端の島国に形成されたのか、そのメカニズムに迫るような仕事ができればなと願っています。

吉村　最後に私からも申しますと、前方後円墳というのはこれまで考古学の研究対象だったと思うのですが、とくに文字史料が非常に少ない大化《たいか》前代の歴史をやる場合には、考古学からの古墳時代の研究にぜひとも学ばなければいけないと考えています。

ただヤマト王権論と古墳研究を直結するのはむずかしいことで、前方後円墳の成立イコールヤマト王権の成立、とはならない。やはり王権論というのは王墓の所在地ではなくて、王が居住している王宮の問題から出発すべきだということが一つ。それからもう一つは、ヤマト王権の起源はやはり『古事記』『日本書紀』の基礎となった「帝紀《ていき》」から考察すべきだと考えるからです。

とはいえ、巨視的に見れば、考古学の歴史区分と歴史学はそれほど変わらないのではないかと思っています。研究対象や方法論は、歴史学と考古学とでは違っていても、共同研究していかないと議論は進まない、歴史は解明できないというのは間違いないと思います。

（二〇一八年七月三〇日、岩波書店会議室にて）

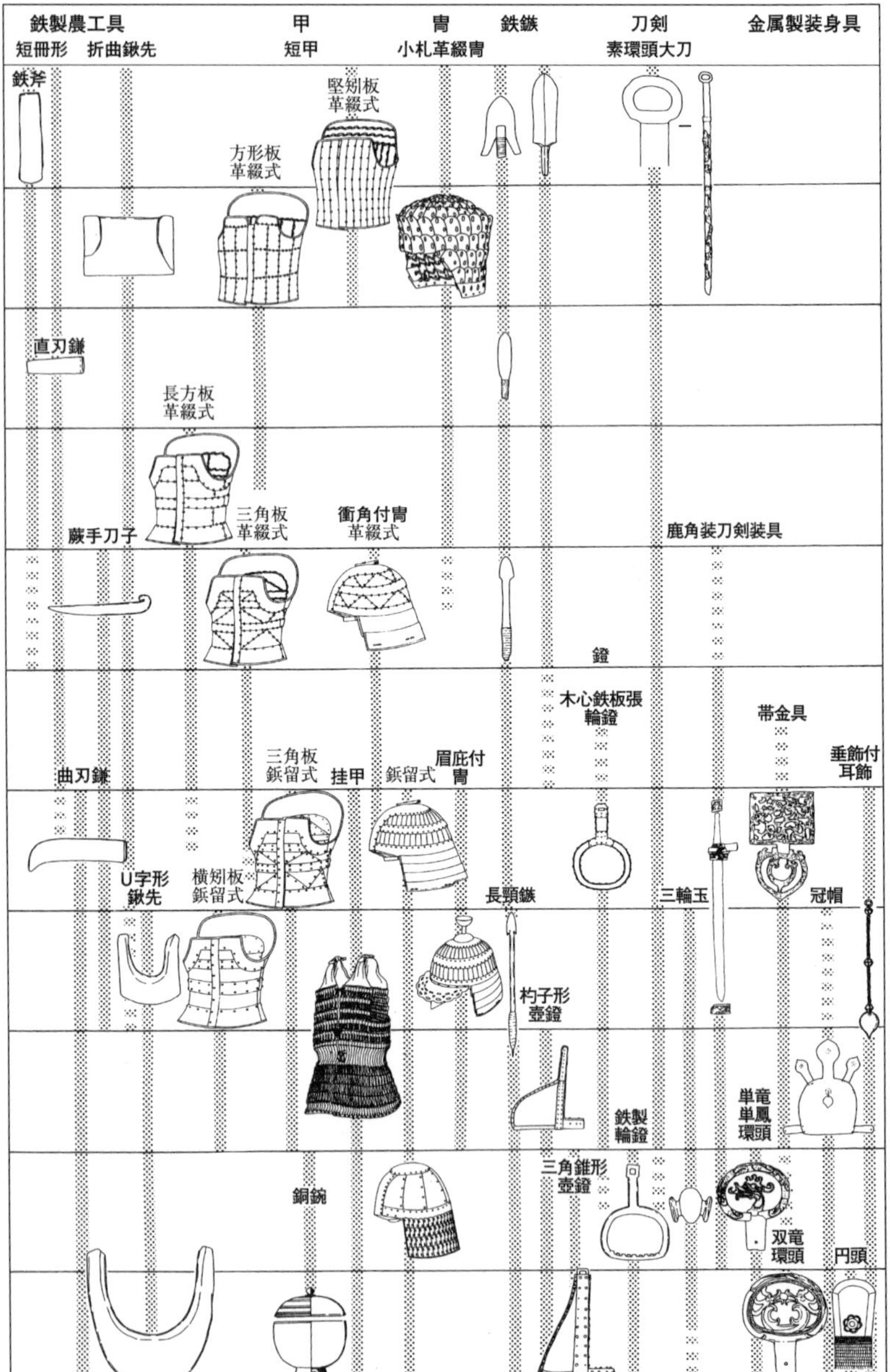

「古墳時代編年表」永原慶二監修『岩波日本史辞典』岩波書店）

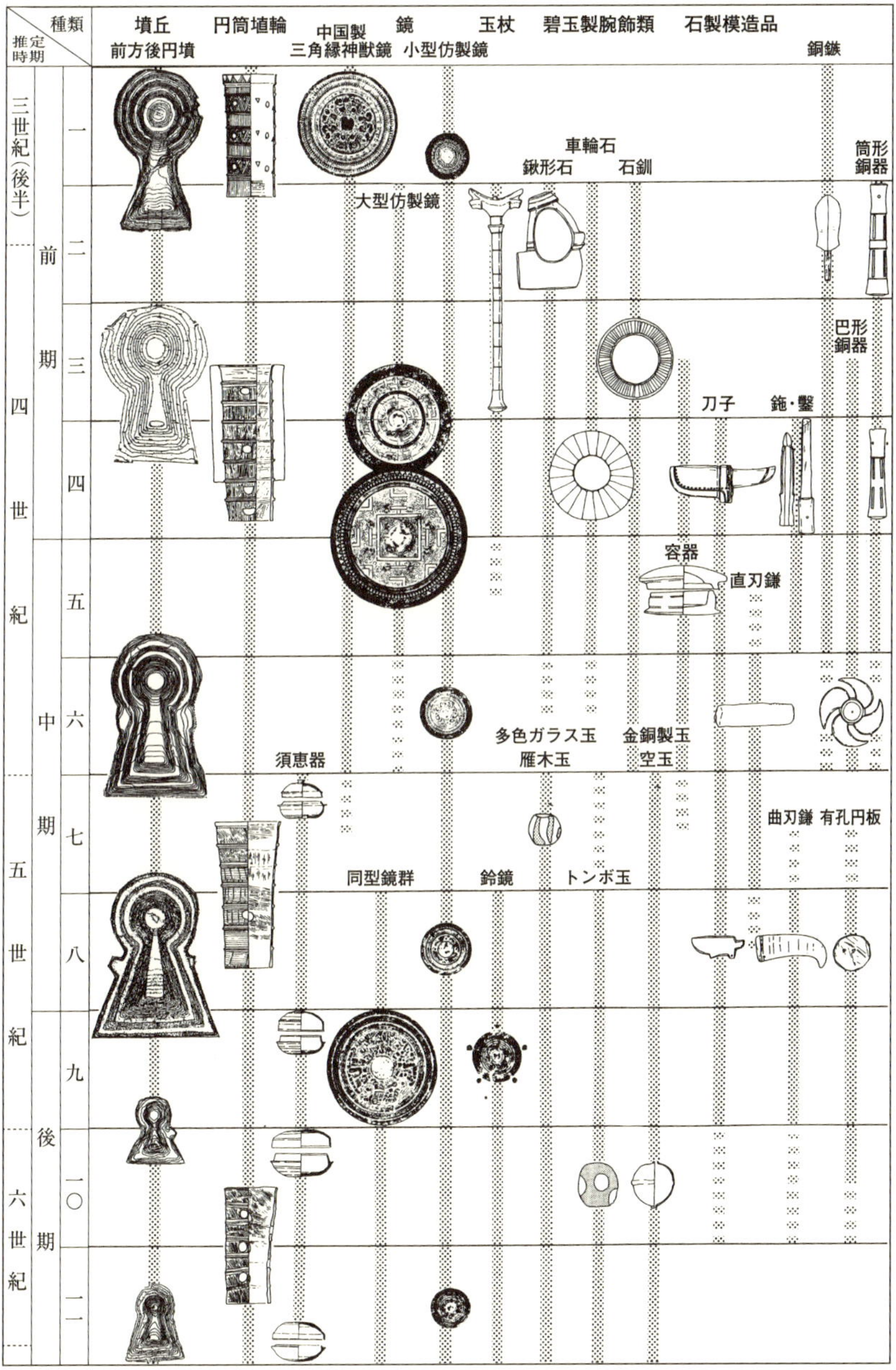

古墳時代編年図(和田晴吾，1999 年

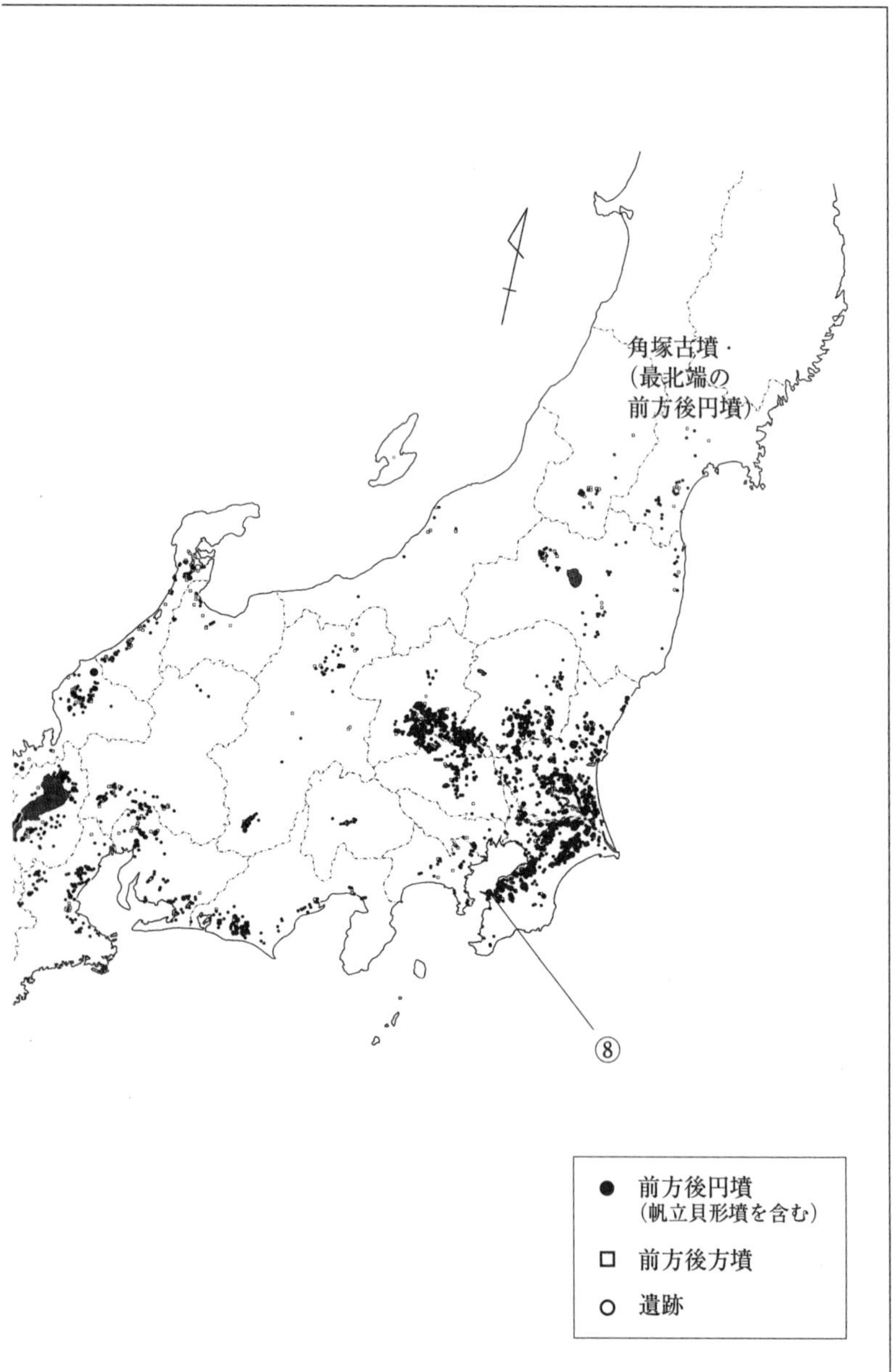

「古墳分布図」永原慶二監修『岩波日本史辞典』岩波書店を一部改変)

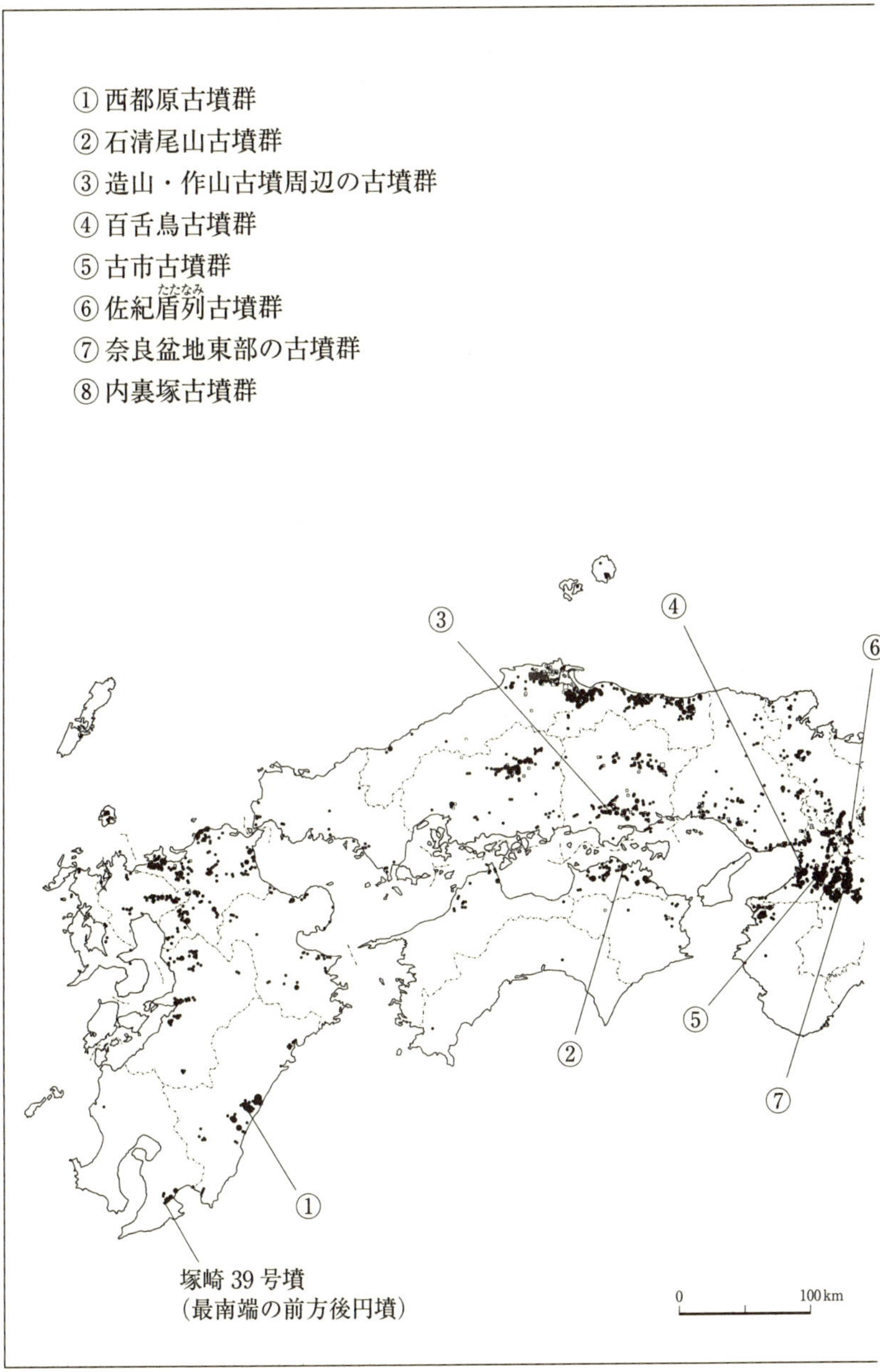

前方後円墳・前方後方墳分布図(和田晴吾，1999 年

【執筆者】

吉村武彦（よしむら・たけひこ）
本書責任編集．【編集委員】紹介参照．

和田晴吾（わだ・せいご）
1948年生．兵庫県立考古博物館館長．立命館大学名誉教授．考古学．『古墳時代の葬制と他界観』『古墳時代の生産と流通』（ともに吉川弘文館）など．

下垣仁志（しもがき・ひとし）
1975年生．京都大学准教授．考古学．『古墳時代の国家形成』（吉川弘文館），『古墳時代銅鏡論考』（同成社）など．

松木武彦（まつぎ・たけひこ）
1961年生．国立歴史民俗博物館教授．考古学．『日本列島の戦争と初期国家形成』（東京大学出版会），『列島創世記（全集・日本の歴史1）』（小学館）など．

申敬澈（シン・ギョンチョル）
1951年生．釜山大学校名誉教授．考古学．『金海大成洞古墳群』（大阪朝鮮考古学研究会），『巨大古墳と伽耶文化』（共著，角川書店）など．

禹在柄（ウ・ジェビョン）
1962年生．忠南大学校教授．考古学．『日本書紀韓国関係記事研究Ⅰ～Ⅲ』（共著，一志社），『EARLY KOREA-JAPAN INTERACTIONS』（共著，ハーバード大学韓国研究所）．

[申敬澈「加耶の情勢変動と倭」翻訳・編集協力]
平郡達哉（ひらごおり・たつや）
1976年生．島根大学准教授．考古学．『墳墓資料からみた青銅器時代社会』（書景文化社）．

【編集委員】

吉村武彦

1945年生．明治大学名誉教授．日本古代史．著書に『日本古代の社会と国家』(岩波書店)，『聖徳太子』『女帝の古代日本』『蘇我氏の古代』『大化改新を考える』(以上，岩波新書)など．

吉川真司

1960年生．京都大学教授．日本古代史．著書に『律令官僚制の研究』(塙書房)，『聖武天皇と仏都平城京』(講談社)，『飛鳥の都』(岩波新書)など．

川尻秋生

1961年生．早稲田大学教授．日本古代史．著書に『古代東国史の基礎的研究』(塙書房)，『平安京遷都』(岩波新書)，『坂東の成立』(吉川弘文館)など．

シリーズ 古代史をひらく
前方後円墳──巨大古墳はなぜ造られたか

2019年5月10日 第1刷発行
2021年11月15日 第5刷発行

編　者　吉村武彦《よしむらたけひこ》　吉川真司《よしかわしんじ》　川尻秋生《かわじりあきお》

発行者　坂本政謙

発行所　株式会社 岩波書店
〒101-8002 東京都千代田区一ツ橋2-5-5
電話案内 03-5210-4000
https://www.iwanami.co.jp/

印刷・三陽社　カバー・半七印刷　製本・松岳社

ISBN 978-4-00-028495-0　Printed in Japan